東京都の中世城館

東京都教育委員会［編］

戎光祥出版

【総目次】

　　第一部　城館一覧・城館分布図編………… 1
　　第二部　主要城館編…………………………63

【凡　例】

本書は、東京都教育委員会編集・発行の下記書籍2冊を合本し、装丁・ノンブル等を改めて刊行するものである。

　①『東京都の中世城館』城館一覧・分布図編　平成17年3月発行
　②『東京都の中世城館』主要城館編　平成18年3月発行

第一部　城館一覧・城館分布図編
［平成17年3月］

例　言

1．本書は、平成11年度から平成13年度まで3ヵ年にわたり東京都教育委員会が実施した「中世城館跡の確認及び分布調査」の成果をもとに、平成16年度に実施した「中世城館跡の確認及び分布調査資料の整理」によって整理した資料のうち、中世城館一覧と中世城館分布図を収録した報告書である。なお、島嶼部の城館については本調査の対象に含んでいない。

2．平成11年度から平成13年度に実施した「中世城館跡の確認及び分布調査」は、「緊急雇用特別基金事業」（11年度）および「緊急地域雇用特別基金事業」（12年度以降）の一環として実施したものであり、各年次の委託先は下記のとおりである。

　　　平成11年度　　株式会社武蔵文化財研究所
　　　平成12年度　　アジア航測株式会社
　　　平成13年度　　株式会社武蔵文化財研究所

3．平成16年度に実施した「中世城館跡の確認及び分布調査資料の整理」事業は、「緊急地域雇用創出特別基金事業」として株式会社武蔵文化財研究所に委託して実施した。城館一覧・城館分布図の作成は、同研究所西股総生が担当した。

4．本書は、株式会社武蔵文化財研究所から提出された城館一覧・城館分布図を基に、同研究所との協議の上、東京都教育委員会が編集したものである。

5．本書で扱う中世城館とは、特定の場所を他者からの侵入及び攻撃から防御する目的で構築された施設と、それによって防御される場所等を総称するものであり、一般に城・砦・要害・塁・柵等と呼称されるものの他、他者の侵入を防ぐ目的のもとに明確に区画された屋敷・館や、一時的な陣城等を含む。これに基づき、本書には計206件の城館を収録した。

6．城館分布図の表示は、所在箇所（比定地・伝承地を含む）を示したものであり、埋蔵文化財包蔵地の範囲とは一致していない。

7．本書の刊行にあたっては、関係区市町村教育委員会から、資料の提供を含めてご協力をいただいた。

8．本書で使用した国土地理院発行25,000分の1地形図は、国土地理院長の承認を得て複製・縮刷したものである（承認番号　平16関復、第578号）。

目 次

例　　言 …………………………………………………………………………… 2

凡　　例 …………………………………………………………………………… 4

地図索引図 ………………………………………………………………………… 6

Ⅰ　城館一覧 ……………………………………………………………………… 7

Ⅱ　城館分布図 …………………………………………………………………… 19

凡　　例

1．本書に収録した城館の掲載順については、区市町村は東京都の行政順とし、各区市町村ごとの城館の配列は五十音順を原則とした。ただし「伝」を付した城館（凡例3-⑤）については、「伝」字を付さない名称の五十音順にしたがった。

2．一覧表の行頭に付した番号は、城館分布図に表示した番号と一致する。また行末には、当該城館の表示されている分布図の番号を示した。

3．城館名称の表記については以下の基準で統一した。
　① 所在地を特定できない城館については、城館名を斜体で表示した。
　② 複数の呼称がある城館については、もっとも一般的と思われる呼称を使用し、他は「別名」欄に記した。
　③ 館と屋敷、砦と柵等の呼称は特に区別せず、原則として伝承名や史料に現れる呼称に従った。ただし、地誌類等の史料上の表記が「屋舖」「屋鋪」、「舘」のように異体字となっている場合は、原則として「屋敷」、「館」に統一し、「堀之内」「堀ノ内」も「堀の内」に統一した。
　④ 東京都及び区市町村の史跡・旧跡に指定・登録されている城館や、埋蔵文化財包蔵地として周知されている城館については、原則として指定・登録名や周知されている遺跡名を使用した。城館名の末尾に「跡」「址」が付されているものとそうでないものが混在するのはこのためである。ただし、現行の遺跡名が城館の実体（性格・構造）に明らかにそぐわない場合には、もっとも妥当と判断する呼称を使用し、遺跡名を遺跡番号欄に表記した。なお、当該城館が城館以外の種別の遺跡として周知されている場合には、遺跡番号欄に（　）で表示し、遺跡名を併記した。
　⑤ 「○○氏館」のように特定の人物・氏族名を冠した城館のうち、築城者・居住者が明確でない場合には、「伝」を付して「伝○○氏館」のように表記した。
　⑥ 発掘調査によって新たに確認された城館遺跡については、報告されている遺跡名をそのまま使用した。
　⑦ 踏査等によって新たに確認された城館遺構については、原則として地名・小字名を冠して「○○城」または「○○塁」と呼称した。

4．概要欄および遺跡番号欄の表記に当たっては、以下の略語を使用した。
　　　　多摩ニュータウン遺跡⇒TNT
　　　　『新編武蔵風土記稿』⇒『風土記稿』
　　　　『小田原衆（北条氏）所領役帳』⇒『所領役帳』
　　　　『日本城郭大系』第5巻（東京編）⇒『大系』

5．城館の種別（城・館・砦等）、時期・年代、築城者・居住者等については、検証を必要とする場合が多いため、本一覧では項目を設定せず、概要欄に適宜記した。
　また、遺構の有無についても、原則として概要欄に記載した。

6．城館として国・東京都・区市町村の史跡、旧跡に指定、登録されているものについては、概要欄に〈　〉で記した。

7．城館分布図の表示は以下の基準による。
　① 残存する遺構・地形等から城域が推定できる城館については、想定城域を示した。
　② 城域を推定できない城館（発掘調査で一部が確認された城館遺跡を含む）については、位置を正円で示した。現状で遺構が残存していない城館や、伝承に疑問のある城館についても、比定地がほぼ特定できる場合には、同様に正円で示した。
　③ 地名伝承のみで所在を確定できない城館については、おおよその想定位置を楕円形の破線で示した。史料には現れるが所在が特定されていない城館についても、現時点で有力とされる比定候補地を同様に楕円形の破線で示した。

※凡例1．の区市町村行政順は以下のとおりである。なお、網掛けの区市町村では、中世城館は確認されていない。

番号	市区町村名
1	千代田区
2	中央区
3	港区
4	新宿区
5	文京区
6	台東区
7	墨田区
8	江東区
9	品川区
10	目黒区
11	大田区
12	世田谷区
13	渋谷区
14	中野区
15	杉並区
16	豊島区
17	北区
18	荒川区

番号	市区町村名
19	板橋区
20	練馬区
21	足立区
22	葛飾区
23	江戸川区
24	八王子市
25	立川市
26	武蔵野市
27	三鷹市
28	青梅市
29	府中市
30	昭島市
31	調布市
32	町田市
33	小金井市
34	小平市
35	日野市
36	東村山市

番号	市区町村名
37	国分寺市
38	国立市
39	福生市
40	狛江市
41	東大和市
42	清瀬市
43	東久留米市
44	武蔵村山市
45	多摩市
46	稲城市
47	羽村市
48	あきる野市
49	西東京市
50	瑞穂町
51	日の出町
52	檜原村
53	奥多摩町

地図索引図

国土地理院発行 25,000 分 1 地形図使用

1. 浦安
2. 草加
3. 東京首部
4. 赤羽
5. 東京西部
6. 東京西南部
7. 川崎
8. 吉祥寺
9. 溝口
10. 立川
11. 武蔵府中
12. 原町田
13. 青梅
14. 拝島
15. 八王子
16. 原市場
17. 武蔵御岳
18. 五日市
19. 与瀬
20. 奥多摩湖
21. 猪丸

Ⅰ 城館一覧

番号	名称	別名	所在地・伝承地	現況	占地	概要	遺跡名	地図
1-1	江戸城跡	江城、千代田城	千代田区千代田・北の丸公園	皇居・公園	台地先端	太田道灌の築城と伝え、のち北条氏の重要拠点となるが、徳川期の大規模改変により実態不明。発掘調査により一部遺構を確認。《国指定特別史跡》	区1	3
3-1	今井城		港区赤坂5丁目 TBS放送センター付近	市街地・公園	台地縁辺	『江戸名所図会』は、木曽義仲の臣今井兼平の城と伝えるが根拠に乏しく、城館の遺構は確認されていない。	区7 今井城山	5
3-2	太田道灌跡	番神山城、太田道灌塁	港区虎ノ門5丁目 テレビ東京ビル付近	市街地	台地縁辺	太田道灌の築城と伝えるが、地形改変が進み、土手状遺構については港区の調査により城館に伴う土塁ではないことが判明。	区17	6
3-3	白金長者屋敷	白金城	港区白金台5丁目 国立自然教育園付近	公園・市街地	台地縁辺？	自然教育園内が比定地とされているが、土塁は旧日軍弾薬庫に伴うものであり、城館の遺構は確認されていない。旧白金御料地として国指定史跡。	区67 旧白金御料地	6
3-4	西久保城		港区虎ノ門5丁目 農林年金会館付近	市街地	台地上	『江戸名所図会』は城山の地名伝承を記すが、熊谷直実の城との里伝については否定している。城館の遺構は確認されていない。	区15	6
4-1	牛込城跡		新宿区袋町 光照寺付近	寺地・市街地	台地縁辺	戦国期に牛込氏（大胡氏）の城と伝えるが、地形的には城というよりも屋敷の蓋然性が高い。城館の遺構は確認されていない。	区18	5
4-2	太田道灌別館跡（御殿山）	御殿山城	新宿区築土八幡町・白銀町	市街地	台地上	太田道灌築城と伝えるが城館の遺構は確認されず、八幡社境内は舌状台地の先端にあって城館の好適地であるが、八幡社創建が弘治元年(1555)に現在地に遷したと伝える。	区28	5
4-3	筑土城跡	筑土塁、上杉時氏塁	新宿区筑土八幡町 筑土八幡神社一帯	社地・市街地	台地先端	明瞭な遺構は確認できないが、西側の太田道灌別館跡との間の切通しを、御殿坂と呼称する。	区16	5
9-1	伝今川氏館	今川氏真館、品川氏館	品川区広町2丁目 JR東日本大井工場付近	工場	台地縁辺？	掛川城を逐われた今川氏真と、その子孫が居住した今川館と伝えるが、国鉄大井工場により原地形が消滅し、比定地の特定は困難である。	区17	6
9-2	伝荏原氏館		品川区旗の台3丁目 旗ヶ岡八幡神社付近	寺社地・市街地	台地縁辺	『風土記稿』によると、八幡社・法蓮寺は鎌倉期における荏原氏の由緒を伝えるが、城館の遺構は確認されていない。	区17 荏原氏館跡	6
9-3	伝梶原氏館		品川区東大井3丁目 来福寺付近	寺社地・市街地	台地縁辺	来福寺付近が梶原景時の館跡と伝わり、『所領役帳』には戦国期梶原氏の所領として記載があるが、遺構も不明で、共に館跡とする根拠は乏しい。	区22 梶原氏館跡	6
9-4	金子山		品川区西大井4丁目 東芝会館付近	市街地	台地縁辺	『風土記稿』は金子氏の居住地という伝承を記すが、現在では土塁もその他城館遺構も確認できない。	区21	6
9-5	御殿山城	太田道灌館	品川区北品川4丁目・港区高輪4丁目付近	市街地	台地縁辺	江戸築城以前の太田道灌の館で、のち徳川家康の鷹場の御殿としたと伝える。幕未以降の土取りで原地形を失い、比定地の特定も困難となっている。		6
9-6	伝品川氏館	品川氏館	品川区大井4丁目 西光寺付近	寺地・市街地	台地縁辺	大井氏庶流品川氏の館跡には、戸越公園や西光寺3丁目付近が推定されている。今回、地形や地名類の記載から西光寺の東方に比定地とした。	(区14 西光寺貝塚)	6
9-7	鈴木道胤屋敷		品川区南品川2丁目 常行寺東方付近	市街地	微高地	15世紀後半の豪商・鈴木氏の屋敷と伝える。所在地は不明とされるが、『風土記稿』の記載から旧地形から常行寺の東方とした。		6
10-1	伝目黒氏館		目黒区中目黒1丁目 目黒学院付近	学校・市街地	台地縁辺	伝承地は目黒学院付近で、都立目黒高校に比定する説は根拠はなく、ただし伝承地にも遺構はなく、来歴も不詳。	区46 目黒氏館跡	6
10-2	碑文谷殿山		目黒区碑文谷5丁目	市街地	台地上	「殿山」の地名伝承のみで、遺構ともに不明。市街地化の進行により、地形観察も困難である。	区45	6

番号	名称	別名	所在地・伝承地	現況	占地	概要	遺跡名	地図
11-1	新井宿城跡		大田区山王3丁目 熊野神社・善慶寺付近	寺社地・市街地	台地先端	舌状台地の先端にあり城館の好適地形だが、史料・伝承ともなく、城館の遺構も確認されていない。城館とするには推定の域を出ない。	区181	7
11-2	池上氏館址		大田区池上2丁目 大坊本行寺付近	寺地・市街地	微高地	寺伝では、日蓮が池上氏館で没したのち本行寺となったとする。本行寺には題目板碑も多数所蔵されており、池上氏の館跡に比定できる可能性が高い。	区127	7
11-3	大森堀の内	大井氏堀の内	大田区大森中3丁目 三輪神社付近	市街地	微高地	かつては「堀の内」と呼ばれ、蒲田氏の屋敷跡にあてる見解もある。呑川が巡る微高地に当たり、原地形を失い、遺構も伝承も確認されていない。	区129	7
11-4	伝鎌田氏屋敷		大田区多摩川1丁目 徧照院・安方神社付近か	寺社地・市街地	微高地	『風土記稿』は鍛冶師鎌田氏の居住跡とし、土豪鎌田氏の屋敷との説もあるが、城館とする根拠に乏しい。	区189 鎌田屋敷跡	7
11-5	光明寺遺跡		大田区鵜ノ木1丁目 光明寺一帯	寺地・道路	台地縁辺	環状8号線工事に伴う光明寺本堂北側地区の発掘調査で、中世の溝跡が発見されている。何らかの防禦施設と推定されるが、具体的構造は不明。	区90	7
11-6	小林堀の内		大田区東矢口7丁目・新蒲田2丁目付近	市街地	微高地	『風土記稿』が「堀之内」の地名伝承を記すのみで、土豪蒲田氏の屋敷とする説も歴史的裏付けをなく、城館の遺構は確認されていない。		7
11-7	斎藤氏屋敷跡	斎藤氏屋敷	大田区蒲田4丁目 妙安寺・蒲田八幡神社付近	寺社地・市街地	微高地	妙安寺の開基妙安は、斎藤氏から出て後北条氏被官斎藤行方だった可能性は不明だが、由緒から当該地の斎藤氏の屋敷だった可能性は高い。遺構は確認されていない。	区139	7
11-8	行方氏館跡		大田区蒲田2丁目 梅田神社・円頓寺付近	寺社地・市街地	微高地	『風土記稿』は円頓寺の寺伝を引いて、後北条氏被官行方氏の屋敷跡としている。行方氏屋敷に比定できる可能性がある。	区130	7
11-9	八幡塚砦		大田区東六郷3丁目 六郷神社付近	社地・市街地	微高地	永禄12年(1569)、行方氏が武田軍に抵抗した地と伝わる。市街地化により遺構は不明だが、『江戸名所図会』掲載の旧景から要害地形を知ることができる。	区131 八幡塚行方氏館跡	7
11-10	馬込城跡	梶原城	大田区南馬込1丁目 萬福寺付近	寺地・市街地	台地先端	萬福寺付近が梶原景時の館跡と伝わり、『所領役帳』には戦国期梶原氏の所領として記載もあるが、共に館跡とする根拠に乏しい。	区128	6
11-11	上杉憲幸館		大田区東蒲田2丁目付近か	市街地	微高地	憲幸は上杉憲政の子で、後北条氏に従った人物とされるが館の詳細不明で、伝承地は川崎市川崎区殿町にもある。		7
12-1	赤堤砦	北の砦	世田谷区赤堤2丁目 六所神社付近	社地・宅地	台地縁辺	世田谷城の北方を防備するための砦とされるが、城館の遺構は確認されていない。南側は近世赤堤陣屋跡として周知されている。	(区65宮前遺跡)	6
12-2	大蔵館	殿山	世田谷区大蔵6丁目 第六天社付近	社地・市街地・高速道路	台地先端	東名高速道路等により旧地形の改変が著しい。源義賢館とする説もあるが、名から結びつけられた可能性が高く、城館の実在を示す根拠に乏しい。	区231	9
12-3	奥沢城跡		世田谷区奥沢7丁目 浄真寺一帯	寺地・墓地・宅地	台地先端	吉良氏の臣大平氏の築城と伝え、現状では浄真寺境内を土塁が方形に廻るが、土塁改変の可能性を含め、縄張については検証が必要。《区指定史跡》	区167	6
12-4	烏山城跡	烏山塁、烏山砦	世田谷区南烏山2丁目 一帯	市街地	台地縁辺	天文年間、扇谷上杉氏に対抗し、後北条氏被官の高橋氏が年札の地と築いたと伝えるが、遺構は不明。	区230	9
12-5	喜多見城跡	喜多見屋敷、喜多見陣屋	世田谷区喜多見4丁目 慶元寺一帯	寺地・宅地	台地縁辺	喜多見氏累代の被官長崎氏の屋敷として元禄年間まで存続する。現状では遺構を観察できないが、数次にわたる発掘調査で溝等の遺構が発見されている。	区157	9
12-6	瀬田城跡	長崎城、行善寺城	世田谷区瀬田1丁目 行善寺一帯	寺地・市街地	台地縁辺	後北条氏被官長崎氏が築いたと伝え、世田谷区城址公園長崎に位置する。行善寺境内の調査で中世遺構が発見されている、比高差約15mの要害地形に位置する。具体的構造は不明。	区226	6
12-7	世田谷城跡		世田谷区豪徳寺2丁目、世田谷城址公園～豪徳寺一帯	公園・寺地・市街地	台地先端	世田谷吉良氏の居城。世田谷城址公園を中心に土塁・堀・曲輪が残る。本来の城域は豪徳寺境内も含んでいた可能性が高い。《都指定旧跡》	区88	6

番号	名称	別名	所在地・伝承地	現況	占地	概要	遺跡名	地図
12-8	等々力城		世田谷区野毛1〜2丁目付近	市街地・社地	台地縁辺	六所神社付近の台地縁辺が比定地で、奥沢城の支城とされる。市街地化が進行しているが、下野毛遺跡の発掘調査で堀状の遺構が発見されている。	（区123下野毛遺跡）	6
12-9	深沢城	兎々呂城、小谷岡城	世田谷区中町2丁目玉川警察署付近	市街地	台地上	吉良氏の臣で後北条氏に従った南条氏の城と伝わるが、深沢5丁目の都立園芸高校付近とする説もある。城館の遺構は確認されていない。	区228	6
12-10	三宿城跡	三宿塁、三宿砦、多聞寺砦	世田谷区三宿2丁目多聞小学校付近	学校・市街地	台地先端	『大系』は墓壇が残っていることを記すが、市街地化により現在は確認できない。築城者や年代等ついては不明な点が多い。	区229	6
13-1	伝河崎氏館	妹尾氏屋敷	渋谷区渋谷3丁目第1生命ビル付近	市街地	台地縁辺	渋谷城比定地に隣接し、源義家の郎党河崎庄司郎の館と伝えるが、伝承は信憑性に乏しい。早くから市街地化で遺構・旧地形とも不明。	区93 河崎庄司郎館跡	6
13-2	北青山遺跡		渋谷区神宮前5丁目	市街地・複合施設	台地縁辺	江戸時代の淀藩稲葉家下屋敷として、複合施設建設に伴う発掘調査が行われた結果、中世の方形区画遺構等が発見されている。城館との所伝はなく、来歴・伝承は不明。	区98	6
13-3	渋谷城跡	金王丸城	渋谷区渋谷3丁目金王八幡社付近	寺社地・市街地	台地縁辺	渋谷氏代々の居城で、大永4年(1524)、北条氏綱の侵攻により廃城と伝わるが、早くから市街地化して遺構は不明。	区66	6
14-1	城山	城山居館跡	中野区中野1丁目	市街地・公園	台戸	発掘調査により城館遺構が発見されている。『比国紀行』に記された文明年間の平重俊なる人物の城館に比定する説もある。	区95	5
14-2	中野長者屋敷跡	鈴木九郎屋敷	中野区本町2丁目成願寺付近	寺社地	台地縁辺	『風土記稿』は、室町期に熊野出身の中野長者鈴木九郎が居住したとの所伝を記す。城館の遺構は確認されていない。	区96	5
15-1	城山	出山、丸山、出丸	杉並区西荻北2丁目	市街地	台地縁辺	善福寺川南岸の台地縁辺で、源頼義が布陣したとの伝説があるが伝承に乏しい。「シロヤマ」地名の由来について検証が必要である。遺構も不明。		8
15-2	成宗城跡	矢倉台、道灌台	杉並区成田西4丁目共立女子大寮付近	寺地・市街地	台地先端	『風土記稿』は成宗字矢倉台や太田道灌との関わる所伝を記す。街道を扼する要衡だが、城館伝承の遺構も確認されていない。	（区48矢倉台遺跡）	5
15-3	和田堀ノ内		杉並区堀ノ内2丁目付近	市街地	微高地	「堀ノ内」の地名のみで、城館伝承・伝承は乏しく、遺構とも不明根拠。鎌倉期の和田氏居館との説は地名からの類推である可能性が強い。		2
17-1	稲付城跡		北区赤羽西1丁目静勝寺一帯	寺地・公園	台地先端	岩槻街道を見下ろす舌状台地に位置し、太田道灌の築城と伝えている。現状では遺構を観察できないが、発掘調査で堀等が発見されている。（都指定旧跡）	区15	4
17-2	梶原堀之内	宇都宮陣屋	北区船堀堀町3丁目付近	市街地	微高地	梶原景時の伝承のある所伝地だが具体性を欠く。地名伝承のみで遺構も確認されず、城館を知る根拠に乏しい。		2
17-3	滝野川城跡		北区滝野川3丁目金剛寺付近	寺地・公園・市街地	段丘縁辺	源頼朝の布陣地と伝えるが根拠は乏しい。石神井川の蛇行跡が伝鎌倉道の渡河点とも伝える。東方の松橋付近が伝鎌倉道。	区38	5
17-4	伝豊島清光館		北区豊島7丁目清光寺付近	寺地・墓地・市街地	微高地	清光寺境内は道路面より若干高いが、清光寺は寛保2年(1742)銘の木造豊島清光坐像を所蔵するが、館跡への比定は検討を要する。	区37 豊島清光館跡	4
17-5	平塚城	豊島城	北区上中里1丁目平塚神社・城官寺付近	寺社地・市街地	台地縁辺	長尾景春の乱に際し豊島氏の拠点として史料に登場するが、実態不明。館跡の遺構は城館の成果も含めた検討が必要。	区27	5
17-6	袋の殿山		北区赤羽北3丁目諏訪神社〜赤羽4丁目付近	社地・市街地・学校	台地縁辺	諏訪神社付近が伝承地だが、発掘調査が未歴、城館の遺構も不明。神社南側の道は鎌倉街道と伝わる。	（区5赤羽台遺跡群）	4
18-1	石浜城跡	千葉城	荒川区南千住3丁目石浜神社付近	社地・市街地・学校	微高地	康正年間に千葉氏が築いた石浜城とされ、比定地は通説に従ったが、城館の遺構は確認されていない。	区6	3

9

番号	名称	別名	所在地・伝承地	現況	占地	概要	遺跡名	地図
18-2	道灌山	城山	荒川区西日暮里3丁目西日暮里公園付近	公園・寺社地・市街地	台地先端	太田道灌の城と伝えられ、『風土記稿』では戦国期に関宿閑の屋敷と推定しているが、城館の遺構は確認されていない。《区登録史跡》	（区1）	3
19-1	赤塚城址	城山、千葉氏城	板橋区赤塚5丁目赤塚溜池公園〜乗蓮寺一帯	公園・寺地・市街地	台地先端	下総から移ってきた千葉氏代々の本拠。舌状台地の先端を中心に堀等が散在するが、構造・城域については不明な点が多く、検証が必要。	区28	4
19-2	板橋城		板橋区東山町長命寺〜上板橋小学校付近	寺地・学校・市街地	台地縁辺	『鎌倉大草紙』等に見えるが実態は不明。比定地は「大系」によったが異説もあり、断定はできない。		4
19-3	沖山の塁		板橋区四葉2丁目都立赤塚公園自由広場一帯	公園・宅地	台地先端	赤塚城の東方800mに位置する台地縁辺に土塁・堀が残るが、記録・伝承等は不明。城域や本城の性格については検討を要する。	区41沖山遺跡	4
19-4	志村城址	志村城山、千葉城、篠田城	板橋区志村2丁目熊野神社・志村小学校一帯	寺社地・学校・市街地	台地先端	武蔵千葉氏の支城とされ、熊野神社境内に折れを有する土塁・堀が一部残る。具体的構造や城外郭については未確認	区102	4
19-5	志村坂上遺跡		板橋区志村1丁目	市街地	台地縁辺	発掘調査で堀等の発見がされている。熊野神社の東方約500mで台地を南北に縦断する位置にあり、志村城外郭の可能性もある。	（区99）	4
19-6	徳丸石川遺跡		板橋区徳丸5丁目	市街地	台地縁辺	D地点の発掘調査で障子堀遺構が発見され5mの深さを測り、周囲に土塁・堀の痕跡を要する。史料・伝承とも皆無で、現状では構造・性格とも不明。	区52	4
19-7	舟渡遺跡		板橋区舟渡1〜2丁目	市街地	微高地	第1・第3・第4地点の発掘調査で、溝や堀で区画された建物群が発見されている。荒川の渡河点を控えた城館か宿である可能性が高い。	（区134）	4
20-1	愛宕山塁	城山	練馬区上石神井3丁目早稲田大学高等学院	学校	台地先端	太田道灌が文明9年(1477)に、発掘調査でも豊島氏の籠もる石神井城を攻めの際、築いた塁という。発掘調査で濠状遺構が発見されている。	区139	8
20-2	池淵遺跡		練馬区石神井町5丁目池淵史跡公園	公園	台地上	石神井城主郭の東方300mに位置し、発掘調査で堀が発見される。石神井城との関係について、検討を要する。《区登録史跡》	（区64）	8
20-3	石神井城跡		練馬区石神井台1丁目石神井公園・氷川神社一帯	寺社地・公園・市街地	台地上	豊島氏の重要拠点で、文明9年(1477)、太田道灌に攻められ落城。公園内に主郭部がよく残り、周囲に土塁・堀の痕跡が残る。《都指定旧跡》	区53	8
20-4	殿山		練馬区中村北4丁目富士見高校付近	学校・市街地	台地上	地名伝承のみで、遺構・来歴とも未詳。地形も平坦で、城館の実在について検証を要する。「シロヤマ」地名の由来については不明		5
20-5			練馬区豊玉南3丁目	市街地・農地	台地縁辺	西から南を小河川が流れる台地。地名伝承として史料に登場するが、城前まで良好に遺存している。		5
20-6	練馬城跡	豊島城、矢野山城	練馬区向山3丁目豊島園内	遊園地	段丘縁辺	文明年間、豊島氏の拠点として史料に登場し、現在は豊島園内に土塁の一部が残る。《都指定旧跡》	区130	5
20-7	右馬頭屋敷跡	屋敷山	練馬区練馬2丁目開進第二中学校付近	学校・市街地	台地縁辺	『風土記稿』は「右馬頭」なる人物の屋敷と伝え、練馬城の東方500mに位置し城館の好適地形だが、詳細は不明、遺構は未確認	区138	5
21-1	荘司のかみ城		足立区本木南町付近か	市街地・河川敷	微高地？	荘司某の城とされるが、『風土記』の記事から推定すると比定地は現荒川河川敷付近となり、遺構も具体性に欠き、城館とする根拠に乏しい。		2
21-2	舎人屋敷		足立区舎人2丁目付近	寺地・市街地	微高地	『風土記稿』は永禄年間に舎人土佐守の屋敷と伝え、舎人氏を岩槻太田氏の被官と推定する。比定地はレーダー探査により、城館の遺構を確認できないが、地上では遺構を確認できない。《区登録史跡》	（区2舎人遺跡）	2
21-3	中曽根城址	千葉城	足立区本木2丁目中曽根稲荷社一帯	社地・市街地	微高地	武蔵千葉氏関係の城と伝わる。市街地化が進み、地上では遺構を確認できないが、発掘調査により堀が確認されている。	区25	2

番号	名称	別名	所在地・伝承地	現況	占地	概要	遺跡名	地図
21-4	伝宮城氏館	城	足立区宮城1丁目	市街地	微高地	豊島氏支流宮城氏の館と伝える。荒川の流路変化や市街地化により原地形が変化しており、所在比定も不確定。伝承・未確定要素が多い。		2
21-5	宮城堀の内		足立区堀之内1・2丁目	市街地	微高地	地名伝承のみで来歴・伝承とも不明、旧堀之内村をかつては宮城村の一部と推定する説がある。遺構も未確認で、城館とする根拠は乏しい。		2
22-1	会田氏館		葛飾区南水元1丁目	市街地	微高地	会田氏の館と伝えるが、遺構不明で所在地も推測。同氏の本領が飯塚にあったことを『所領役帳』から推測しうるのみで、館の実在を示す根拠は乏しい。		2
22-2	葛西城址	御殿山、葛西御殿、葛西離館	葛飾区青戸6・7丁目	市街地・道路・公園	微高地	15世紀後半に築城され、戦国期には後北条氏、里見氏が争奪戦を展開。地表面で確認できる遺構はないが、発掘調査により解明が進む。〈都指定史跡〉	区9	2
22-3	伝葛西清重館址		葛飾区四つ木1丁目西光寺一帯	寺地・市街地	微高地	西光寺には清重墓と伝承する五輪塔があり、館跡に比定されている。ただし遺構は不明で、五輪塔の伝承を含め、館について再考を要する。	区14	3
22-4	上下葛西城		葛飾区西亀有2・3丁目付近	市街地	微高地	上下葛西城の実在については、伝承や地名の検証が必要。西亀有1丁目の発掘調査で中世の溝が発見されているが、上下葛西城との関係は不明。		2
22-5	渋江陣屋	山中陣屋	葛飾区四つ木2丁目葛飾郵便局付近	市街地・郵便局	微高地	戦国期に安房里見氏の築いた陣所と伝えるが、遺構は不明。国府台合戦前後における臨時築城の可能性がある。所在比定は伝承による。		3
22-6	立石堀の内		葛飾区立石8丁目付近	市街地	微高地？	『風土記稿』に「堀之内」の地名を載せるのみで、遺構・伝承とも一切伝えられず、城館地に由来しない可能性もあり、検討が必要。		3
22-7	堀切		葛飾区堀切1丁目付近	寺地・市街地	微高地	「堀切」の地名・伝承のみで、遺構・伝承とも特定されない。「堀切」は城館としない可能性もあり、検討が必要。		3
23-1	長島屋敷跡	長島高城	江戸川区東葛西3丁目清光寺付近	寺地・山林	微高地	長島殿の居住地との伝承がある。比定地は、江戸川河口に近い水運の要衝で、大門・裏門・馬場等の地名が伝承されている。	区12	1
24-1	井草屋敷		八王子市松木	市街地（造成）	丘陵裾部	地誌類は、後北条氏の被官井草氏の屋敷と伝える。多摩ニュータウン開発に伴う発掘調査で、中世の屋敷が発見されている。	TNT618,619,621	11
24-2	植松太郎兵衛屋敷		八王子市松木	市街地（造成）	丘陵裾部	地誌類は、植松太郎兵衛の屋敷と伝える。植松氏については不明点が多く、多摩ニュータウン開発により所在地も特定できない。		11
24-3	伝松江氏館		八王子市山田町広園寺付近	寺地・山林	丘陵裾部	『風土記稿』は松江氏館地を「入門きる」と記すが、所在は特定されておらず、城館の遺構も確認されていない。広園寺境域は都指定史跡。		15
24-4	伝大石信濃守屋敷	城山	八王子市西寺方町	市街地（造成）	台地先端	大石信濃守の屋敷と伝承され、発掘調査で中世の屋敷跡遺構が発見されている。ただし、『風土記稿』に関する事蹟・伝承は、検証を要する部分が多い。	TNT107大石氏館跡	11
24-5	小田屋敷跡		八王子市松木	市街地（造成）	丘陵裾部	『風土記稿』は、北条氏照の被官小田氏または小田野氏の屋敷と伝え、ニュータウン開発に伴う発掘調査で、屋敷遺構が発見されている。	TNT287	11
24-6	小田野城跡	小田野館	八王子市西寺方町小田野山町トンネル一帯	山林・公園	台地先端	後北条氏照被官小田野氏の築城と伝承。主郭部を損壊されて虎口部分を中心に保存。〈国指定史跡・八王子城跡の一部〉	市486	15
24-7	御屋敷		八王子市美山町乾長寺付近	寺地・宅地・農地	丘陵裾部	『風土記稿』は、北条氏照の家臣景信した屋敷と伝えるが、記載から乾長寺付近に比定できるが、伝承の詳細は不明で遺構も確認されていない。		14
24-8	景信山		八王子市裏高尾町、神奈川県津久井郡相模湖町千木良	山林・茶屋	山地	北条氏照の臣横地景信が守備したと伝わる遺構はなく、地名由来には異説もある。西方2kmの堂所山にも、氏照の陣馬堂を置いたとの伝承がある。		19

番号	名称	別名	所在地・伝承地	現況	占地	概要	遺跡名	地図
24-9	伝梶原氏館		八王子市元八王子町3丁目	社地・山林・高速道路	丘陵上？	梶原景時の館跡と伝えるが、城館の遺構は不明で、伝承は鍛冶遺構との関係も考えられる。	市485 梶原館	15
24-10	片倉城跡		八王子市片倉町片倉城跡公園一帯	公園・山林・農地	台地先端	片倉城跡公園を中心に、大規模な土塁・堀や曲輪・虎口が妙だが、築城者や年代を伝える史料には乏しい。〈都指定史跡〉	市165	15
24-11	川口氏館跡	川口氏館	八王子市川口町	農地・宅地	台地縁辺	西党川口氏の屋敷跡と伝えるが、遺構は確認できないが、周辺の寺院を含めた地形は中世領主の本拠地の景観として良好な地形である。	市493	14
24-12	後藤将監屋敷		八王子市宇津貫町殿台	造成地	谷戸	地誌類には後北条氏の被官後藤氏の屋敷と伝える。みなみ野シティ開発に伴い発掘調査されたが、詳細不明。	(市497南八王子地区24)	15
24-13	近藤出羽守屋敷跡		八王子市館町浄泉寺一帯	寺社地・農地・宅地	丘陵裾部	北条氏照の臣近藤助実の築城と伝える。浄泉寺境内を中心に土塁や堀切りが存在するが、城館遺構か否かは検討を要する。	(市136遺跡)	15
24-14	小仏城山	千木良城山	八王子市裏高尾町、神奈川県津久井郡相模湖町千木良	山林・茶屋・電波塔	山地	小仏峠を見下ろす要衝で、現在はNTT電波中継所や茶屋が建つ。平地や段々状の地形が観察されるが、城館遺構か否かは検討を要する。	市487	19
24-15	浄福寺城跡	松竹城、案下城、千手山城、新城	八王子市下恩方町	山林	山地	浄福寺背後の山以上の伝承地に広範に展開し、南関東では類例の少ない畝状竪堀を確認できる。築城時期や城の性格については検討を要する。〈市指定史跡〉		14,15 18,19
24-16	陣馬山	陣場山	八王子市上恩方、神奈川県津久井郡藤野町佐野川	山林・茶屋	山地	武田軍が布陣したとの伝承地の山以上。昭和30年代までは「陣場山」の表記だった。「陣場山」の地名伝承せるが、現状では比定地の特定は困難。本来は出羽山と一体だった可能性もある。		19
24-17	大名屋敷		八王子市城山手1丁目~長房町	市街地	丘陵裾部？	『風土記稿』は、出羽山に隣接して「大名屋敷」の地名を載せるが、遺構については検証を要しない。		15
24-18	高月城跡	高槻城	八王子市高月町	山林・農地・ホテル	台地先端	大石氏の居城と伝える。秋川の渡河点を見下ろす要害で、道路・ホテル一部で損壊するが、主要部は遺存は良好に残る。米堆についても検証が必要。	市53	14
24-19	滝山城跡		八王子市高月町・加住町1丁目・丹木町1~2丁目	公園・山林	台地先端	北条氏照の居城で遺構は良好。規模雄大で、桝形虎口・馬出・横矢掛り等の技法を駆使し、戦国期城郭としては全国的にも最高水準。〈国指定史跡〉	市55	14
24-20	高山	高山四郎衛門貞館	八王子市館町	団地	台地先端	高山四郎貞は滝山城群に該当する可能性もあるが、未確定。館町遺構群内で中世遺構は発掘調査で発見されたが、館跡か否か不明。	(市712館町遺跡)	15
24-21	出羽山		八王子市高月町・廿里町1丁目・出羽山公園	公園・山林	台地先端	北条氏照の臣近藤出羽守助実の居住地と伝えるものの、土塁状の地形が残るが、未詳な性格については不明。	(市708落蔵遺跡群)	15
24-22	廿里砦	十十里砦、戸取砦、鳥取砦	八王子市廿里町・農水省林業試験場浅川実験林	山林(実験林)	山地	永禄12年(1569)に武田軍が滝侵攻した際、後北条軍が布陣・抗戦した場所と伝える。実験林の中に堀らしい遺構が存在する。〈市指定旧跡〉	市489 廿里古戦場	15
24-23	戸吹城跡	二城城址、新城、根古屋城	八王子市戸吹町・あきる野市上代継千代崎	山林・崩壊地	台地先端	来歴不明。主郭部、主郭部の砂礫層の崩壊が進行し遺構の観察は難しい。八王子市側には堀が比較的よく残っている。	八王子市494、あきる野市98	14
24-24	中山勘解由屋敷跡		八王子市滝山町2丁目	農地・山林	丘陵裾部	滝山城の南東1kmに位置し、『風土記稿』は北条氏照の臣中山家範の居屋敷と伝える。少林寺の所在する谷戸に南面して、方台状の築城面が認められる。	市495	14
24-25	八王子城跡		八王子市元八王子町3丁目	山林・農地・公園・宅地	山地	北条氏照が滝山城から居城を移す。石垣ラインと石積の一部は北条氏照の居城中山家範の居守将長井氏が欠くとも伝え、都指定した先進的なプランは、後北条氏築城技法の最終形態を示す。〈国指定史跡〉	市42	15,19
24-26	初沢城跡	椚田城、高乗寺城	八王子市初沢町	山林・水道施設	山地	椚田氏の居城とも、永正年間から長井氏が築くとも伝え、未歴は検証を要する。後北条氏築城技法の検討を要する。山頂から山腹にかけて堀、曲輪等の城塞形態を示す。	市137	15

番号	名称	別名	所在地・伝承地	現況	占地	概要	遺跡名	地図
24-27	松木屋敷跡		八王子市松木	市街地（造成）	丘陵裾部	地誌類は、室町期の土豪松木氏の屋敷という伝える。多摩ニュータウン開発時の発掘調査で、中世の屋敷跡遺構が発見されている。	TNT125	11
24-28	伝由井氏館		八王子市弐分方町観音堂付近	山林・農地	丘陵裾部	観音堂付近が西党由井氏の館と推定されている。当地を由井氏の館に比定する根拠は不充分で、城館の遺構も確認されていない。	市492 由井氏館跡	14
24-29	伝柚木氏館	柚木城、大石氏館、永林寺館	八王子市下柚木 永林寺境内	寺地・山林		永林寺境内は横山党柚木氏の館とも伝えるが、大石氏の館とも伝える。城館の遺構は確認されていない。〈市指定史跡・大石氏居館跡〉	市502 由木氏館跡	11
24-30	伝横山党館		八王子市横山町2丁目 八幡八雲神社付近	社地	台地上？	八雲神社境内が横山党の館跡に比定されているが、根拠不充分で遺構も不明。城館の実在を示す材料に乏しい。〈市指定旧跡・横山党根拠地〉		15
25-1	伝立川氏館		立川市柴崎4丁目 普済寺一帯	寺地・宅地	台地縁辺	立川氏の館跡とされ、普済寺境内に断片的に土塁が残るが、来歴や遺構の性格・範囲については、発掘調査成果を合めて再考が必要。〈都指定史跡〉	市17 立川氏館跡	10
27-1	鳥屋敷	金子館、柴田陣屋	三鷹市新川4・5丁目 新川団地一帯	団地	台地先端	中世金子氏の屋敷と伝え、近世には旗本柴田氏の陣屋という。広範にわたる発掘調査により、広範に遺構が発見されている。	市27	8
27-2	天神山砦	天神山砦	三鷹市新川1丁目 青少年広場一帯	公園・農地	台地先端	史料・伝承に乏しく来歴不詳だが、鳥屋敷対岸の舌状台地先端に、折れを有する土塁・堀が残る。武蔵野台地上の小規模城館として良好に遺存。	(市29天神山遺跡)	8
27-3	牟礼の砦	城山	三鷹市牟礼2丁目 神明神社付近	社地・市街地	台地縁辺	天文年間、扇谷上杉軍の深大寺城に対抗して、後北条氏被官の高橋氏が鳥山の砦（世田谷区）と共に築いたと伝え、眺望にすぐれる。遺構は不明。	(市46牟礼遺跡)	8
28-1	今井城跡		青梅市今井1丁目（城の腰）	山林・農地・宅地	台地縁辺	来歴不詳であるが、主要部の土塁・堀・曲輪が良好に保存されている。周辺部の宅地化に伴う発掘調査では、関連遺構が確認されている。〈都指定史跡〉	市146	13
28-2	今井堀の内		青梅市今井2丁目（堀の内）	宅地・農地	台地縁辺	地名伝承のみで、正福寺に今井氏葛所と伝える石塔群がある。城館の遺構は発見されていない。	市149	13
28-3	勝沼城跡	師岡城	青梅市東青梅6丁目	山林・墓地	丘陵上	丘陵上の三つの曲輪を中心に遺構がよく残り、虎口や横矢掛り等の築城技法が見られる。年代については検討を要する。〈都指定史跡〉	市101	13
28-4	辛垣城跡	西城	青梅市二俣尾4丁目1丁目	山林	山地	永禄初年頃、三田氏が後北条軍侵攻に備えて築いたと伝える天嶮の山城。石灰採掘により破壊されているが、一部の堀や曲輪が残る。〈市指定史跡〉	市35	17
28-5	久下氏館		青梅市富岡1丁目	宅地・農地	段丘縁辺	『皇国地誌』では、富岡1丁目275番地付近を比定地とする。成木川の曲流部に臨む段丘上の城館好適地に位置するが、城館の遺構は未確認。		13
28-6	下長淵館	三田館跡	青梅市長淵1丁目	宅地	台地縁辺	三田氏の館という伝えもあるが、段丘縁辺に土塁・堀か縁辺が確認されるか、城館の遺構か否かは不明。	市93 三田館跡	13
28-7	下梅堀の内		青梅市梅郷2丁目	宅地	台地縁辺	『武蔵野歴史地理』に「堀の内」の地名を記すが、比定地付近では城館の遺構は確認されていない。		17
28-8	杉平柵跡		青梅市梅郷1丁目 竹林寺付近	山林・寺地・農地	丘陵裾部	『武蔵名勝図会』では杉平地内に所在したと伝え、竹林寺周辺には板碑が多く存在するが、城館の遺構は確認されていない。	市56	17
28-9	高山屋敷		青梅市成木2丁目 光照院付近	寺地・宅地	丘陵裾部	成木川左岸の光照院一帯を高山氏の屋敷跡という。史料・伝承に乏しい。		13
28-10	館の城	東木戸、楯の沢出、楯の柵	青梅市日向和田1丁目	山林・宅地・農地	台地先端	来歴不詳だが、横矢掛りの折れを有する土塁・堀・虎口が山林中に残る。三田氏の地域防衛体制の中で築かれた可能性がある。	市65 楯の柵跡	17

番号	名称	別名	所在地・伝承地	現況	占地	概要	遺跡名	地図
28-11	常磐屋敷		青梅市成木7丁目	山林	山地	『風土記稿』・『名勝図会』等で、極指（きわうず）、極指屋敷と伝えられるが、集落西方の字常磐山中に存在したと伝えられるが、城館の遺構等は未確認。		16
28-12	成木堀の内	宮寺堀の内	青梅市成木2丁目	宅地・農地	台地縁辺	高山屋敷と近接する位置にあり、『皇国地誌』では「堀の内」の地名を記し、『風土記稿』では馬場の地名を記しているが、城館の遺構は未確認。		13
28-13	浜竹の柵	中野柵	青梅市御岳2丁目熊野神社付近	社地・農地・宅地	段丘縁辺	『風土記稿』・『皇国地誌』は、平将門の従者浜竹五郎の築城という。熊野神社一帯を柵跡と伝えるが、根拠は乏しい。城館の遺構は確認されていない。	（市25神ノ倉遺跡）	17
28-14	藤橋城跡		青梅市藤橋2丁目	公園・農地	台地先端	地誌類が伝える未歴について検討を要する。主郭を中心に堡壕や曲輪が残る。低地に臨む台地縁辺で、比高は小さいが要害地形を示す。〈市指定史跡〉	市138	13
28-15	古屋敷		青梅市二俣尾3丁目	宅地・農地・山林	丘陵裾部	地誌類が伝える『皇国地誌』では、二俣尾保育園西方付近を「古屋敷」と伝承する。	市36	17
28-16	報恩寺		青梅市今寺1丁目報恩寺境内	寺地	台地縁辺	城館寺境内の西側から北側の人工地形を認めるが、城館遺構とすべきか検討を要する。報恩寺は市指定史跡。	（市133 K-30遺跡）	13
28-17	枡形山城跡		青梅市二俣尾4丁目	山林	山地	史料・伝承を欠いており来歴不詳だが、枡形城南方の尾根上に、曲輪が残る。完結した縄張をもつ山城だが、枡形城の支城である可能性が良好に残る。	市39	17
28-18	御岳山城		青梅市御岳山	社地・山林・集落	山地	武蔵御嶽神社を中心に築城遺構が残る。来歴は不明な点が多い。武蔵御嶽神社『御岳』が該当する可能性も強い。文書等に該当する可能性が高い。		17
28-19	物見櫓	矢倉台	青梅市日向和田1丁目他	山林	山地	『名勝図会』『皇国地誌』では城館の機能を持つ城背後の山を「物見櫓」と「矢倉台」と伝える。眺望にすぐれ、見張場の機能も考えられる。〈市指定史跡〉	市67	17
29-1	高安寺塁	高安寺館	府中市片町2丁目高安寺一帯	寺地・市街地	台地縁辺	高安寺は段丘縁辺に臨む所在地で、室町期にはたびたび陣所となっている。現況では塁壕を確認できないが、周辺の発掘調査で堀等が検出されている。	（市2武蔵国府関連遺跡内）	11
29-2	伝浅野長政屋敷		府中市白糸台5丁目、白糸台幼稚園、マリア修道院・諏訪神社一帯	宅地・農地・幼稚園・社地	台地縁辺	徳川家康の勘気を蒙った浅野長政が、隠棲した場所と伝わる。甲州街道の南に位置し、土塁・堀がわずかに残る。〈都指定旧跡・浅野長政隠棲楼の跡〉	（市2武蔵国府関連遺跡内）	9
29-3	人見屋敷	人見上屋敷・下屋敷	府中市若松町	市街地	丘陵裾部？	『風土記稿』は土屋敷・下屋敷の地名を伝えるが、未歴等は不明なが、未歴等不明なが、詳細不明だ。『大系』は人見氏との関係を示す裏付けはなく、所在比定を含めて検討が必要。		8
31-1	伝浅町城山		調布市入間2丁目NTT社有地内	団地・山林・グラウンド	台地先端	早くから電電公社の所有地で、大きな地形改変の形跡はないが、遺構も確認できない。詳細不明、地名伝承の由来が不明。	（市8入間町城山遺跡）	9
31-2	伝拍江入道館		調布市佐須台5丁目晃華学園・マリア修道院付近	修道院・学校	台地縁辺	比高差の大きい段丘縁に台地し、現在は修道院の裏手に石製の碑が立つ。	市60拍江入道館跡	9
31-3	深大寺城跡		調布市深大寺元町2丁目神代植物公園城山地区一帯	公園・農地・テニスクラブ	台地先端	天文6年（1537）に扇谷上杉氏の部将難波田氏が、後北条氏への反攻拠点として築いたという。中心部は公園化されて保存されている。〈都指定史跡〉	市59	9
31-4	温井屋敷跡		調布市佐須町2丁目	市街地	微高地	温井氏の屋敷跡とされるが、詳細は不明。比定地は現状では市街地化のため平坦だが、微高地縁辺を確認することができる。	市61	9
32-1	伝青木二郎屋敷	青木屋敷	町田市金井町	宅地・造成地・山林	台地縁辺	鎌倉時代の青木二郎の屋敷と伝え、小字名を打越山青木台といった。造成により原地形は消滅しているが、遺構も不明。遺説とする根拠に乏しい。	（市540遺跡）	12
32-2	伝相原氏館	藍原氏館、杉山城	町田市相原町	山林	丘陵上	古道に沿って平坦地が広がる。比定地には異説もあるが、館跡として比定的に妥当な場所にもっとも地形的に比定した。		15

番号	名称	別名	所在地・伝承地	現況	占地	概要	遺跡名	地図
32-3	綾部原遺跡		町田市野津田	宅地・道路	丘陵上	史料・伝承ともに欠いており来歴不詳だが、第2地点の発掘調査で溝・建物等の遺構が発見されている。	市295	11
32-4	井出ノ沢塁・殿ノ城跡	殿ヶ城、御屋敷	町田市6〜7号	社地・宅地・農地	台地先端	「井出ノ沢塁」と「殿ノ城」はこれまで別の城館として扱われてきたが、同一城館の伝承による差異であり、本来は同一と判断した。遺構は確認されていない。	市725,726	12
32-5	小野路城跡	結道城	町田市小野路町字城山・奈良ばい他	山林	丘陵上	小山田城の支城といわれるが、明確な史料・伝承に乏しく、複数の尾根道が交わる位置にあり、堀・土塁・曲輪等の遺構が良好に遺存する。	市723	11
32-6	小野路関屋跡		町田市小野路町	山林・農地	丘陵上	小野路宿背後の丘陵上に二重堀切と区切りが存在するが、史料・伝承ともにない。臨時築城の一種であろう。		11
32-7	小山城	小山田太郎館、城山	町田市小山町24号付近	造成地	台地先端	鎌倉期小山氏の館と伝えるが根拠は乏しく、年代・来歴は検討を要する。城館の遺構も消滅しており原地形も消滅している。		15
32-8	小山田城跡	扇谷の要害、小山田の要害	町田市下小山田町大久保岡村他	山林・寺地・農地	丘陵上	長尾景春の乱に際して上杉方の拠点となるも、来歴は検証を要する。大泉寺背後の丘陵上に堀・土塁が残るが、構造は臨時築城の色彩が強い。	市724	11
32-9	小山田1号遺跡		町田市小山田桜台2丁目	公園・団地	谷戸	谷戸奥部の斜面を削平した平坦面で、発掘調査より中世前期の遺構群が検出された。主要部は史跡公園として保存されている。《都指定史跡》	市736	11
32-10	小山田城東岩	見張場、張山	町田市山崎町10号	山林・造成地	丘陵縁辺	小山田城の南東2.5kmに位置し、鶴見川に臨む丘陵縁だが遺構は不明。古道を見下ろし見張場等の地名が伝わり、監視所だった可能性がある。	市727	12
32-11	三輪山城跡	三輪城、城山	町田市三輪町20・23号	山林・農地・宅地・寺社地	丘陵上	来歴不詳だが、七面堂を中心に堀・土塁・曲輪が良好に残る。城域については、堡塁の現存しない丘陵の縁辺までを含む可能性があり、検討が必要。	市454	12
32-12	殿丸城		町田市相原町殿丸・杉山	山林	丘陵上	殿丸城は相原氏の館跡といわれる。伝承地は丘陵上の古道に沿った高所で、御殿峠を抑える臨時築城の可能性が高い。相原氏の館とは別の城館とした。	市729 相原氏館跡	15
32-13	殿持屋敷	殿屋敷	町田市小野路町別所・坂木	山林・宅地・農地	丘陵裾部	旧鎌倉街道沿いに記録が残っている場所だが、地名承が記録されているのみで、来歴・遺構ともに不明。	(市254殿様屋敷遺跡)	11
32-14	成瀬城跡	城山	町田市南成瀬3丁目	公園・宅地	台地先端	来歴不詳だが。主要部は公園となっているが、明確な墓壙等は確認できない。造成により消滅した南側に堀状の地形があったとされる。	市722	12
32-15	伝源義賢館		町田市鶴川5丁目公園鶴川河川	団地	谷戸	源義賢の館跡と伝わるが、「大蔵村源太合」の他名からの類推であろう。城館の実在を示す付けは乏しい。	(市395源太ヶ谷遺跡)	11
32-16	武蔵岡遺跡		町田市相原町大谷戸武蔵岡中学校付近	学校・造成地	丘陵縁部	史料・伝承ともに欠いており来歴不詳だが、大谷戸地区の発掘調査で、柱建物跡等の発見がある。	市802	15
32-17	TNT211遺跡		町田市小山町20号	造成地	丘陵上	史料・伝承を欠くが、多摩ニュータウン開発に伴う発掘調査で、堀・土塁等の遺構が発見された。構造上は臨時築城の様相が強い。	TNT211	15
35-1	大寺平遺跡	南平の城館	日野市南平1丁目	宅地・山林	台地縁辺	史料・伝承を欠き来歴不詳だが、土塁と堀の一部が残る。「駿疫屋敷」一族屋敷下絵図に該当する可能性あり。	市49	11
35-2	川辺堀之内城		日野市川辺堀之内	山林・宅地・ゴルフ練習場	台地先端	史料・伝承を欠くが来歴不詳だが、発掘調査により堀が確認されており、臨時築城の可能性がある。	(市17川辺堀之内遺跡)	11
35-3	高幡城跡		日野市高幡高幡不動境内	山林・寺地・公園	丘陵上	史料・伝承を欠き来歴不詳だが、高幡高麗の合戦等に際しての、臨時築城の可能性がある。立河原東方60mの台地縁に堀・曲輪が残る。	市33	11

番号	名称	別名	所在地・伝承地	現況	占地	概要	遺跡名	地図
35-4	田村氏館跡		日野市下田・万願寺（安養寺付近）	寺社地・造成地	微高地	安養寺一帯を田村氏の館跡と伝える。水田地帯の微高地に位置するが、造成が進み現状では明確な遺構を確認することはできない。	市15	10
35-5	伝日奉氏館	日奉氏居館	日野市新町4・5丁目	農地・造成地	台地縁辺	西党日奉氏の居館伝承地としては、東光寺跡とされる台地縁辺が比定されるが、明確な遺構は確認されていない。	(市1七ッ塚遺跡)	10
35-6	伝平山氏館		日野市平山5丁目	住宅地・駅・公共施設	微高地	平山城址公園駅一帯が比定地で、鎌倉期の御家人平山氏の居館とする伝承が残るが、土塁の一部が残るのみ。平山図書館の裏手に土塁の一部が残るが、伝承は検討を要する。（市指定史跡）	市26平山氏館跡	11
35-7	平山城跡		日野市平山6丁目	山林	丘陵上	季重神社の祠を中心に曲輪、段切り等が残る。平山氏の居城とする伝承は根拠が乏しく、築城者や時期については検討が必要。	市27	11
35-8	百草城		日野市百草・百草八幡宮一帯	山林・社地・公園	丘陵上	史料・伝承を欠くが、百草園内に城郭的遺構が残る。当該地は中世真慈悲寺跡で、廃寺跡を利用した陣城の可能性が高い。百草園は市指定史跡。	(市39)	11
38-1	谷保の城山	三田氏城、三田館、伝津戸三郎	国立市谷保	宅地・山林・公園	台地縁辺	三田氏宅を中心に土塁・堀が残り、複郭式構造を確認できる。津戸氏の館とする伝承や、城館の性格については検討を要する。（都指定史跡）	市17三田城跡	10
40-1	田中・寺前遺跡		狛江市元和泉1丁目～東和泉1丁目	鉄道用地・市街地	微高地	史料・伝承を欠いており来歴不詳だが、小田急線改良工事に伴う発掘調査で、中世屋敷の遺構が発見されている。	市40	9
45-1	有山屋敷		多摩市東寺方字有山	宅地・農地	微高地	『風土記稿』は有山氏の屋敷と伝える。比定地には暦応元年（1338）銘の板碑が現存するが遺構は不明で、周辺の発掘調査でも関連遺構は未確認。	市183	11
45-2	佐伯屋敷		多摩市桜ヶ丘1丁目	宅地・農地	台地縁辺	後北条氏の被官佐伯氏の屋敷跡と伝えるが、来歴不詳だが、「天守台」と伝承する。多摩ニュータウン開発時の発掘調査である可能性が高い。	市201	11
45-3	下屋敷		多摩市連光寺1丁目	宅地・農地	台地上	『風土記稿』が「下屋敷」の地名を伝えるのみで、特定も伝承も確認されていない。延命寺境内から南側の丘陵にかけてが伝承地だが、遺構は不明。関戸城との関係についても不明。	(市202向ノ岡遺跡)	11
45-4	鳥崎屋敷		多摩市落合1丁目	市街地	台地縁辺	『武蔵名勝図会』は、天正18年に八王子城で討死した後北条氏の被官鳥崎氏の屋敷と記す。早くから造成が進み旧状を失ったため、遺構は不明。	市182	11
45-5	諏訪坂館		多摩市連光寺諏訪坂・貝取南田	市街地（造成）	丘陵裾部	史料・伝承を欠き来歴不詳だが、多摩ニュータウン開発時の発掘調査で、屋敷跡遺構が発見されている。	TNT22	11
45-6	関戸城跡	天守台、城山	多摩市関戸5丁目	山林・山林	丘陵上？	多摩川を臨むピークを「天守台」と伝承。封戸的な山城より、街道の監視・封鎖施設や陣城である可能性が高い。	市184	11
45-7	寺方大屋敷		多摩市東寺方	寺社地・宅地	丘陵裾部	来歴不詳、伝承もない。平坦面などの平坦面は50m四方ほどで、明確な遺構は確認されていない。当該地はかつて寺方にあった寿徳寺の境内寺だった。	市184	11
45-8	中島屋敷		多摩市豊ヶ丘2丁目	市街地	台地縁辺	『武蔵名勝図会』は、後北条氏の被官中島氏の屋敷跡と記す。時の調査で若干の中世遺構が発見されたが、詳細は不明。	TNT769	11
45-9	永島八兵衛屋敷	小宮山八兵衛屋敷	多摩市鶴牧1丁目	市街地（造成）	台地先端	『風土記稿』に記されている後北条氏の被官永島氏の屋敷跡の発掘調査で、中世の屋敷遺構が発見されている。	TNT457	11
46-1	大丸城跡	城山	稲城市大丸7号・向陽台6丁目	道路・造成地	台地先端	『風土記稿』に記されるが、来歴は伝わっていない。丘陵先端に横堀を掘削、多摩ニュータウン開発先端に横堀を掘削、多摩ニュータウン開発により全滅。	TNT513	11
46-2	小沢小太郎屋敷	小沢小太郎館	稲城市矢野口	農地・寺地・宅地	丘陵裾部	妙覚寺南方の富が小沢氏の屋敷跡と伝わり、寺には享徳3年（1454）銘の板碑があり、土豪屋敷の景観を考える上で参考になる地形だが、遺構不明。	市90遺跡	9

番号	名　称	別　名	所在地・伝承地	現　況	占地	概　要	遺跡名	地図
46-3	小沢城跡	小沢天神山城、城山	稲城市矢野口、神奈川県川崎市多摩区菅仙谷	山林・農地	丘陵上	浅間山・天神山から南側に曲輪群が展開し、東西を堀切で画する。小沢氏の城とも伝わるが、享禄3年(1530)、小沢原合戦時の後北条軍本営の可能性もある。	市88	9
46-4	長沼城跡	城山、亀山城	稲城市東長沼・百村	市街地・造成地・山林	台地縁辺	『風土記稿』は、「城山」の地名と長沼氏館跡の伝承を記す。城館跡の遺構は確認されていない。	市91	9
46-5	百村館		稲城市百村3号・坂浜43号	造成地・宅地・山林	台地縁辺	『風土記稿』に「館合」等の地名伝承が見えるのみで、詳細は不明。当該地の発掘調査では遺構は発見されず、城館の所在は要付けが正しい。	(TNT3堅遺跡)	11
47-1	大石氏館		羽村市羽東3丁目羽東小学校付近	学校・宅地	台地縁辺	『風土記稿』は当地を大石照仲の旬行地と記す。羽村東小学校建設を通る鎌倉街道が多摩川を渡る場所にあったが、玉川上水開削により原地形は埋滅。	(市6羽ヶ田上遺跡)	13
48-1	網代城跡	城山	あきる野市網代城山・高尾	山林	山地	小規模な山城だが眺望にすぐれ、堀、曲輪等が残る。ただし来歴に関しては伝承が混乱しており不明。	市28	18
48-2	伊奈城		あきる野市北伊奈	山林・社地・水道施設	山地	松岩寺（上平井館）背後の山に城跡伝承があるが、居館に対する詰城の位置にある。ただし明確な遺構は確認されておらず、城館としての検討を要する。	市31松岩寺遺跡	14
48-3	御屋敷山		あきる野市雨間	宅地・農地・道路	台地縁辺	『御屋敷山』の地名伝承があるが、遺構は確認されていない。小河川に画する台地縁辺で、周辺では板碑の出土もあり、土豪屋敷等の可能性はある。	(市86雨間中郷遺跡)	14
48-4	上平井館	平井館	あきる野市伊奈北伊奈・松岩寺前	寺地・農地・宅地	台地縁辺	松岩寺一帯を平井氏の館跡と伝えるが、遺構は不明。なお、上平井館を日の出町平井宿にあてる説もあるが根拠は乏しい。	(市34木草木遺跡)	14
48-5	小川城		あきる野市小川・宝清寺宿内	寺地・墓地	丘陵裾部	『風土記稿』は、宝清寺境内を小川土佐守の屋敷と伝っている。古き城地であったが、開発が進んだため現み状をつっている。	市92	14
48-6	志村館		あきる野市引田	宅地・山林	台地先端	志村肥前守の屋敷と伝え、地形らしきが一部あり、城館とする説もあるが、遺構は廃失となっている。		14
48-7	館合の壁		あきる野市館合	宅地・農地	段丘縁辺	土塁らしきものが一部あり、城館の由来を含めて再検証の必要がある。	(市21みとうがいど遺跡)	18
48-8	戸倉城跡	小宮城、大石定久隠居城	あきる野市西戸倉城山	山林	山地	北条氏照に家督を譲った大石定久の城とも、土豪小宮氏の城とも伝える。標高434mの急峻な山頂に、曲輪・虎口が良好に残る。〈都指定史跡〉	市6	18
48-9	法林寺館跡	法林寺壁	あきる野市小川東1丁目法林寺一帯	寺地・幼稚園・宅地	台地縁辺	史料・伝承を欠き来歴不詳だが、法林寺境内に折れを有する土塁が残る。縄張は実戦的で、館より城や陣と考えるべき遺構である。	市94	14
48-10	二宮城跡	二宮館	あきる野市二宮へ小川？	社地・宅地	台地縁辺	二宮神社境内が都旧跡に指定されている。比定地には異説も多く再検証が必要。〈都指定旧跡〉	市95	14
50-1	村山館跡	殿屋内	西多摩郡瑞穂町殿ヶ谷・石畑	宅地・農地	丘陵裾部	『御屋敷』、比定地では中世遺構が発見されている。福正寺南方の緩斜面地は、戦国期の土豪村山氏の館跡が伝わるが、現在は明確な遺構なし。村山氏の後に佐久間所と伝わる石塔群がある、検討が必要。	町20	13
51-1	新井屋敷跡		日の出町大久野	宅地・農地	台地縁辺	『風土記稿』は後北条氏の被官荒井氏の屋敷跡と伝えるが、現在は明確な遺構は確認できない。同氏はのちに佐久間に改姓し、八王子十人衆となる。	町14	18
51-2	幸神屋敷跡	御屋敷	日の出町大久野幸神	宅地・山林	丘陵裾部	『武蔵名勝図会』は、戦国期の土豪平山氏の屋敷跡と推測しているが、詳細は不明。	町13	18
51-3	勝峯山	将門岩	日の出町岩井勝峯山	山林・採石地	山地	『風土記稿』は将門の城塞との所伝を載せるが、低拠不明。採石による地形改変があり、明確な遺構は確認されていない。		18

番号	名称	別名	所在地・伝承地	現況	占地	概要	遺跡名	地図
51-4	長井館跡		日の出町大久野長井	農地	丘陵裾部	『風土記稿』は北条氏照の被官長井氏の屋敷と伝える。民家裏手の畑が伝承地だが、城館の遺構は確認されていない。	町12	17
52-1	大屋敷		檜原村神戸	宅地・農地	丘陵裾部	吉野氏宅一帯を「大屋敷」と伝承するが、遺構は確認できない。神官の居宅を「大屋敷」と呼んだものと推定され、城館とすべきか検討を要する。		21
52-2	浅間嶺峰火台		檜原村樋里・人里浅間嶺	山林	山地	標高903mの浅間嶺頂山頂の小削平地が烽火台とされているが、史料・伝承を欠き来歴不詳。周辺の浅間尾根は、甲斐・武蔵を結ぶ古道である。		21
52-3	檜原城跡	本宿城	檜原村本宿	山林	山地	後北条氏の国境警備として、天正年間には土豪平山氏が守備していたことが、史料から明らかである。山城の遺構が良好に残る。〈都指定史跡〉	村19	18
53-1	海沢の城山	将門遠見の城	奥多摩町棚沢	山林・電波塔	山地	城山の地名が伝承されるが、『風土記稿』も疑義を呈している。標高760mの山頂は平坦だが遺構の由来については検証が必要。		17
53-2	尾崎の柵	将門柵	奥多摩町丹縄	宅地・道路・山林	段丘縁辺	『風土記稿』は平将門の能者尾齢氏の柵と伝える。根拠不明。多摩川曲流部の段丘上にあり、城館の性格・伝承について検証が必要。		17
53-3	氷川の城	城、将門の城	奥多摩町氷川	山林・農地	山地	『風土記稿』は将門の城と伝えるが、根拠不明。『大系』は遺構らしきものを記すが検証が必要。西方の「三ノ木戸」地名は、関所に関係する可能性あり。	(町18う平遺跡)	20
53-4	杉田屋敷		奥多摩町原	湖底(水没)	微高地	『風土記稿』は、後北条氏の被官杉田氏の屋敷と伝える。ダム建設にともない、奥多摩湖の湖底に水没のため、現在では確認不能。		20
53-5	水根の城山	城山	奥多摩町水根	山林	山地	「城山」の呼称があるが、標高1532mの高所で遺構は不明。東方に「将門馬場」の地名がある。氷川の城が後の高山に転化したものと推定される。		20

Ⅱ 城館分布図

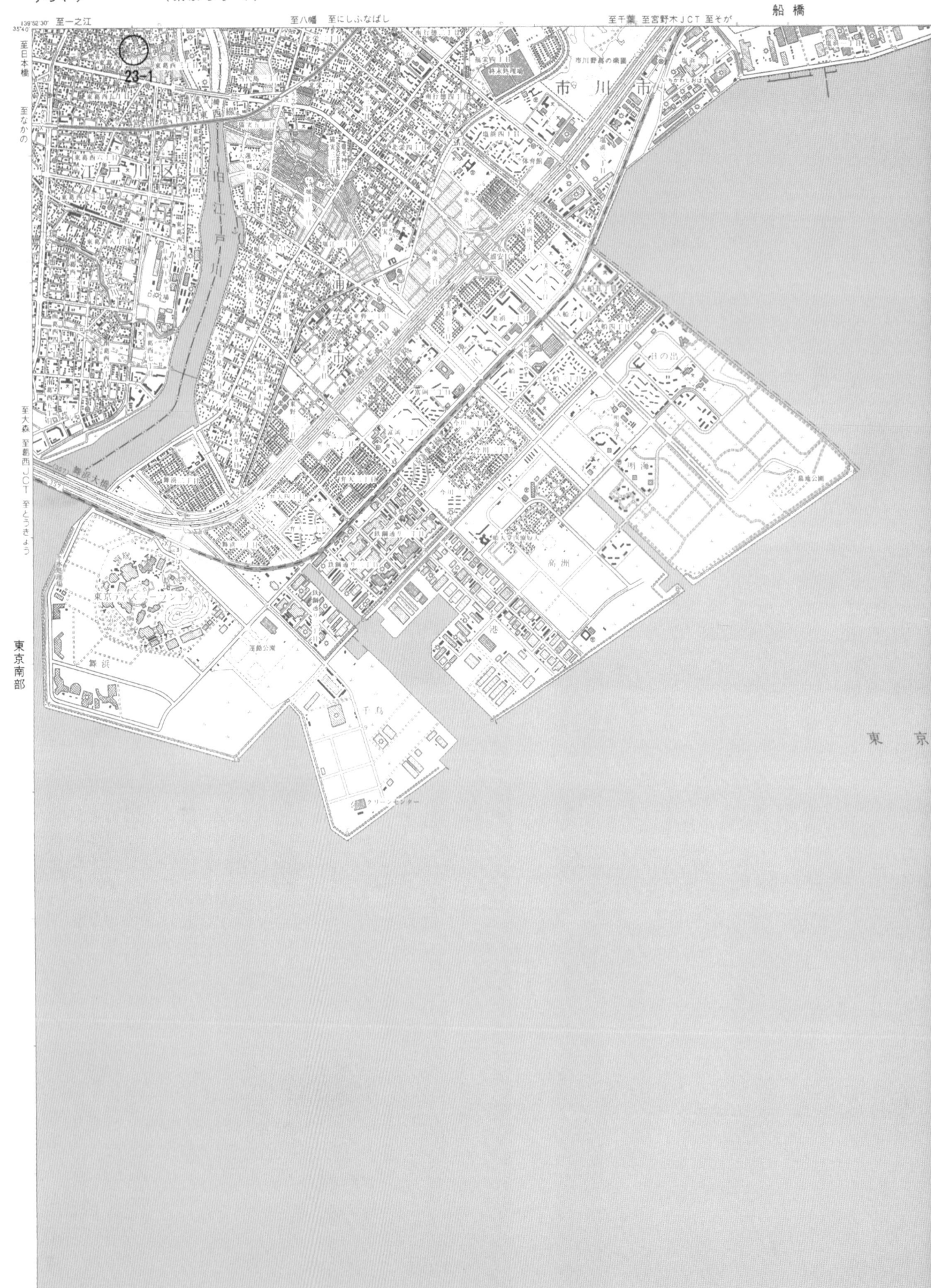

1:35,000 地形図　NI-54-25-3-1
うらやす　　（東京3号-1）

1. 浦　安

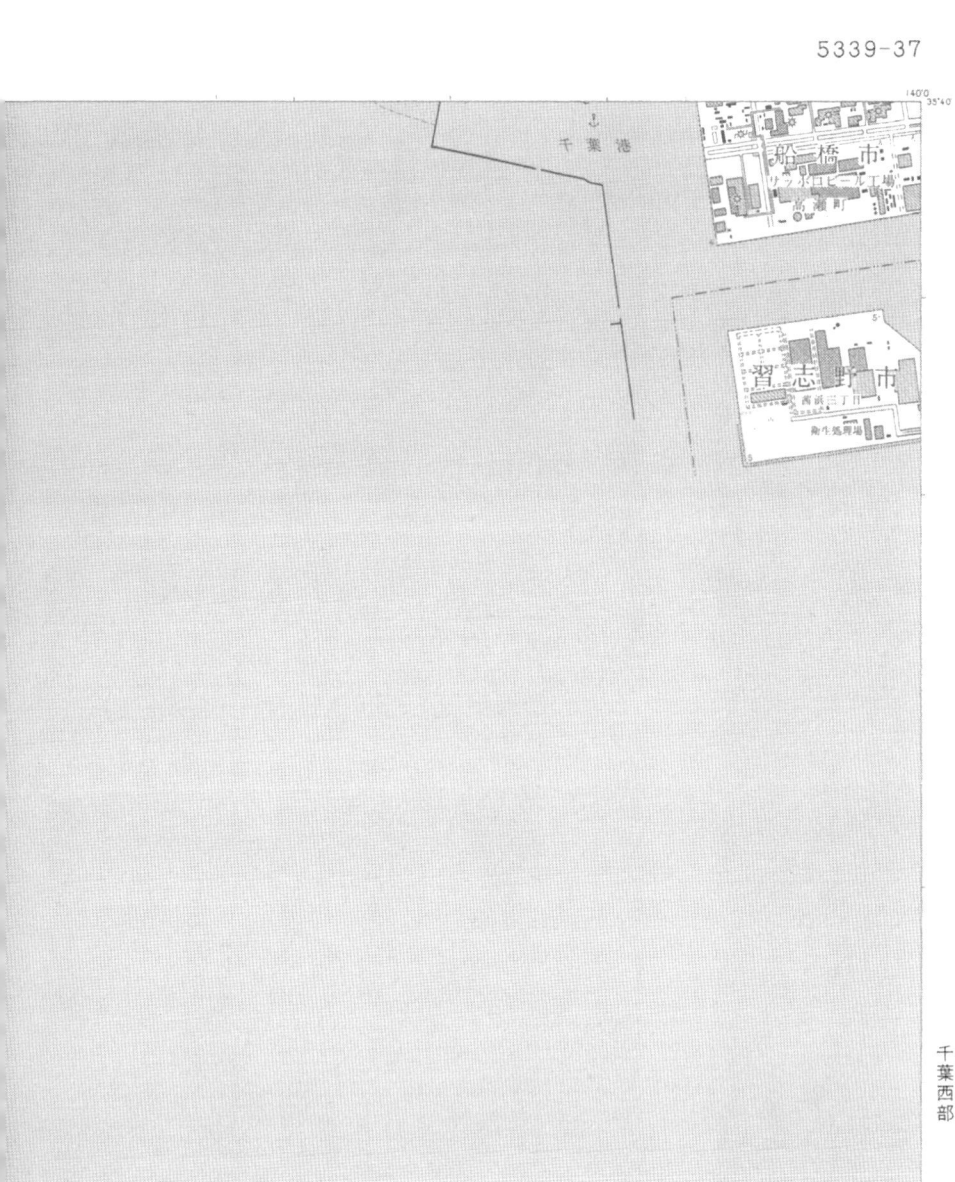

【江戸川区】

23-1　長島屋敷跡

1. 投影はユニバーサル横メルカトル図法、座標帯は第54帯、中央子午線は東経141°
2. 右上の数字は地域メッシュコード
3. 図郭に付した短線は黒が経緯度差1分ごとの目盛、青（経緯度目盛と重複する場合は黒）が基準地域メッシュの目盛
4. 高さの基準は東京湾の平均海面、等高線の間隔は10メートル
5. 磁針方位は西偏約6°40′
6. 図式は昭和61年1:25,000地形図図式

行政区画　　　　　索引図

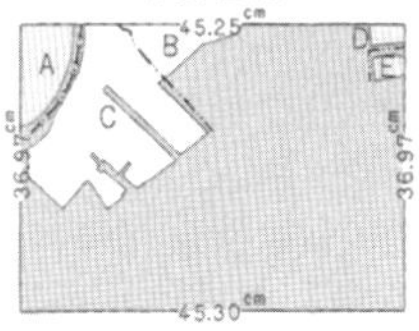

東京都
　A. 江戸川区
千葉県
　B. 市川市
　C. 浦安市
　D. 船橋市
　E. 習志野市

大正6年測量
昭和51年第2回改測
平成10年修正測量
　1. 使用した空中写真は平成9年6月撮影
　2. 現地調査は平成10年10月実施
　3. 江戸川区と浦安市の境界は一部未定

1:35,000　浦　安

著作権所有兼発行者　国土地理院　許可なく複製を禁ずる
平成11年12月1日発行（3色刷）　2刷

この地図は、国土地理院長の承認を得て、同院発行の2万5千分1地形図を複製したものである。（承認番号　平16関複、第578号）

1:35,000 地形図　NI-54-25-2-3
そうか　　　　（東京2号-3）

2. 草　加

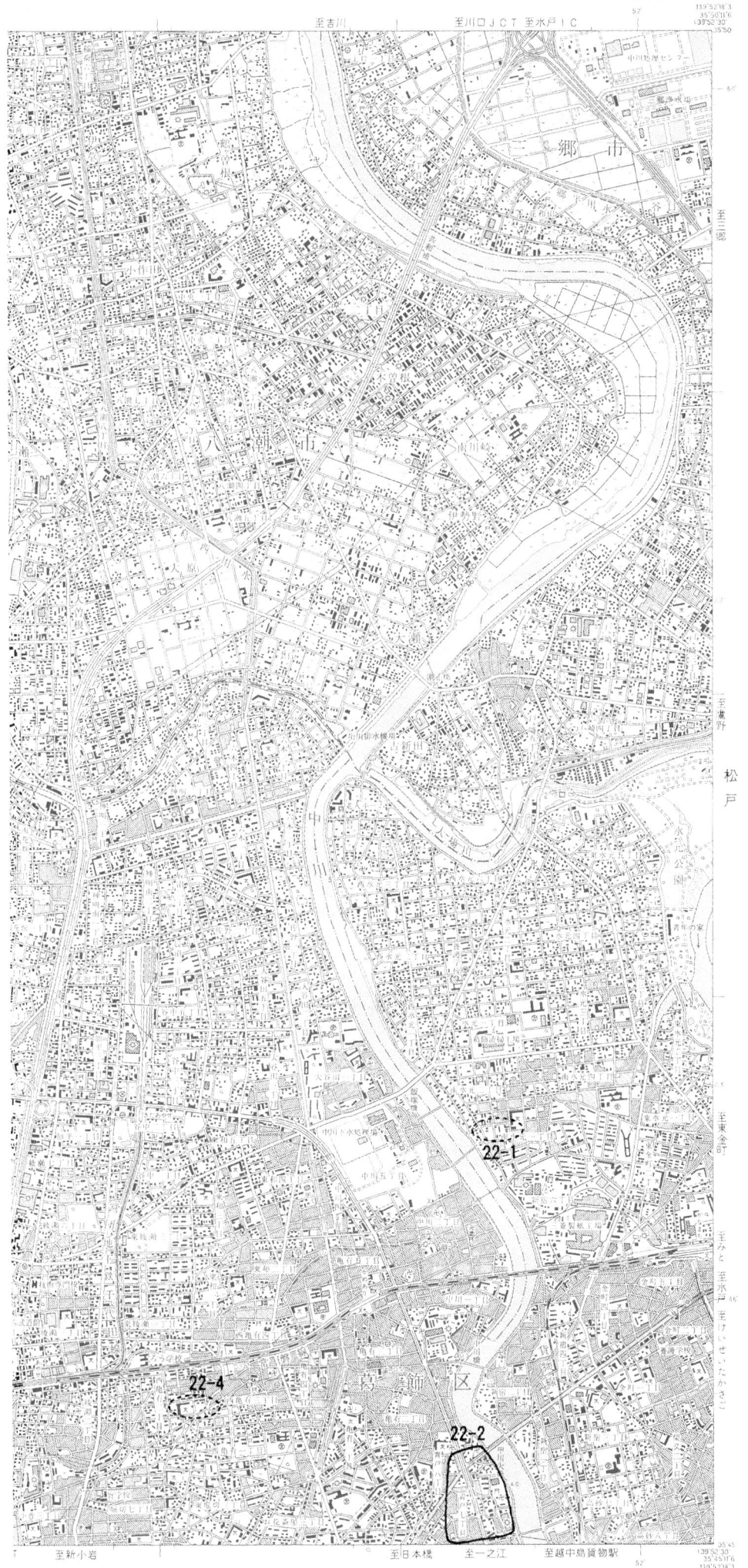

【北区】

17-2   梶原堀の内

【足立区】

21-1   庄司のかみ城

21-2   舎人屋敷

21-3   中曽根城址

21-4   伝宮城氏館

21-5   宮城堀の内

【葛飾区】

22-1   会田氏館

22-2   葛西城址

22-4   上千葉城

---

1. 投影はユニバーサル横メルカトル図法、座標帯は第54帯、中央子午線は東経141°
2. 右上の数字は地域メッシュコード
3. 図郭に付した短線は黒が経緯度差1分ごとの目盛、青(経緯度目盛と重複する場合は黒)が基準地域メッシュの目盛
4. 高さの基準は東京湾の平均海面、等高線の間隔は10メートル
5. 磁針方位は西偏約6°50′
6. 図式は昭和61年1:25,000地形図図式

行政区画　　　　　索引図

埼玉県
　A.川口市
　B.鳩ヶ谷市
　C.草加市
　D.八潮市
　E.三郷市

東京都
　F.足立区
　G.葛飾区
　H.北区
　I.荒川区

大正6年測量
昭和51年第2回改測
平成10年修正測量
　1. 使用した空中写真は平成9年5月撮影
　2. 現地調査は平成10年7月実施
　3. 葛飾区と三郷市の境界は一部未定

茶色の経緯度数値は世界測地系(平成14年4月1日から適用)による

1:35,000　草　加

著作権所有兼発行者　国土地理院　許可なく複製を禁ずる
平成11年10月1日発行(3色刷)　　3刷

この地図は、国土地理院の承認を得て、同院発行の2万5千分1地形図を複製したものである。(承認番号　平16関複、第578号)

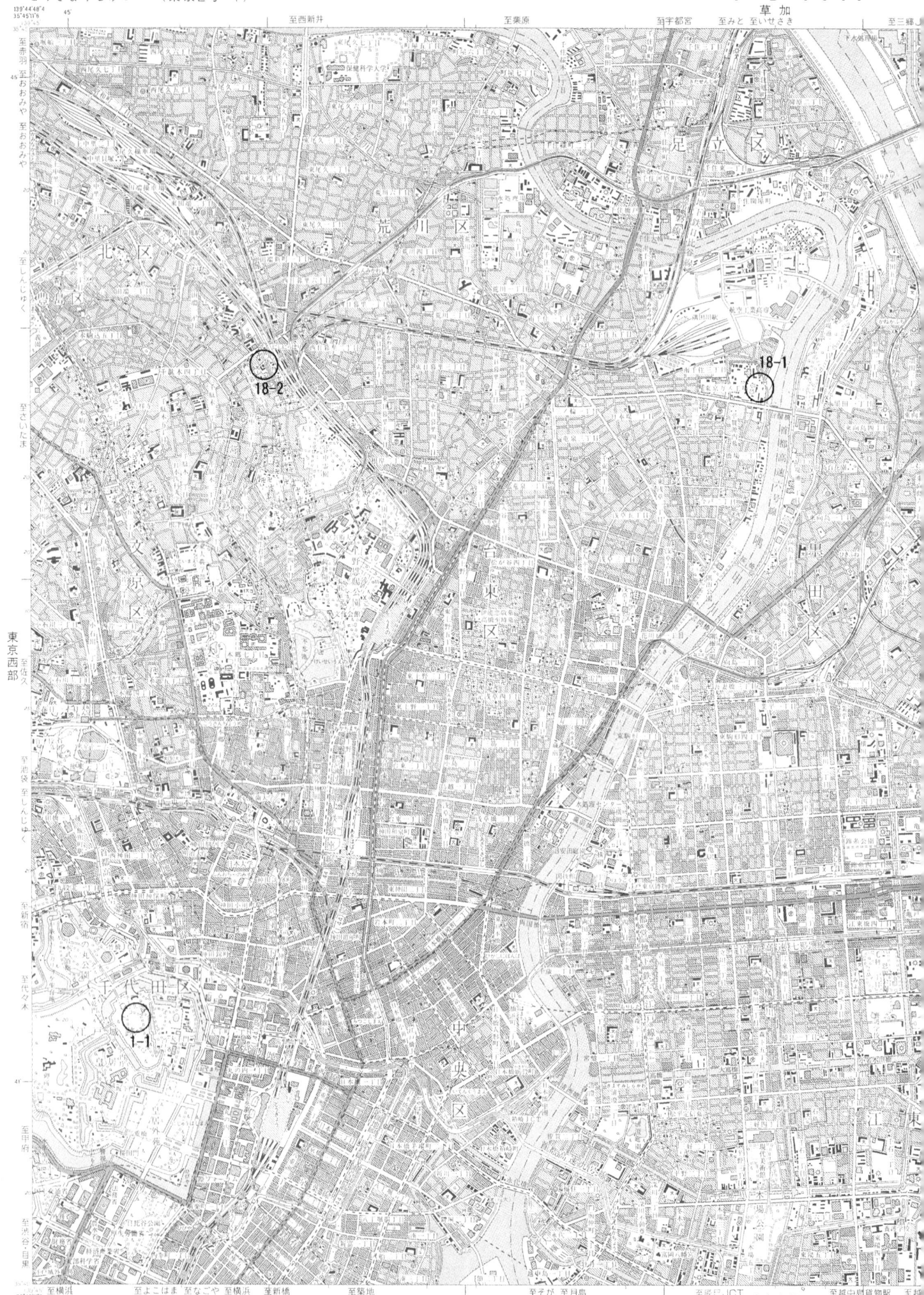

【千代田区】

1-1 　　江戸城跡

【荒川区】

18-1 　　石浜城跡

18-2 　　道灌山

【葛飾区】

22-3 　　伝葛西清重館址

22-5 　　渋江陣屋

22-6 　　*立石堀の内*

22-7 　　*堀切*

1. 投影はユニバーサル横メルカトル図法、座標帯は第54帯、中央子午線は東経141°
2. 右上の数字は地域メッシュコード
3. 図郭に付した短線は黒が経緯度差1分ごとの目盛、青（経緯度目盛と重複する場合は黒）が基準地域メッシュの目盛
4. 高さの基準は東京湾の平均海面、等高線の間隔は10メートル
5. 磁針方位は西偏約6°50′
6. 図式は昭和61年1:25,000地形図図式

行政区画　　　　索引図

東京都

A. 北区　　B. 荒川区
C. 足立区　　D. 葛飾区
E. 豊島区　　F. 文京区
G. 台東区　　H. 墨田区
I. 江戸川区　J. 千代田区
K. 中央区　　L. 江東区
M. 港区

大正5年測量
昭和51年第2回改測
平成10年修正測量
　1. 使用した空中写真は平成9年6月撮影
　2. 現地調査は平成10年9月実施
　3. 千代田区と中央区の境界は一部未定
平成13年部分修正測量
茶色の経緯度数値は世界測地系による

1:35,000　東京首部

著作権所有兼発行者　国土地理院　許可なく複製を禁ずる
平成14年3月1日発行（3色刷）　　2刷

この地図は、国土地理院長の承認を得て、同院発行の2万5千分1地形図を複製したものである。(承認番号　平16関複、第578号)

1:35,000 地形図　NI-54-25-6-1
あかばね　（東京6号-1）

4. 赤　羽

【北区】
17-1 稲付城跡
17-4 伝豊島清光館
17-6 袋の殿山

【板橋区】
19-1 赤塚城址
19-2 板橋城
19-3 沖山の塁
19-4 志村城址
19-5 志村坂上遺跡
19-6 徳丸石川遺跡
19-7 舟渡遺跡

1:35,000 赤 羽

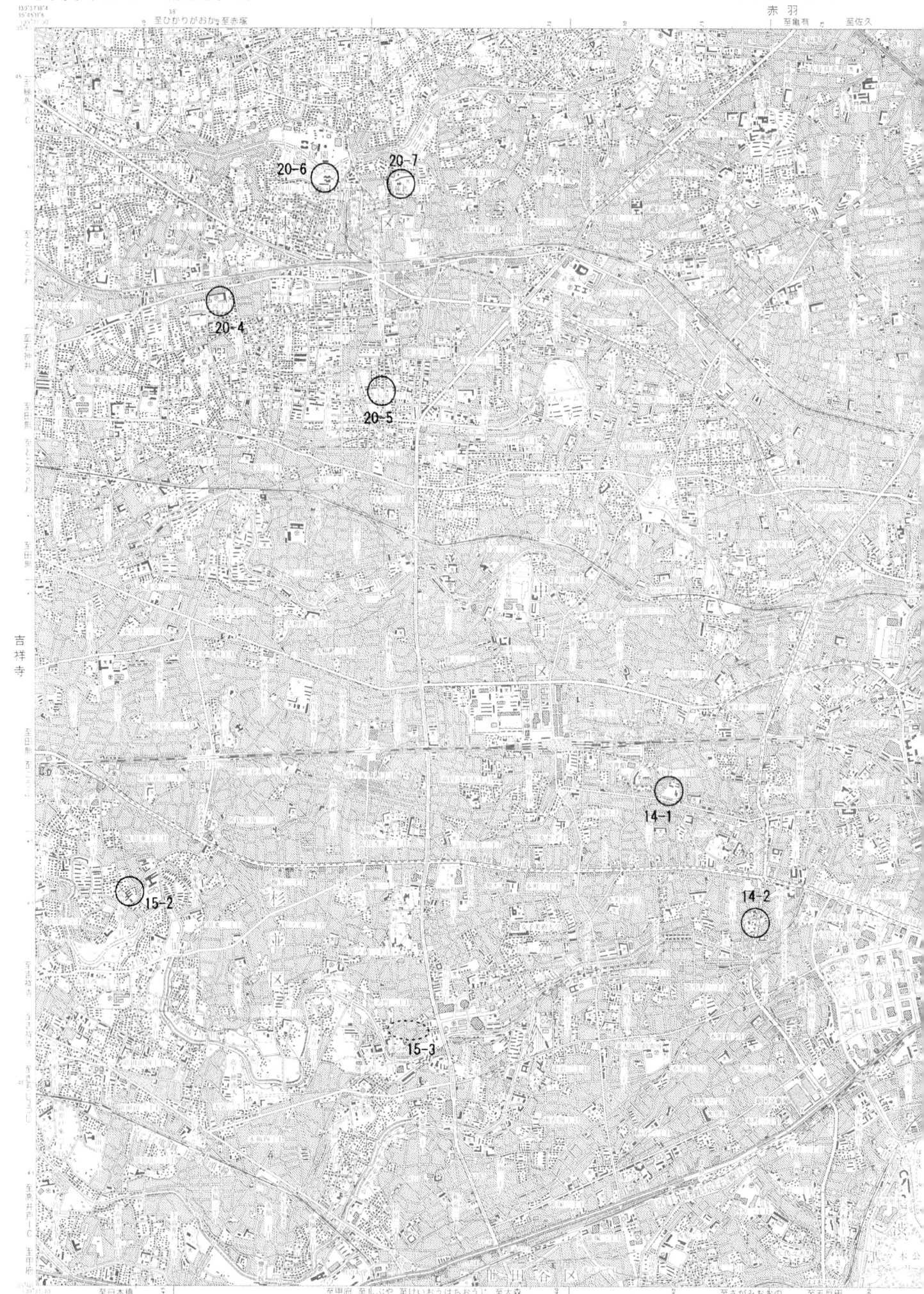

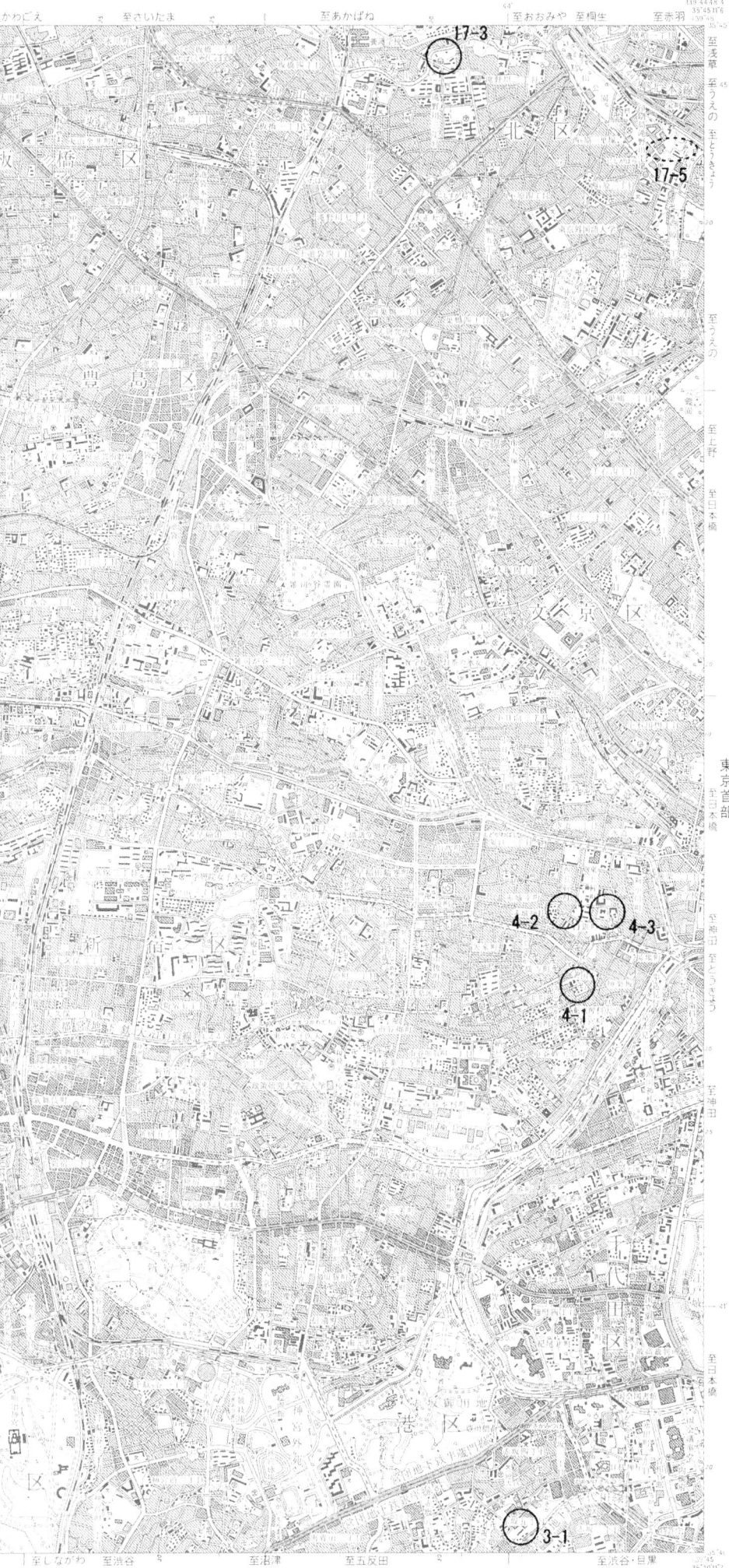

【港区】
3-1 　今井城

【新宿区】
4-1 　牛込城跡
4-2 　太田道灌別館跡(御殿山)
4-3 　筑土城跡

【中野区】
14-1 　城山
14-2 　中野長者屋敷跡

【杉並区】
15-2 　成宗城
15-3 　*和田堀の内*

【北区】
17-3 　滝野川城跡
17-5 　*平塚城*

【練馬区】
20-4 　城山
20-5 　殿山
20-6 　練馬城跡
20-7 　右馬頭屋敷跡

1:35,000 東京西部

1:35,000 地形図　NI-54-25-7-1
とうきょうせいなんぶ（東京7号-1）

6. 東京西南部

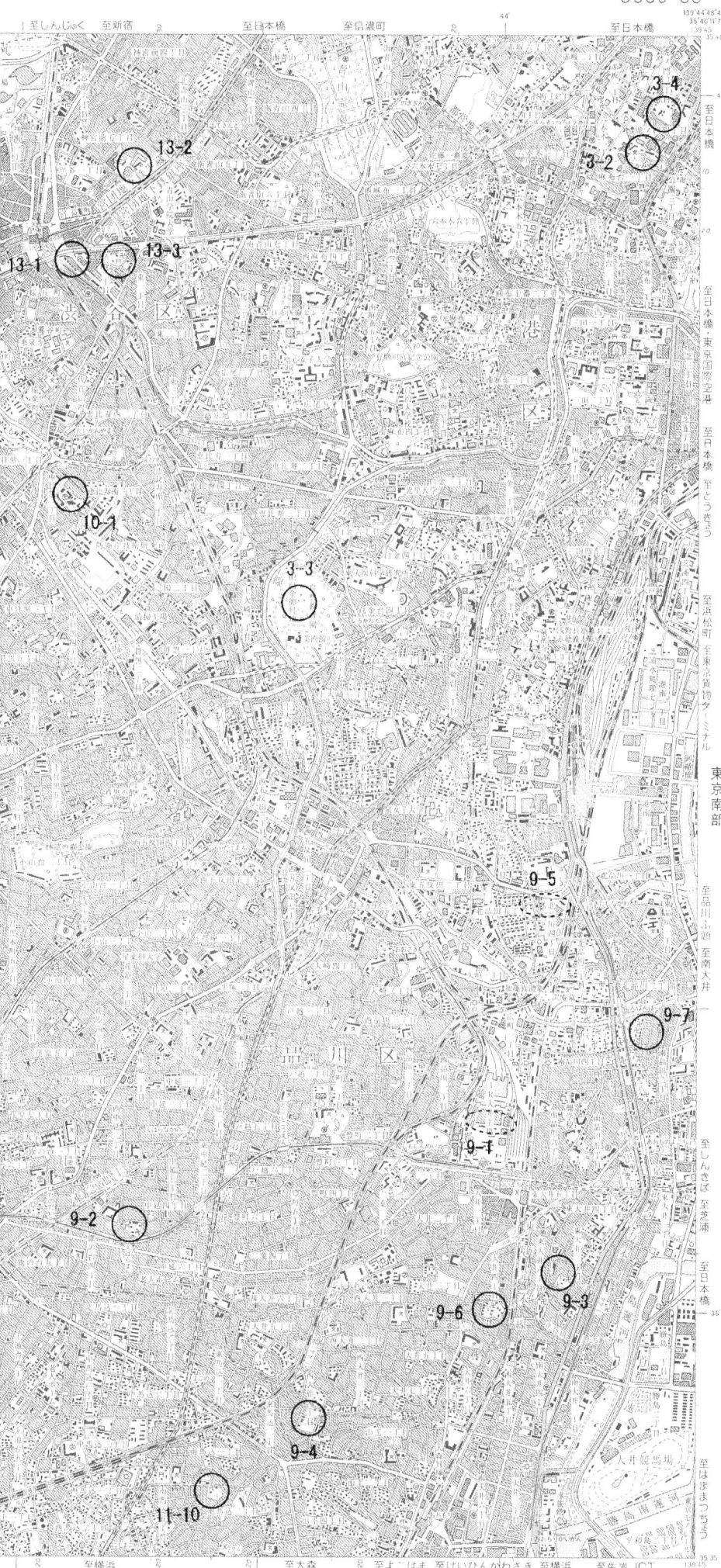

【港区】
- 3-2 太田道灌城跡
- 3-3 白金長者屋敷
- 3-4 西久保城山

【品川区】
- *9-1* *伝今川氏館*
- 9-2 伝荏原氏館
- 9-3 伝梶原氏館
- 9-4 金子山
- *9-5* *御殿山城*
- 9-6 伝品川氏館
- 9-7 鈴木道胤屋敷

【目黒区】
- 10-1 伝目黒氏館
- 10-2 碑文谷殿山

【大田区】
- 11-10 馬込城跡

【世田谷区】
- 12-1 赤堤塁
- 12-3 奥沢城跡
- 12-6 瀬田城跡
- 12-7 世田谷城跡
- 12-8 等々力城
- *12-9* *深沢城*
- 12-10 三宿城跡

【渋谷区】
- 13-1 伝河崎氏館
- 13-2 北青山遺跡
- 13-3 渋谷城跡

1. 投影はユニバーサル横メルカトル図法、座標帯は第54帯、中央子午線は東経141°
2. 右上の数字は地域メッシュコード
3. 図郭に付した短線は黒が経緯度差1分ごとの目盛、青（経緯度目盛と重複する場合は黒）が基準地域メッシュの目盛
4. 高さの基準は東京湾の平均海面、等高線の間隔は10メートル
5. 磁針方位は西偏約7°0′
6. 図式は昭和61年1:25,000地形図図式

東京都
- A. 杉並区
- B. 世田谷区
- C. 渋谷区
- D. 港区
- E. 目黒区
- F. 品川区
- G. 大田区

神奈川県
- H. 川崎市　1. 高津区　2. 中原区

大正5年測量
昭和51年第2回改測
平成13年修正測量
1. 使用した空中写真は平成13年5月撮影
2. 現地調査は平成13年11月実施
茶色の経緯度数値は世界測地系（平成14年4月1日から適用）による

1:35,000　東京西南部

著作権所有兼発行者　国土地理院　許可なく複製を禁ずる
平成15年1月1日発行（3色刷）　2刷

この地図は、国土地理院長の承認を得て、同院発行の2万5千分1地形図を複製したものである。（承認番号　平16関複、第578号）

7. 川崎

1:35,000 地形図　NI-54-25-7-2
かわさき　（東京 7 号-2）

東京西南部

横浜東部

【大田区】

11-1	新井宿城跡
11-2	池上氏館址
11-3	大森堀の内
11-4	伝鎌田氏屋敷
11-5	光明寺遺跡
11-6	*小林堀の内*
11-7	斉藤氏屋敷跡
11-8	行方氏館跡
11-9	八幡塚砦
11-11	*六郷殿館*

8. 吉祥寺

1:35,000 地形図　NI-54-25-6-4
きちじょうじ　（東京6号-4）

志木

【杉並区】

15-1　城山

【練馬区】

20-1　愛宕山塁

20-2　池淵遺跡

20-3　石神井城跡

【三鷹市】

27-1　島屋敷

27-2　天神山城

27-3　牟礼の砦

【府中市】

29-3　人見屋敷

1. 投影はユニバーサル横メルカトル図法、座標帯は第54帯、中央子午線は東経141°
2. 右上の数字は地域メッシュコード
3. 図郭に付した短線は黒が経緯度差1分ごとの目盛、青（経緯度目盛と重複する場合は黒）が基準地域メッシュの目盛
4. 高さの基準は東京湾の平均海面、等高線の間隔は10メートル
5. 磁針方位は西偏約7°0′
6. 図式は昭和61年1:25,000地形図図式

東京都
 A. 東久留米市
 B. 西東京市
 C. 小平市
 D. 小金井市
 E. 武蔵野市
 F. 府中市
 G. 調布市
 H. 三鷹市
 I. 練馬区
 J. 杉並区
 K. 世田谷区

大正6年測量
昭和51年第2回改測
平成13年修正測量
 1. 使用した空中写真は平成13年5月撮影
 2. 現地調査は平成13年10月実施

1:35,000　吉祥寺

著作権所有兼発行者　国土地理院　許可なく複製を禁ずる
平成14年9月1日発行（3色刷）　2刷

この地図は、国土地理院長の承認を得て、同院発行の2万5千分1地形図を複製したものである。(承認番号　平16関複、第578号)

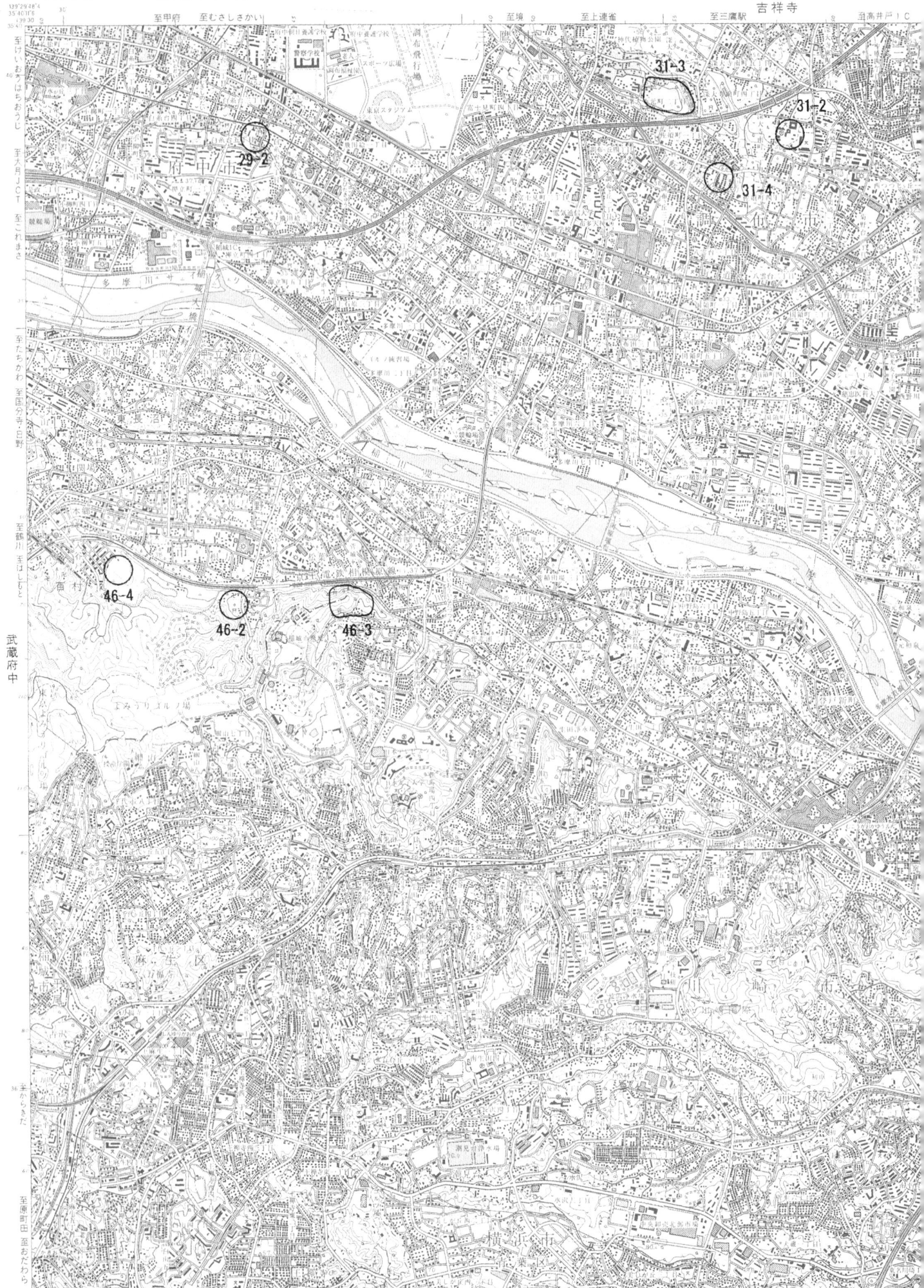

1:35,000 地形図　NI-54-25-7-3
みぞのくち　（東京 7 号-3）

9. 溝　口

5339-34

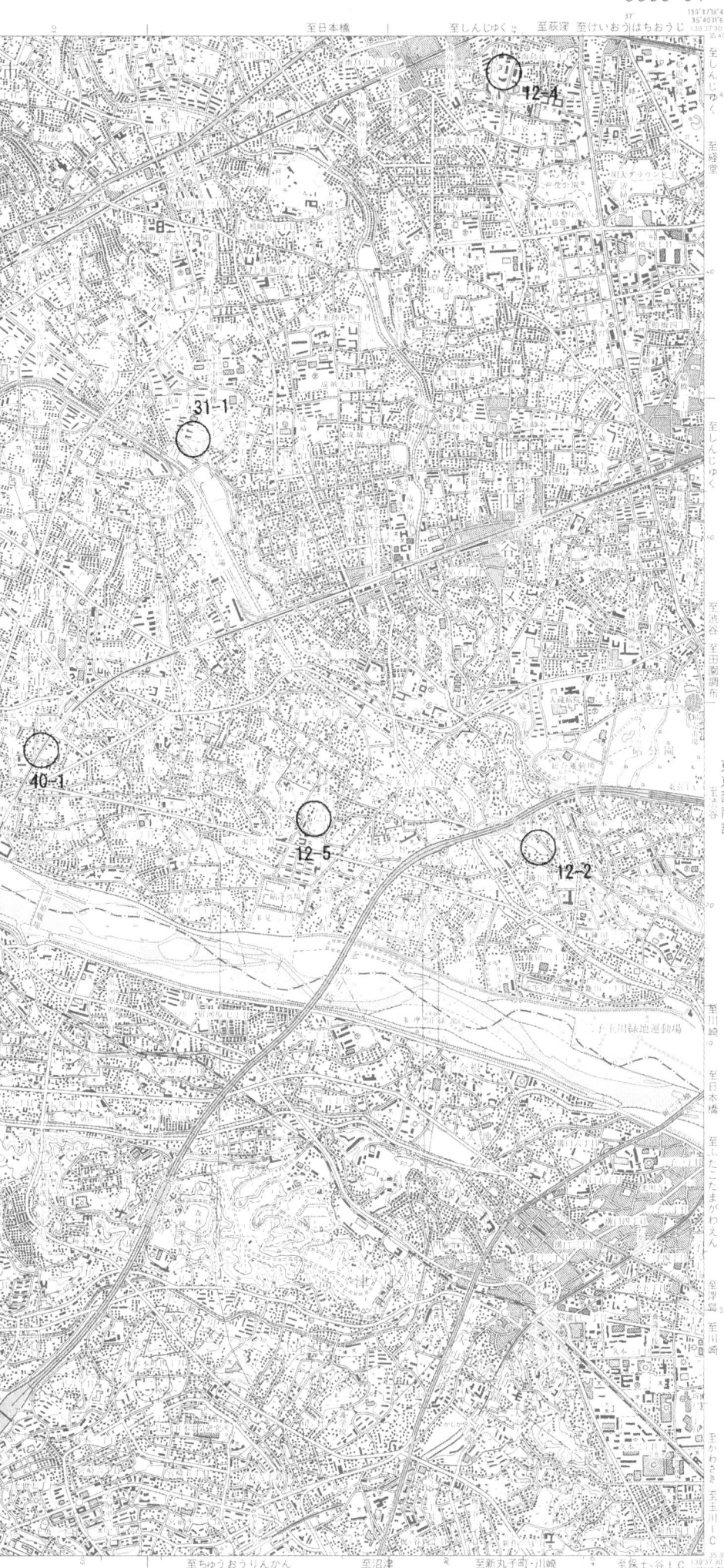

【世田谷区】

12-2　　大蔵館
12-4　　烏山城跡
12-5　　喜多見城跡

【府中市】

29-2　　伝浅野長政屋敷

【調布市】

31-1　　入間町城山
31-2　　伝狛江入道館
31-3　　深大寺城跡
31-4　　温井屋敷跡

【狛江市】

40-1　　田中・寺前遺跡

【稲城市】

46-2　　小沢蔵屋敷
46-3　　小沢城跡
46-4　　長沼城跡

1. 投影はユニバーサル横メルカトル図法、座標帯は第54帯、中央子午線は東経141°
2. 右上の数字は地域メッシュコード
3. 図郭に付した短線は黒が経緯度差1分ごとの目盛、青（経緯度目盛と重複する場合は黒）が基準地域メッシュの目盛
4. 高さの基準は東京湾の平均海面、等高線の間隔は10メートル
5. 磁針方位は西偏約6°50'
6. 図式は昭和61年1:25,000地形図図式

行政区画　　　　　　　索引図

東京都
　A. 府中市
　B. 調布市
　C. 三鷹市
　D. 杉並区
　E. 世田谷区
　F. 稲城市
　G. 狛江市

神奈川県
　H. 川崎市　1. 多摩区　2. 麻生区　3. 高津区
　　　　　　　4. 宮前区
　I. 横浜市　青葉区

大正6年測量
昭和51年第2回改測
平成13年修正測量
　1. 使用した空中写真は平成13年5月撮影
　2. 現地調査は平成13年10月実施
茶色の経緯度数値は世界測地系（平成14年4月1日から適用）による

1 : 35,000　　溝　口

著作権所有兼発行者　国土地理院　許可なく複製を禁ずる
平成14年7月1日発行（3色刷）　　　　　　　　2刷

この地図は、国土地理院長の承認を得て、同院発行の2万5千分1地形図を複製したものである。（承認番号　平16関複、第578号）

10. 立川

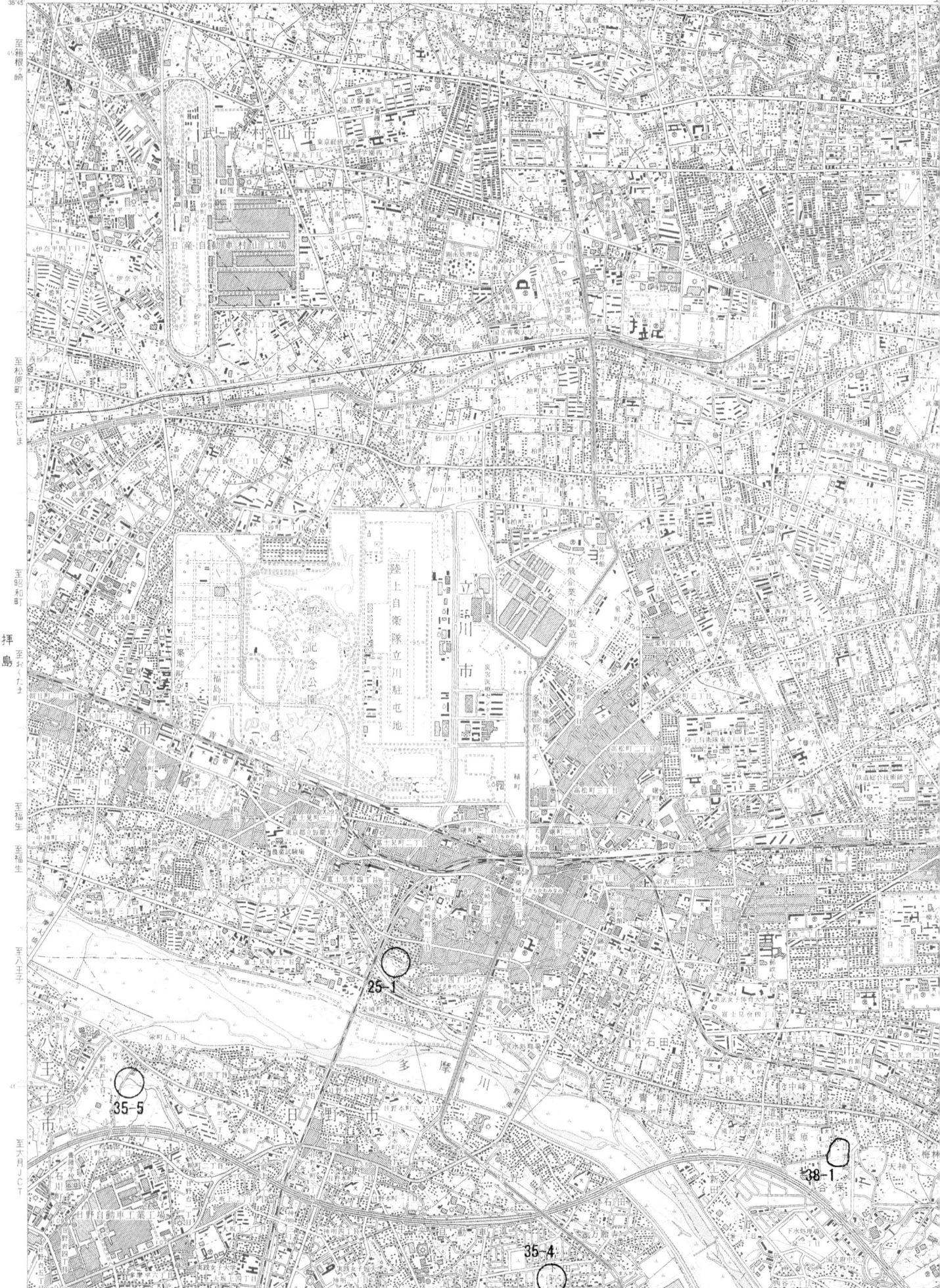

1:35,000 地形図　NI-54-25-10-2
たちかわ　　（東京10号-2）

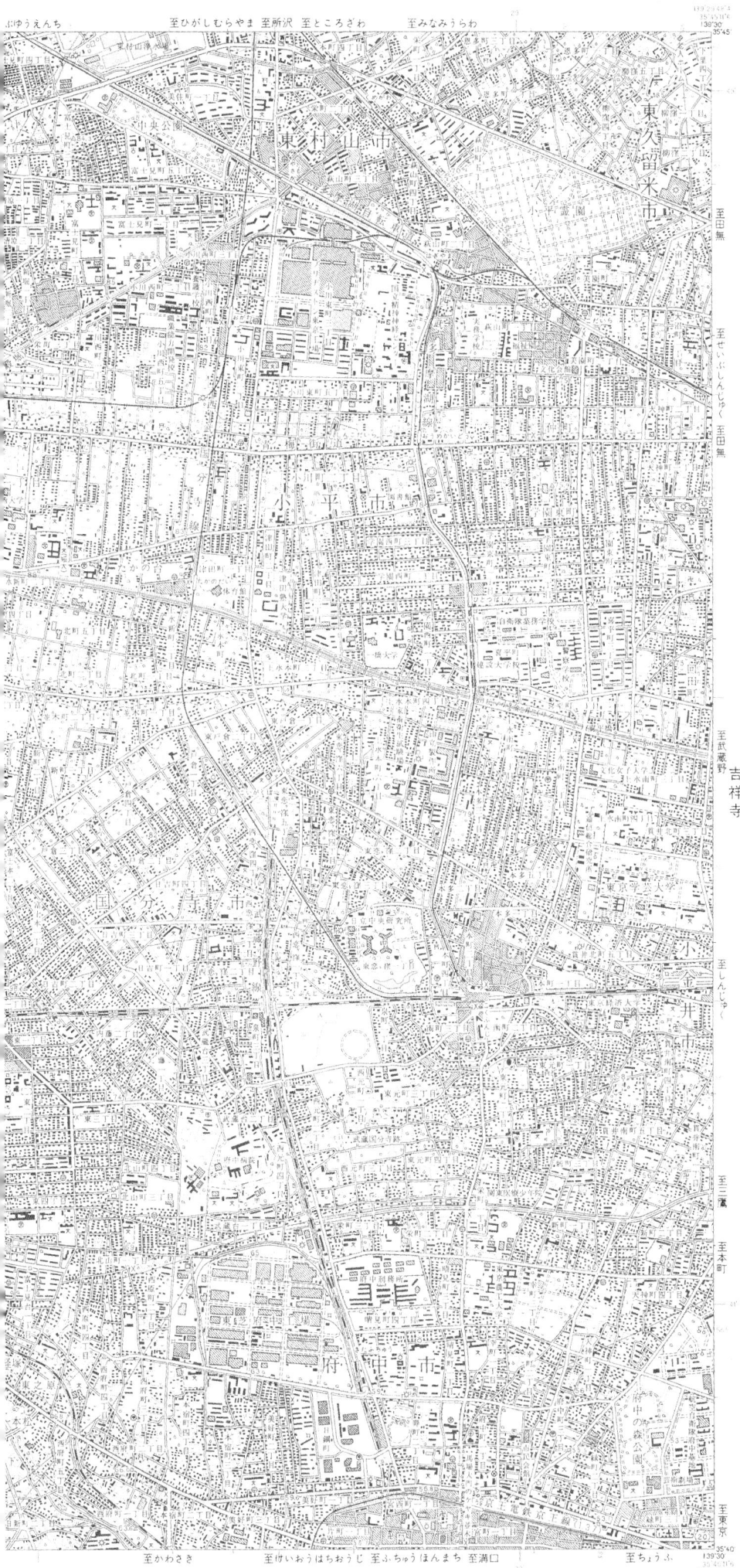

【立川市】

25-1　伝立川氏館

【日野市】

35-4　田村氏館跡

35-5　伝日奉氏館

【国立市】

38-1　谷保の城山

1:35,000 地形図　NI-54-25-11-1
むさしふちゅう　（東京11号-1）

11. 武蔵府中

5339-33

【八王子市】
24-1　井草屋敷
24-2　植松太郎兵衛屋敷
24-4　伝大石信濃守屋敷
24-5　小田屋敷跡
24-27　松木屋敷跡
24-29　伝由木氏館

【府中市】
29-1　高安寺塁

【町田市】
32-3　綾部原遺跡
32-5　小野路城跡
32-6　小野路関屋城
32-8　小山田城跡
32-9　小山田1号遺跡
32-13　殿持屋敷
32-15　伝源義賢館

【日野市】
35-1　大寺平遺跡
35-2　川辺堀之内城
35-3　高幡城跡
35-6　伝平山氏館
35-7　平山城跡
35-8　百草城

【多摩市】
45-1　有山屋敷
45-2　佐伯屋敷
45-3　下屋敷
45-4　島崎屋敷
45-5　諏訪坂館
45-6　関戸城跡
45-7　寺方大屋敷
45-8　中島屋敷
45-9　永島八兵衛屋敷

【稲城市】
46-1　大丸城跡
46-5　百村館

1. 投影はユニバーサル横メルカトル図法、座標帯は第54帯、中央子午線は東経141°
2. 右上の数字は地域メッシュコード
3. 図郭に付した短線は黒が経緯度差1分ごとの目盛、青（経緯度目盛と重複する場合は黒）が基準地域メッシュの目盛
4. 高さの基準は東京湾の平均海面、等高線の間隔は10メートル
5. 磁針方位は西偏約6°50′
6. 図式は昭和61年1:25,000地形図図式

行政区画　　索引図

東京都
A．日野市
B．府中市
C．八王子市
D．多摩市
E．稲城市
F．町田市

神奈川県
G．川崎市　麻生区
H．相模原市

大正10年測量
昭和51年第2回改測
平成10年修正測量
　1．使用した空中写真は平成9年7月撮影
　2．現地調査は平成10年8月実施
平成11年部分修正測量
茶色の経緯度数値は世界測地系（平成14年4月1日から適用）による

1:35,000　武蔵府中

著作権所有兼発行者　国土地理院　許可なく複製を禁ずる
平成12年6月1日発行（3色刷）　　　4刷

この地図は、国土地理院長の承認を得て、同院発行の2万5千分1地形図を複製したものである。(承認番号　平16関複、第578号)

1:35,000 地形図 NI-54-25-11-2
はらまちだ （東京11号-2）

12. 原 町 田

【町田市】

32-1 　伝青木二郎屋敷

32-4 　井出ノ沢塁・殿ノ城跡

32-10　小山田城東砦

32-11　沢山城跡

32-14　成瀬城跡

1:35,000 原町田

1:35,000 地形図　NI-54-25-10-3
おうめ　　　　（東京10号-3）

13. 青　梅

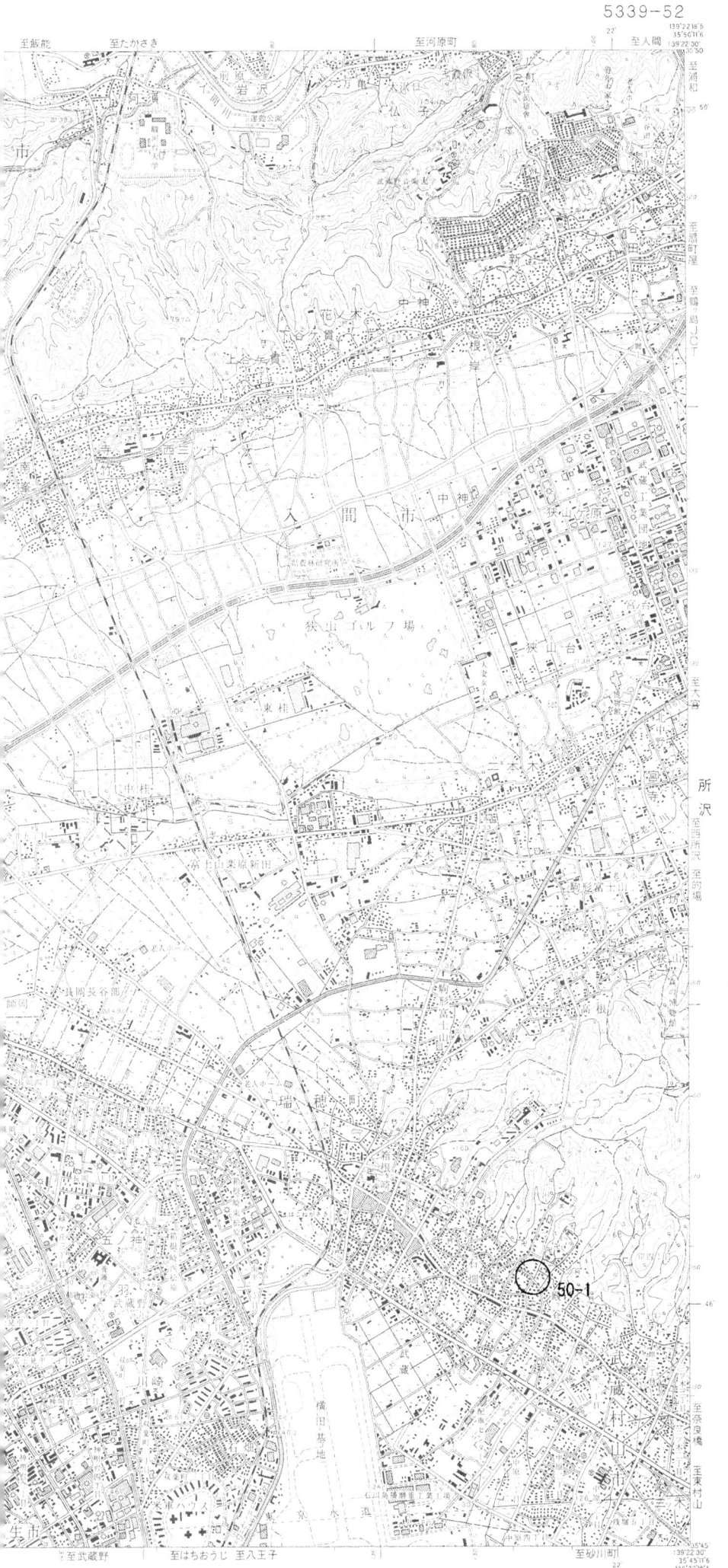

【青梅市】

28-1 　今井城跡

28-2 　今井堀の内

28-3 　勝沼城跡

28-5 　久下氏館

28-6 　下長淵館

28-9 　高山屋敷

28-12　成木堀の内

28-14　藤橋城跡

28-16　報恩寺

【羽村市】

47-1 　大石氏館

【瑞穂町】

50-1 　村山館跡

1. 投影はユニバーサル横メルカトル図法、座標帯は第54帯、中央子午線は東経141°
2. 右上の数字は地域メッシュコード
3. 図郭に付した短線は黒が経緯度差1分ごとの目盛、青（経緯度目盛と重複する場合は黒）が基準地域メッシュの目盛
4. 高さの基準は東京湾の平均海面、等高線の間隔は10メートル
5. 磁針方位は西偏約7°0′
6. 図式は昭和61年1:25,000地形図図式

行政区画　　　索引図

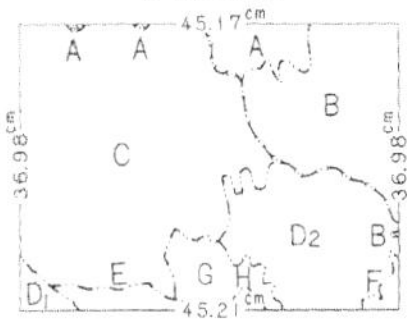

埼玉県
　A.飯能市
　B.入間市

東京都
　C.青梅市
　D.西多摩郡　1.日の出町　2.瑞穂町
　E.あきる野市
　F.武蔵村山市
　G.羽村市
　H.福生市

大正12年測量
昭和51年第2回改測
平成13年修正測量
　1. 使用した空中写真は平成13年7月撮影
　2. 現地調査は平成13年10月実施
茶色の経緯度数値は世界測地系（平成14年4月1日から適用）による

1:35,000 青　梅

著作権所有兼発行者　国土地理院　許可なく複製を禁ずる
平成14年9月1日発行（3色刷）　2刷

この地図は、国土地理院長の承認を得て、同院発行の2万5千分1地形図を複製したものである。（承認番号　平16関複、第578号）

1:35,000 地形図　NI-54-25-10-4
はいじま　　（東京10号-4）

14. 拝島

【八王子市】

24-7　御屋敷
24-11　川口氏館跡
24-15　浄福寺城跡
24-18　高月城跡
24-19　滝山城跡
24-23　戸吹城跡(二城城址)
24-24　中山勘解由屋敷跡
24-28　伝由井氏館

【あきる野市】

48-2　伊奈城
48-3　御屋敷山
48-4　上平井館
48-5　小川城
48-6　志村館
48-9　法林寺館跡
48-10　二宮城跡

1. 投影はユニバーサル横メルカトル図法、座標帯は第54帯、中央子午線は東経141°
2. 右上の数字は地域メッシュコード
3. 図郭に付した短線は黒が経緯度毎1分ごとの目盛、青(経緯度目盛と重複する場合は黒)が基準地域メッシュの目盛
4. 高さの基準は東京湾の平均海面、等高線の間隔は10メートル
5. 磁針方位は西偏約6°50′
6. 図式は昭和61年1:25,000地形図図式

行政区画　　　　索引図

東京都
A. 西多摩郡　1. 日の出町　2. 瑞穂町
B. あきる野市
C. 羽村市
D. 福生市
E. 武蔵村山市
F. 立川市
G. 昭島市
H. 八王子市
I. 日野市

大正10年測量
昭和51年第2回改測
平成13年修正測量
1. 使用した空中写真は平成13年7月撮影
2. 現地調査は平成13年10月実施
茶色の経緯度数値は世界測地系(平成14年4月1日から適用)による

1:35,000　拝　島

著作権所有兼発行者　国土地理院　許可なく複製を禁ずる
平成14年8月1日発行(3色刷)　2刷

この地図は、国土地理院長の承認を得て、同院発行の2万5千分1地形図を複製したものである。(承認番号　平16関複、第578号)

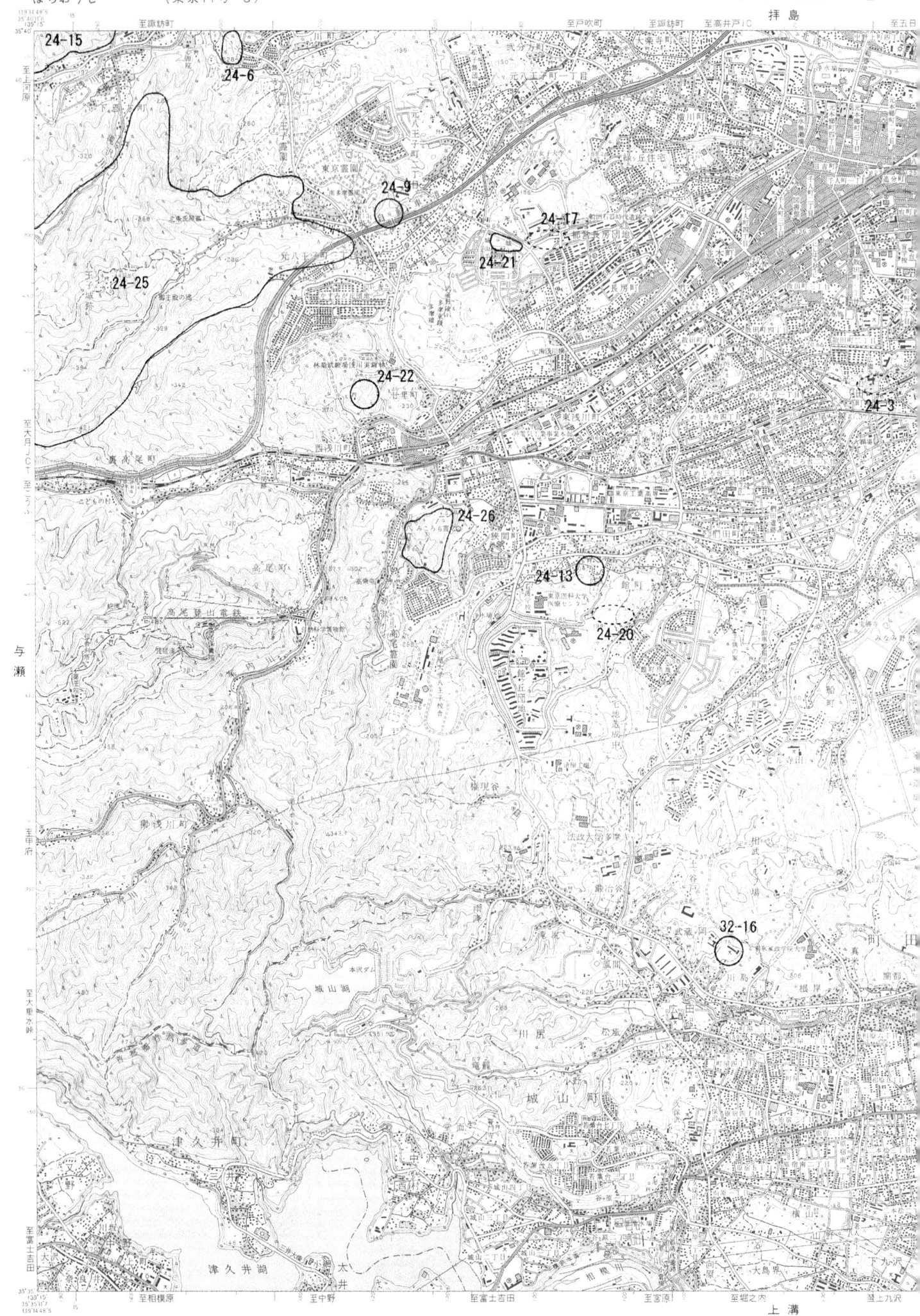

1:35,000 地形図　N1-54-25-11-3
はちおうじ　　（東京11号-3）

15. 八王子

【八王子市】

- *24-3*　伝大江氏館
- 24-6　小田野城跡
- 24-9　伝梶原氏館
- 24-10　片倉城跡
- 24-12　後藤将監屋敷
- 24-13　近藤出羽守屋敷
- 24-15　浄福寺城跡
- *24-17*　大名屋敷
- *24-20*　高山
- 24-21　出羽山
- 24-22　廿里砦
- 24-25　八王子城跡
- 24-26　初沢城跡
- 24-30　伝横山党館

【町田市】

- 32-2　伝相原氏館
- *32-7*　小山城
- 32-12　殿丸城
- 32-16　武蔵岡遺跡
- 32-17　TNT211遺跡

1:35,000　八王子

16. 原市場

1:35,000 地形図　NI-54-25-13-2
はらいちば　（東京13号-2）

【青梅市】

28-11　常磐屋敷

1. 投影はユニバーサル横メルカトル図法、座標帯は第54帯、中央子午線は東経141°
2. 右上の数字は地域メッシュコード
3. 図郭に付した短線は黒が経緯度差1分ごとの目盛、青（経緯度目盛と重複する場合は黒）が基準地域メッシュの目盛
4. 高さの基準は東京湾の平均海面、等高線の間隔は10メートル
5. 磁針方位は西偏約6°50′
6. 図式は昭和61年1:25,000地形図図式

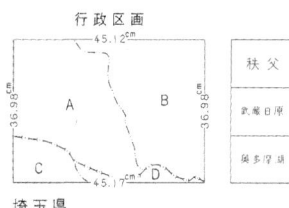

行政区画

索引図

秩父	正丸峠	越生
武蔵日原		飯能
鳩ノ巣	武蔵御岳	青梅

埼玉県
- A. 入間郡　名栗村
- B. 飯能市

東京都
- C. 西多摩郡　奥多摩町
- D. 青梅市

昭和45年測量
平成7年修正測量
1. 使用した空中写真は平成6年11月撮影
2. 現地調査は平成7年9月実施

平成9年部分修正測量（国道）
茶色の経緯度数値は世界測地系（平成14年4月1日から適用）による

1:35,000　原市場

著作権所有兼発行者　国土地理院　許可なく複製を禁ずる
平成10年3月1日発行（3色刷）　4刷

この地図は、国土地理院長の承認を得て、同院発行の2万5千分1地形図を複製したものである。（承認番号　平16関複、第578号）

17. 武蔵御岳

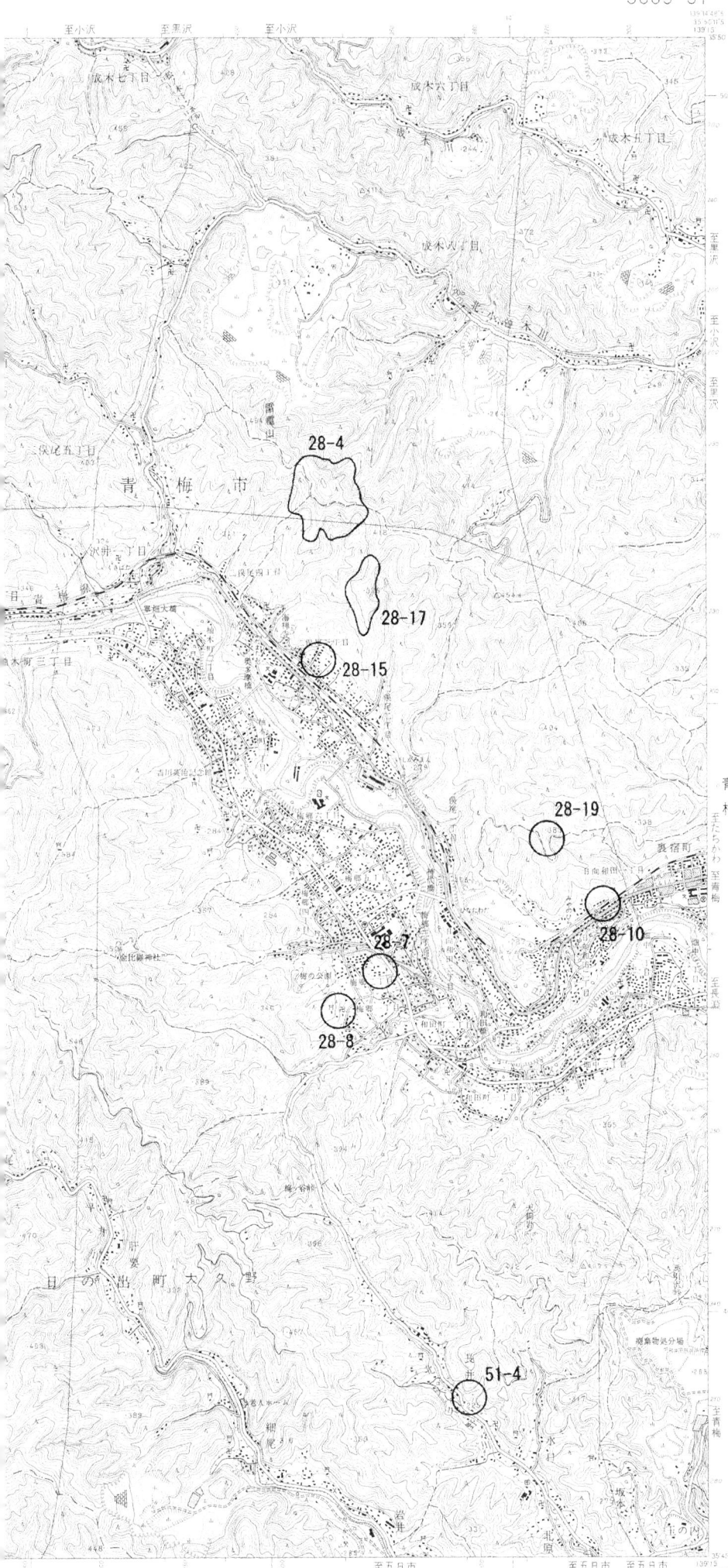

【青梅市】

- 28-4　辛垣城跡
- 28-7　下村堀の内
- 28-8　杉平柵跡
- 28-10　館の城
- 28-13　浜竹の柵
- 28-15　古屋敷
- 28-17　枡形山城跡
- 28-18　御岳山城
- 28-19　物見櫓

【日の出町】

- 51-4　長井館跡

【奥多摩町】

- 53-1　海沢の城山
- 53-2　尾崎の柵

1：35,000　武蔵御岳

1:35,000 地形図　NI-54-25-14-2
いつかいち　　（東京14号-2）

18. 五日市

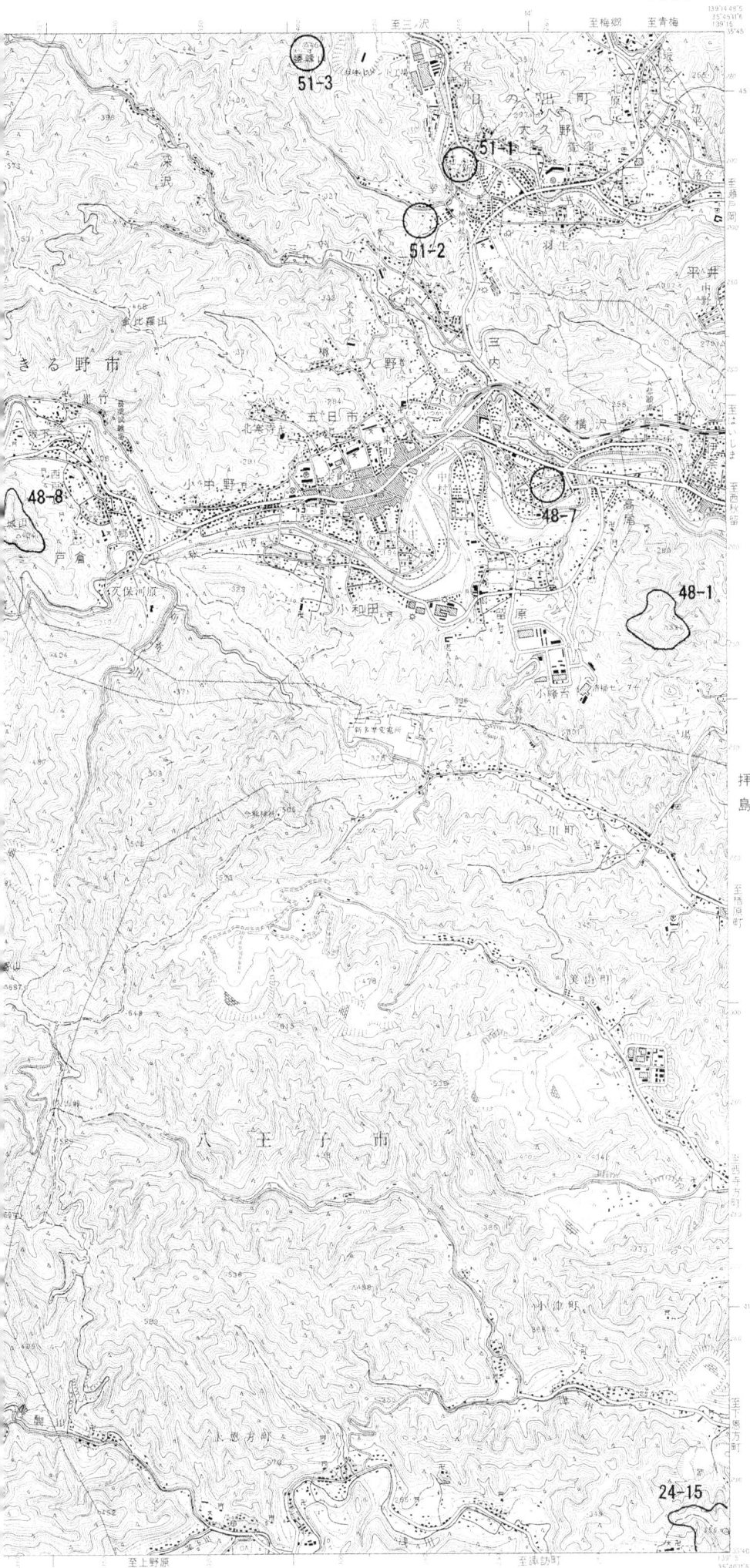

【八王子市】

24-15　浄福寺城跡

【あきる野市】

48-1　網代城跡
48-7　舘谷の塁
48-8　戸倉城跡

【日の出町】

51-1　新井屋敷跡
51-2　幸神屋敷跡
51-3　勝峯山

【檜原村】

52-3　檜原城跡

1:35,000　五日市

1:35,000 地形図　NI-54-25-15-1
よせ　　　　　（東京15号-1）

19. 与　瀬

【八王子市】

24-8 　景信山

24-14　小仏城山

24-15　浄福寺城跡

24-16　陣馬山(陣場山)

24-25　八王子城跡

1. 投影はユニバーサル横メルカトル図法、座標帯は第54帯、中央子午線は東経141°
2. 右上の数字は地域メッシュコード
3. 図郭に付した短線は黒が経緯度差1分ごとの目盛、青（経緯度目盛と重複する場合は黒）が基準地域メッシュの目盛
4. 高さの基準は東京湾の平均海面、等高線の間隔は10メートル
5. 磁針方位は昭和61年西偏約7°0′
6. 図式は昭和61年1:25,000地形図図式

行政区画　　　　索引図

山梨県
　A．北都留郡　　上野原町
神奈川県
　B．津久井郡　1．藤野町　2．相模湖町　3．津久井町
東京都
　C．西多摩郡　　檜原村
　D．八王子市

昭和4年測量
昭和44年改測
平成6年修正測量
　1．使用した空中写真は平成5年10月撮影
　2．現地調査は平成6年5月実施
茶色の経緯度数値は世界測地系（平成14年4月1日から適用）による

1:35,000　与　瀬

著作権所有兼発行者　　国土地理院　　許可なく複製を禁ずる
平成7年10月1日発行（3色刷）　　　　8刷

この地図は、国土地理院長の承認を得て、同院発行の2万5千分1地形図を複製したものである。(承認番号　平16関複、第578号)

1:35,000 地形図　NI-54-25-14-3
おくたまこ　　（東京14号-3）

20. 奥多摩湖

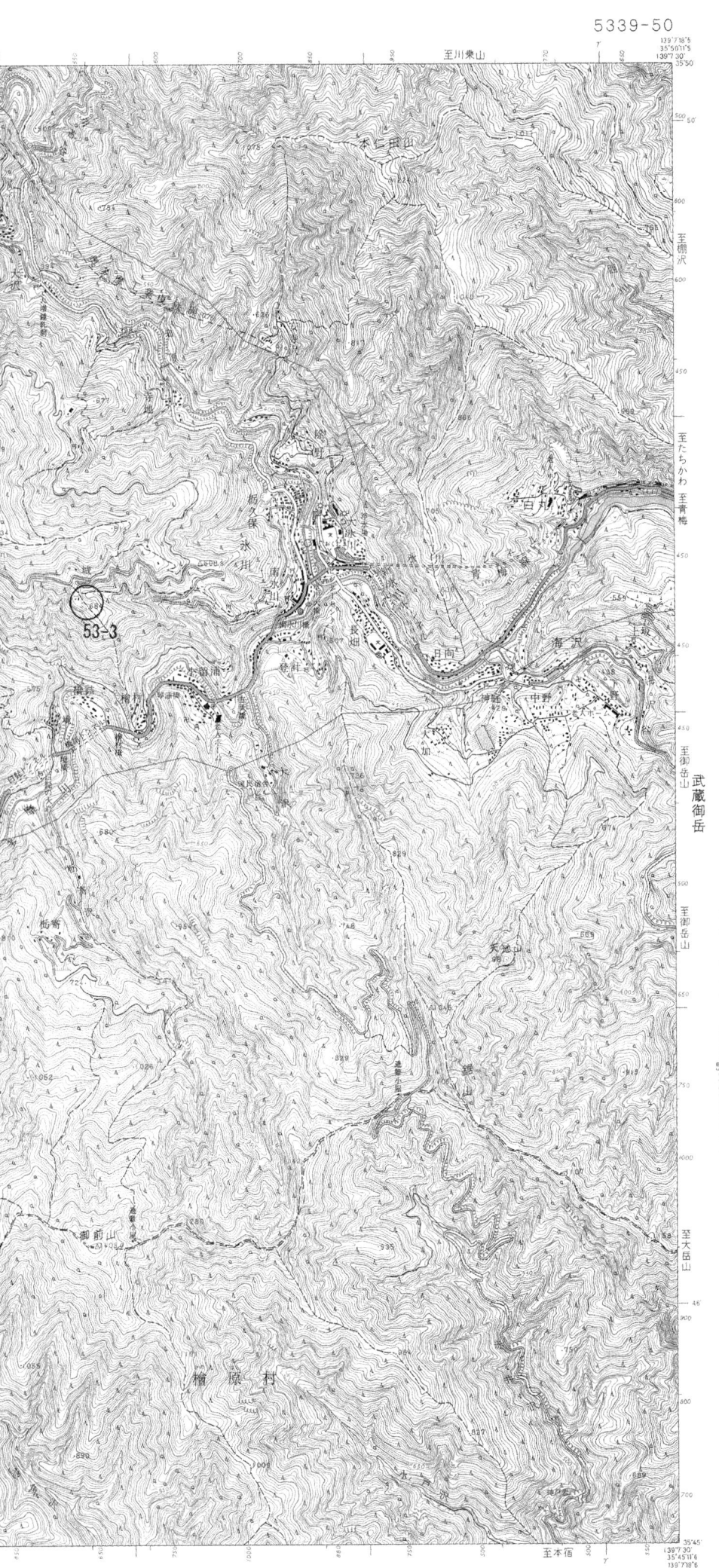

【奥多摩町】

53-3　氷川の城

53-4　杉田屋敷

53-5　水根の城山

1. 投影はユニバーサル横メルカトル図法、座標帯は第54帯、中央子午線は東経141°
2. 右上の数字は地域メッシュコード
3. 図郭に付した短線は黒が経緯度差1分ごとの目盛、青（経緯度目盛と重複する場合は黒）が基準地域メッシュの目盛
4. 高さの基準は東京湾の平均海面、等高線の間隔は10メートル
5. 磁針方位は西偏約7°0′
6. 図式は昭和61年1:25,000地形図図式

行政区画　　　　　索引図

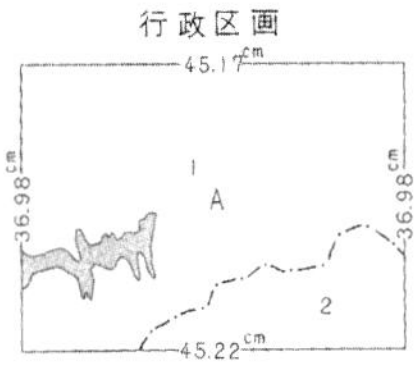

東京都
　A.西多摩郡　1.奥多摩町　2.檜原村

昭和45年測量
平成7年修正測量
　1. 使用した空中写真は平成6年11月撮影
　2. 現地調査は平成7年9月実施
茶色の経緯度数値は世界測地系による

1:35,000　奥多摩湖

著作権所有兼発行者　国土地理院　許可なく複製を禁ずる
平成8年10月1日発行（3色刷）　　　　　　　6刷

この地図は、国土地理院長の承認を得て、同院発行の2万5千分1地形図を複製したものである。（承認番号 平16関複、第578号）

1:35,000 地形図　NI-54-25-14-4
いまる　　　　（東京14号-4）

21. 猪　丸

【檜原村】

52-1　大屋敷

52-2　浅間嶺烽火台

1. 投影はユニバーサル横メルカトル図法、座標帯は第54帯、中央子午線は東経141°
2. 右上の数字は地域メッシュコード
3. 図郭に付した短線は黒が経緯度差1分ごとの目盛、青（経緯度目盛と重複する場合は黒）が基準地域メッシュの目盛
4. 高さの基準は東京湾の平均海面、等高線の間隔は10メートル
5. 磁針方位は西偏約7°0′
6. 図式は昭和61年1:25,000地形図図式

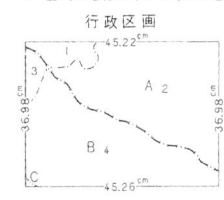

行政区画

東京都
　A.西多摩郡　1.奥多摩町　2.檜原村

山梨県
　B.北都留郡　3.小菅村　4.上野原町
　C.大月市

索引図

丹波	奥多摩湖	武蔵御岳
七保		五日市
大月	上野原	与瀬

昭和44年測量
平成7年修正測量
　1.使用した空中写真は平成6年11月撮影
　2.現地調査は平成7年9月実施
茶色の経緯度数値は世界測地系（平成14年4月1日から適用）による

1:35,000　猪　丸

著作権所有兼発行者　国土地理院　許可なく複製を禁ずる
平成8年8月1日発行（3色刷）　　　5刷

この地図は、国土地理院長の承認を得て、同院発行の2万5千分1地形図を複製したものである。（承認番号　平16関複、第578号）

第二部　主要城館編
［平成18年3月］

例　　言

1．本書は、平成11年度から平成13年度まで3ヵ年にわたり東京都教育委員会が実施した「中世城館跡の確認及び分布調査」の成果をもとに、平成16年度に実施した「中世城館跡の確認及び分布調査資料の整理」によって整理を実施した、「東京都の中世城館（城館一覧・分布図編）」（平成17年3月31日　東京都教育委員会）として刊行した206ヶ所の中世城館のうち、遺構等が観察できる遺存状況が明らかな63ヶ所の城館について収録したものである。

2．平成11年度から平成13年度に実施した「中世城館跡の確認及び分布調査」は、「緊急雇用特別基金事業」（平成11年度）及び「緊急地域雇用特別基金事業」（平成12・13年度）の一環として実施したものであり、各年次の委託先は下記のとおりである。

　　　　平成11年度　株式会社武蔵文化財研究所
　　　　平成12年度　アジア航測株式会社
　　　　平成13年度　株式会社武蔵文化財研究所

3．平成16年度に実施した「中世城館跡の確認及び分布調査資料の整理」事業は、「緊急地域雇用創出特別基金事業」として株式会社武蔵文化財研究所（以下、「同研究所」とする）に委託して実施した（作図・報告文等作成担当　西股総生）。

　なお、作図及び説明文の作成に際しては、収録した城館が所在する各区市町村教育委員会の協力を得た。

4．本書は、平成16年度に同研究所より提出された縄張図・報告文等に基づき、同研究所と協議の上、東京都教育委員会が選別・編集したものである。

　なお、世田谷区所在の奥沢城跡・喜多見城跡・世田谷城跡、中野区所在の城山、板橋区所在の赤塚城址・沖山の塁・志村城址・徳丸石川遺跡・舟渡遺跡、練馬区所在の池淵遺跡・石神井城跡・練馬城跡、葛飾区所在の葛西城址、立川市所在の伝立川氏館、三鷹市所在の島屋敷・天神山城、府中市所在の高安寺塁・伝浅野長政屋敷、町田市所在の沢山城跡、成瀬城跡については、作図（一部、同研究所作図のものを含む）及び説明文の作成を当該教育委員会にお願いした。

　また、八王子市所在の伝大石信濃守屋敷・小田屋敷跡・松木屋敷跡、町田市所在の多摩ニュータウンNo.211遺跡、多摩市所在の諏訪坂館・永島八兵衛屋敷、稲城市所在の大丸城跡については財団法人東京都生涯学習文化財団東京都埋蔵文化財センターが作図及び説明文を作成した。渋谷区北青山遺跡（作図含む）、北区稲付城跡、足立区中曽根城址については東京都教育委員会で説明文の作成を行った。

5．本書に収録した縄張図、推定復元図等及び説明文は、現在の中世城館調査の研究視点による地表観察及び発掘調査成果などに基づき同研究所等が作成した研究成果であり、今後の研究の進展により城館の範囲、縄張等と城館の歴史的評価が変更される可能性がある。

目　　次

例　　言	…………………………64	25 － 1　伝立川氏館	………………………135
目　　次	…………………………65	27 － 1　島屋敷	………………………137
挿図目次	…………………………66	27 － 2　天神山城	………………………140
写真図版目次	…………………………67	28 － 1　今井城跡	………………………141
凡　　例	…………………………68	28 － 3　勝沼城跡	………………………143
11 － 9　八幡塚砦	…………………………69	28 － 4　辛垣城跡	………………………146
12 － 3　奥沢城跡	…………………………70	28 － 10　館の城	………………………149
12 － 5　喜多見城跡	…………………………72	28 － 14　藤橋城跡	………………………150
12 － 7　世田谷城跡	…………………………74	28 － 17　枡形山城跡	………………………152
13 － 2　北青山遺跡	…………………………76	28 － 18　御岳山城	………………………155
14 － 1　城山	…………………………77	29 － 1　高安寺塁	………………………157
17 － 1　稲付城跡	…………………………80	29 － 2　伝浅野長政屋敷	………………………160
19 － 1　赤塚城址	…………………………81	31 － 3　深大寺城跡	………………………161
19 － 3　沖山の塁	…………………………83	32 － 5　小野路城跡	………………………164
19 － 4　志村城址	…………………………84	32 － 6　小野路関屋城	………………………167
19 － 6　徳丸石川遺跡	…………………………85	32 － 8　小山田城跡	………………………168
19 － 7　舟渡遺跡	…………………………86	32 － 11　沢山城跡	………………………171
20 － 2　池淵遺跡	…………………………87	32 － 14　成瀬城跡	………………………173
20 － 3　石神井城跡	…………………………88	32 － 17　多摩ニュータウンNo.211遺跡	……174
20 － 6　練馬城跡	…………………………90	35 － 2　川辺堀之内城	………………………176
21 － 3　中曽根城址	…………………………91	35 － 3　高幡城跡	………………………177
22 － 2　葛西城址	…………………………92	35 － 7　平山城跡	………………………179
24 － 4　伝大石信濃守屋敷	…………………………96	35 － 8　百草城	………………………180
24 － 5　小田屋敷跡	…………………………98	38 － 1　谷保の城山	………………………182
24 － 6　小田野城跡	…………………………99	45 － 5　諏訪坂館	………………………183
24 － 10　片倉城跡	………………………100	45 － 9　永島八兵衛屋敷	………………………185
24 － 15　浄福寺城跡	………………………102	46 － 1　大丸城跡	………………………187
24 － 18　高月城跡	………………………105	46 － 3　小沢城跡	………………………188
24 － 19　滝山城跡	………………………111	48 － 1　網代城跡	………………………190
24 － 21　出羽山	………………………116	48 － 8　戸倉城跡	………………………193
24 － 22　廿里砦	………………………117	48 － 9　法林寺館跡	………………………196
24 － 23　戸吹城跡	………………………118	52 － 3　檜原城跡	………………………197
24 － 24　中山勘解由屋敷跡	………………………119	引用・参考文献一覧	………………………199
24 － 25　八王子城跡	………………………120		
24 － 26　初沢城跡	………………………130		
24 － 27　松木屋敷跡	………………………134		

挿 図 目 次

第1図	八幡塚砦推定範囲図	…………69
第2図	奥沢城跡縄張図	…………71
第3図	喜多見城跡推定範囲・調査地区・調査遺構図	…………73
第4図	世田谷城跡遺構図	…………75
第5図	北青山遺跡調査地区と溝跡	………76
第6図	明治42年当時の城山付近	…………78
第7図	空堀・土塁推定範囲	…………78
第8図	平成3年調査区遺構平面図	………78
第9図	平成3年調査居館内部復元図	……79
第10図	平成15年調査区遺構平面図	………79
第11図	平成15年度調査空堀コーナー部復元図	…………79
第12図	平成15年度調査空堀コーナー部復元図	…………79
第13図	稲付城縄張図	…………80
第14図	赤塚城址縄張図	…………82
第15図	沖山の塁縄張図	…………83
第16図	志村城址縄張図	…………84
第17図	徳丸石川遺跡調査位置図・遺構図	…………85
第18図	舟渡遺跡遺構図	…………86
第19図	池淵遺跡遺構図	…………87
第20図	石神井城跡縄張図	…………89
第21図	練馬城跡推定縄張図	…………90
第22図	中曽根城址推定縄張図	…………91
第23図	葛西城址推定縄張図	…………95
第24図	伝大石信濃守屋敷遺構図	…………97
第25図	小田屋敷跡遺構図	…………98
第26図	小田野城跡縄張図	…………99
第27図	片倉城跡縄張図	…………101
第28図	浄福寺城跡縄張図	…………103
第29図	浄福寺城推定復元図	…………104
第30図	浄福寺城推定復元俯瞰図	…………104
第31図	高月城跡縄張図	…………107
第32図	高月城跡試掘調査主要地点	………108
第33図	高月城推定復元図	…………109
第34図	高月城推定復元俯瞰図	…………110
第35図	滝山城跡縄張図	…………113
第36図	滝山城推定復元図	…………114
第37図	滝山城推定復元俯瞰図	…………115
第38図	出羽山縄張図	…………116
第39図	廿里砦縄張図	…………117
第40図	戸吹城跡縄張図	…………118
第41図	中山勘解由屋敷跡縄張図	…………119
第42図	八王子城跡縄張図	…………122・123
第43図	八王子城範囲図及び地区名称	…………124
第44図	八王子城搦手地区縄張図	…………124
第45図	八王子城御霊谷地区縄張図	…………125
第46図	八王子城推定復元図	…………126・127
第47図	八王子城跡北条氏照墓付近現況参考図	…………128
第48図	八王子城推定復元俯瞰図	…………128
第49図	初沢城跡縄張図	…………131
第50図	初沢城推定復元図	…………132
第51図	初沢城推定復元俯瞰図	…………133
第52図	初沢城推定復元俯瞰図	…………133
第53図	松木屋敷遺構図	…………134
第54図	伝立川氏館縄張図	…………136
第55図	島屋敷遺構図	…………138・139
第56図	天神山城縄張図	…………140
第57図	今井城跡縄張図	…………142
第58図	勝沼城跡縄張図	…………144
第59図	勝沼城推定復元図	…………145
第60図	勝沼城推定復元俯瞰図	…………145
第61図	辛垣城跡縄張図	…………147
第62図	辛垣城推定復元図	…………148
第63図	辛垣城推定復元俯瞰図	…………148
第64図	館の城縄張図	…………149
第65図	藤橋城跡縄張図	…………151
第66図	枡形山城跡縄張図	…………153
第67図	枡形山城推定復元図	…………154
第68図	枡形山城推定復元俯瞰図	…………154
第69図	御岳山城縄張図	…………156

第70図	高安寺周辺の中世道路跡及び溝跡等 …………………………………159	第84図	高幡城跡縄張図 ………………178
第71図	伝浅野長政屋敷跡縄張図 …………160	第85図	平山城跡縄張図 ………………179
第72図	深大寺城跡縄張図 …………………163	第86図	百草城縄張図 …………………181
第73図	小野路城跡縄張図 …………………165	第87図	谷保の城山縄張図 ……………182
第74図	小野路城推定復元図 ………………166	第88図	諏訪坂館遺構図 ………………184
第75図	小野路城推定復元俯瞰図 …………166	第89図	永島八兵衛屋敷遺構図 ………186
第76図	小野路関屋城縄張図 ………………167	第90図	大丸城跡遺構図 ………………187
第77図	小山田城跡縄張図 …………………169	第91図	小沢城跡縄張図 ………………189
第78図	小山田城推定復元図 ………………170	第92図	網代城跡縄張図 ………………191
第79図	小山田城推定復元俯瞰図 …………170	第93図	網代城推定復元図 ……………192
第80図	沢山城跡縄張図 ……………………172	第94図	網代城推定復元図俯瞰図 ……192
第81図	成瀬城跡縄張図 ……………………173	第95図	戸倉城跡縄張図 ………………194
第82図	多摩ニュータウンNo.211遺跡遺構図 …………………………………175	第96図	戸倉城推定復元図 ……………195
		第97図	戸倉城推定復元俯瞰図 ………195
第83図	川辺堀之内城縄張図 ………………176	第98図	法林寺館跡縄張図 ……………196
		第99図	檜原城跡縄張図 ………………198

写真図版目次

写真1	高安寺全景 …………………158	写真3	溝C（381次調査） …………158
写真2	溝B（54次調査） …………158	写真4	溝C（495次調査） …………158

凡　例

1．本書に収録した中世城館は、区市町村コード番号順に登載した。城館の番号・名称・地図番号は、平成17年3月刊行の『東京都の中世城館（城館一覧・分布図編）』と整合する。
2．本書に掲載した縄張図は、平成11年度から13年度にかけて実施した「中世城館跡の確認及び分布調査」において作成したもので、現地調査時に地表面観察で視認可能な遺構を図化した現況縄張図である。ただし、その一部ついては、平成16年度に実施した「中世城館跡の確認及び分布調査資料の整理」において、城館が所在する当該区市町村教育委員会と協議の上、補筆修正を加えた。
3．縄張図の表現・描法については、城館研究において現在もっとも一般的に用いられているケバ描き図法によった。同図法は軍事的（防禦的）利用の観点から地形を表現する技法であることから、ケバ描き箇所の全てが人工的な城館遺構を表すものではなく、防禦上の利用が考えられる箇所に存在する自然地形の尾根や谷についてもケバ表記した場合がある。
　　① 人工的な城館遺構として明瞭に看取できる塁壕や曲輪の上端・下端等は実線で表記し、不明瞭な箇所や遺構の評価に疑問の残る箇所は破線で表記した。
　　② 人工地形として明瞭に視認できるが、城館遺構とすることに特に疑問がある箇所については、「？」マークを付した。
　　③ 塁壕の下端については、細い点線で表記した。
　　④ 原則として、ケバの長さは斜面の高低差、ケバの密度は緩急を相対的に表す。
4．一部の城館については、現況縄張図をもとに作成した推定復元図及び推定復元による俯瞰図を参考として併載した。推定復元に際しては塁壕の崩落・埋没を考慮した他、城館によっては発掘調査資料や聞き取り成果を反映させた。ただし、部分的に推定に基づく箇所もあるため、あくまで推定復元の一試案である。なお、推定復元図及び推定復元俯瞰図の図名称では、当該図は城館が機能していた当時の復元図であることから、城館名に「跡」「址」とある場合には「跡」「址」を省略した。
5．縄張図・遺構図中の算用数字は曲輪を示し、原則として主郭を1とした。曲輪以外の堀・土塁・虎口・櫓台等の施設は、アルファベット（小文字）で表示した。
6．説明文中に頻出する文献については、下記の略称を使用した。
　　　　『新編武蔵風土記稿』⇒『風土記稿』
　　　　『江戸名所図会』⇒『江戸図会』
　　　　『武蔵名勝図会』⇒『武蔵図会』
　　　　『小田原衆（北条氏）所領役帳』⇒『所領役帳』
　　　　『戦国遺文・後北条編』⇒『戦・北』
　　　　『日本城郭大系』第5巻・東京編⇒『大系』
　　　　『図説中世城郭事典』第一巻⇒『事典』
　　　　『多摩丘陵の古城址』⇒『多摩古城』
　　　　『資料　青梅市の中世城館跡』⇒『青梅の城館』

11-9　八幡塚砦（大田区東六郷3丁目） 地図7

別　　名　行方氏館［八幡塚行方氏館跡］

沿革・伝承　『江戸図会』には「行方弾正忠明連の宅地」として「六郷八幡塚の辺りをいふならん（後略）。」とある。また「六郷八幡宮」の項には、源頼朝が旗を立てた場所に八幡宮を勧請したものとの由緒を記し、「八幡塚」「旗立杉」等の旧蹟とともに「古屋敷」として、「大門のかたへの畑をしかとなへたり。按ずるに、行方弾正明連が家の跡ならんか。当社大門石橋の通りを、古への海道と称せり。」と伝えている。『江戸図会』には、行方弾正明連宅跡一帯を俯瞰した挿絵が掲載されており、六郷八幡宮は水田中の孤島のような微高地として描かれている。

軍記類によれば、永禄12年（1569）に後北条領に侵攻した武田軍は、武蔵に入ると軍勢を二手に分け、うち一隊は江戸・品川方面から稲毛一帯（現川崎市域）を徹底的に略奪・放火した。『異本小田原記』の「信玄小田原出張の事」には、「六郷に行方弾正居たりける。同じく己れが屋敷の近所なる八幡を要害に構へ、稲毛の田島・横山・駒林等引率し、橋を焼落し、甲州衆を通ず。（中略）其辺の郷民等、皆六郷に集まる。」とある。

遺構・考察　現状では六郷神社の一帯は市街地化しており、城跡らしい面影はないが、六郷神社境内は周囲より若干高く、微高地の痕跡を確認できる。掲載図は、明治期の地形図等を参考に、旧状を推定したものである。

『大系』では信玄がこの地点を通過した可能性はうすいとして、上記の行方明連築城説を退け、社地を行方氏の屋敷として記載している。しかし、武田軍の別働隊が略奪・放火を行いながら、この方面を進撃したことに関する軍記類の記述は整合性があり、土豪等が近隣の住民とともに各地で臨時の城砦を構え、自衛した蓋然性は高い。ただし、『異本小田原記』『江戸図会』の記述にしたがえば、行方明連は自身の屋敷ではなく、より防禦に適した八幡社の境内を臨時の城砦として武田軍に抵抗したことになる。この点について留意する必要がある。

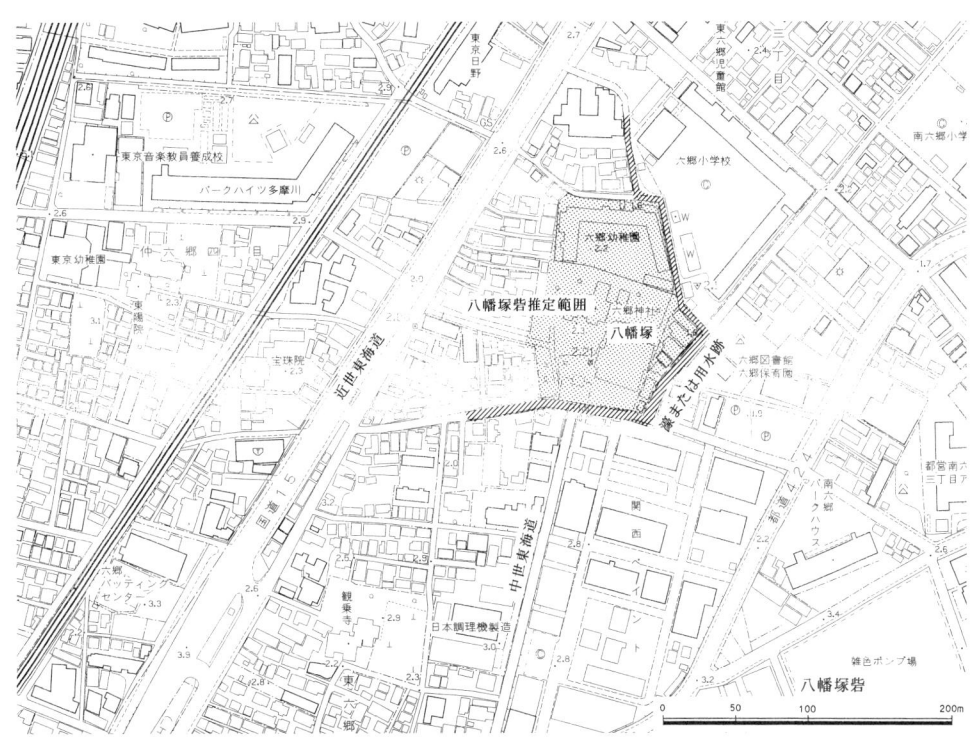

第1図　八幡塚砦推定範囲図（S＝1/5000）

12－3　奥沢城跡（世田谷区奥沢7丁目）

地図6

沿革・伝承　『風土記稿』荏原郡奥沢新田村の浄真寺の項によれば、世田谷吉良氏の家臣、大平清九郎の居館として伝えられている。

築城年代は14世紀代ともいわれているが、少なくとも天文20年（1551）にはその存在が確認されている。

天正18年（1590）の廃城後、延宝6年（1678）になって、城域には浄真寺が開山され、現在は方形の土塁のみが残存している。

遺構・考察　奥沢城は呑川支流の一つ、九品仏川の水源地から大きく蛇行して南東に流れる地点に向かって北側に突き出した、標高30m前後の低い舌状台地上に位置している。台地の規模は幅約320m、基部までの長さ約440mである。台地奥部の南側を除く3方は水田面あるいは沼地となり、その比高差は約5mを測る。

城跡の南西1.5kmには多摩川を川崎方面に渡る「野毛の渡し」を押さえる目的で築かれたと考えられる等々力砦（世田谷区教育委員会1992）が控えている。

城郭構造は本来、複数の曲輪から構成されていた可能性が高い。

主郭1は一辺約150mのやや不正な方形を呈し、四方を上幅約3m、下幅約15mの土塁が巡る。土塁の高さは、内側との比高差約2m、外側道路面との比高差約3mである。また、土塁の四隅は上幅約4m、比高差が各々3m～4mあり、直線部分に比べて、幅広で小高くなっている。

土塁に隣接する西側の道路で行われた発掘調査（世田谷区教育委員会1988）では、現状の道路面からの深さ約1.5mの堀aが確認されている。堀は「箱薬研堀」ないし「畝堀」と考えられ、後北条氏の築城形態の特徴として注目される。これは大平清九郎が実質的に北条氏康の家臣でもあったことと関係があり、この時期に堀底の改修がなされた可能性が高い。

また、堀の南北両端は土塁に沿って直角に屈曲しており、これとは別に行われた調査（世田谷区立郷土資料館1976）で、主郭の北側でも堀bが確認されていることから、少なくとも現存する土塁の三方は堀で囲まれていることが判明している。

土塁は、現状では南北両側がその中央付近で開口しているが、『江戸図絵』には主郭の南側に土塁で囲まれた方形の突出部が描かれており、ここに別の曲輪2が存在する可能性が高い。また、北側の開口部から約70m先、沼地との境にも土塁が描かれており、堀を挟んで北側にも別の曲輪3の存在が推定される。この土塁は舌状台地北縁に沿って巡らされていた可能性もあるが、推定の域を出ない。

ここで、問題となるのは主郭の南東部、南北方向の土塁がとぎれ、東に向かって直角に突き出している箇所cである。現在は山門となっているこの部分が虎口であった可能性を考えておきたい。

なお、立会調査によれば、台地の西縁にあたる主郭の西側約70mの地点で、急角度で下がる傾斜面が確認されており、ここを城域の西限とすることができる。したがって、本来の城域は東西が台地平坦部の幅約320mと考えることができる。北限は先述した土塁までに限定されるが、南限については確定できない。

参考文献

世田谷区教育委員会　1976『浄真寺』
世田谷区教育委員会　1988『奥沢城跡』
世田谷区教育委員会　1992『下野毛遺跡Ⅱ』

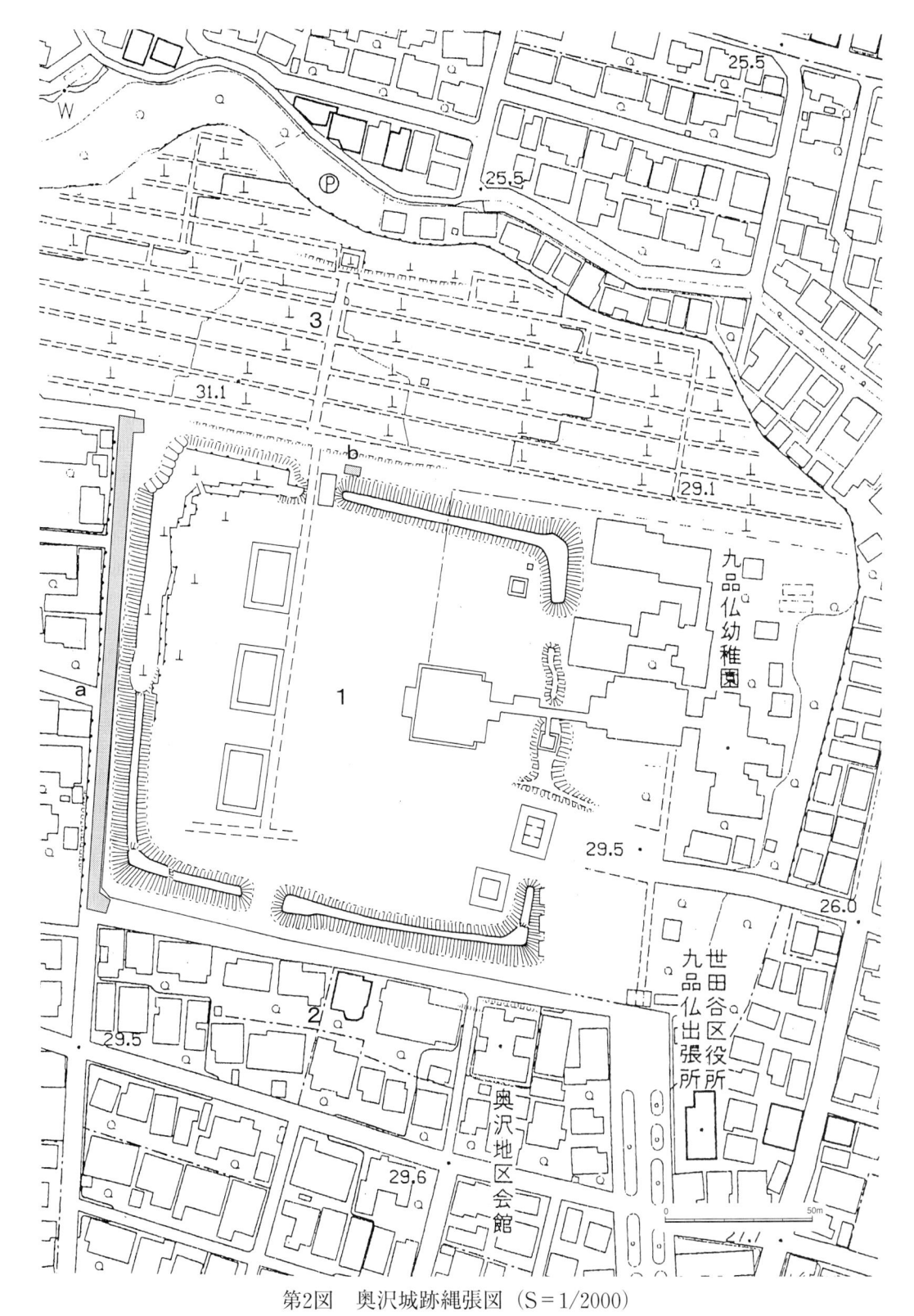

第2図　奥沢城跡縄張図（S＝1/2000）

12—5　喜多見城跡（世田谷区喜多1～4丁目）　　　地図9

別　　　名　喜多見氏陣屋跡

沿革・伝承　江戸太郎重長の次男、江戸武重（氏重）は木田見郷をその本拠とし、木田見次郎武重と名乗ったと伝えられている。

豪族居館の成立時期は13世紀に遡ると考えられるが、史料に現れる時期は、江戸右京亮康重の代に至って、木田見の家を継ぎ、江戸庄より喜多見（＝木田見あるいは北見）の地へ本拠地を移動した康正2年（1456）である。

館の変遷を考える上で、康正2年以前を第1期（館の成立期）とし、以後徳川家康の旗本となる時期までを第2期、天知3年（1683）に喜多見藩2万石の大名になるまでの旗本陣屋を第3期、元禄2年（1689）に改易となるまでの6年間を第4期（大名陣屋）とする。

遺構・考察　喜多見氏陣屋跡は、旧野川の支流の一つ清水川が大きく蛇行する地点の北側、三方を川に囲まれた標高20m足らずの低い舌状台地に築かれている。台地と清水川との比高差は僅かに約3mである。また、北西側は旧野川まで続く低位段丘（立川）面となっている。

現状は住宅地と畑が混在する平地となっており、改易後の取り壊しを反映して土塁・堀など城郭構造は全くその姿を見ることができない。

学術調査・事前調査をあわせて、これまでに計17回の発掘調査が行われ、堀、礎石建物址、掘立柱建物址、柵、池、井戸、地下式坑などの陣屋跡関連の遺構が確認されている。

以下、これまでに判明している堀から陣屋の曲輪構造を推定しておく。

1号堀aは舌状台地の南東縁から南縁に沿って弧状に走る堀である。幅約4.3m、深さ約2m、断面が逆台形を呈する箱堀で、第2期には開削され、最終段階まで存続すると考えられる。

また、礎石建物址・掘立柱建物址、直角に屈曲する区画溝、その東側に位置する池bは陣屋段階（第3・4期）の所産である。

2号堀cは1号堀から最大150m北に位置している。東西に走り、上幅約2.5m、深さ約2m、断面がV字形を呈する薬研堀である。また、この溝の南側に接する方形の掘り方をもつ掘立柱建物址とともに、第2期には成立している。

3号堀dは2号堀の約60m北方に、並行して走っている。上幅譯3.7m、深さ約2.5mで、断面形は逆台形を呈する箱堀である。西端は南北に走る6号堀eに繋がり、約50m北上してから、再び直角に折れて東西方向に走る4号堀fに向かうと考えられる。なお、4号堀の西端は台地下の清水川に落ちている。

5号堀gは台地の東縁を南北に走向している。上幅約6m、下幅約3.1m、深さ約2.1mで、断面形は逆台形を呈し、箱堀（部分的に畝堀状を呈する）である。開削時期は断定できないが、陣屋の東限を区切る堀と考えられる。

7号堀hは下水道管理設にともなう幅狭の調査のため、幅は不明であるが、深さ約2.2mで、断面形はV字形を呈する部分と逆台形の部分があり、幾度かの改修が推定されている。

現在の登戸道の一部にほぼ並行して東西に走り、東側は直角に折れて南に向かっている。

上記の堀のうち、1・5・7号堀は北・東・南の三方を囲む陣屋の総堀として機能していた可能性が高い。

さて、主郭1は「陣屋」の字名をもつ一帯、登戸道に面する陣屋の北西部、2・4・6号堀と7号堀の間と推定しているが、建物址等の遺構は不明である。また、他の曲輪は先述した堀の状況からみて、少なくとも主郭南側の曲輪2と南端の曲輪3が存在することは確実である。

これまでの調査結果から、陣屋の規模は南北約510m、東西約430mと推定できるが、その規模は第2期にはほぼ確定し、第3・4期の各段階でそれぞれ部分的な改修が行われていると考えられる。

多くの部分が判明している曲輪3を除いて、内部の構造は全く不明であり、その解明については今後の調査を待ちたい。

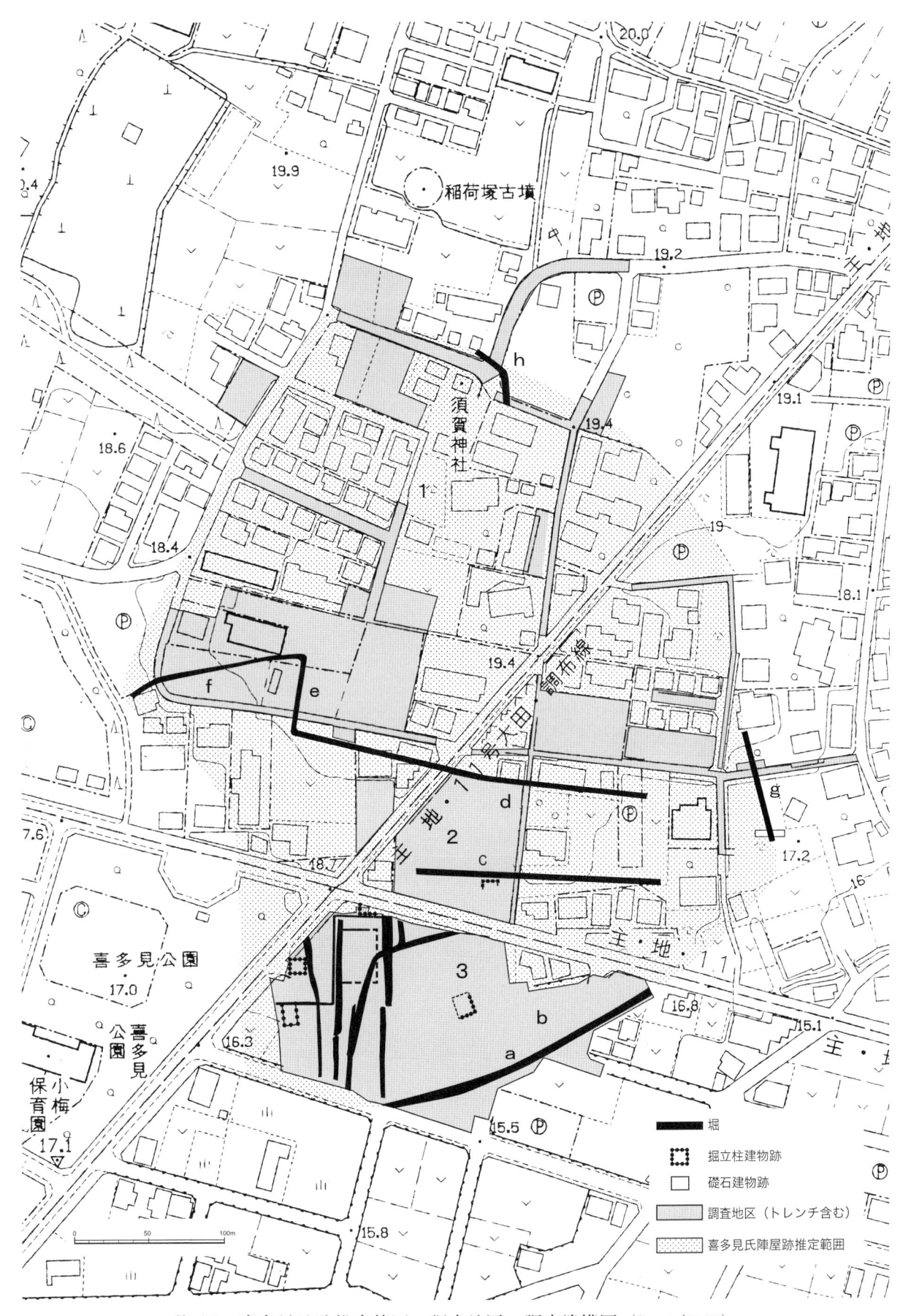

第3図　喜多見城跡推定範囲・調査地区・調査遺構図（S＝1/3500）

12−7　世田谷城跡（世田谷区豪徳寺2丁目）　　地図6

沿革・伝承　吉良氏の居城として知られ、吉良成高の代、応永33年（1426）以前の築城と推定されているが、築城年代は明らかではない。天正18年（1590）廃城。

遺構・考察　世田谷城は目黒川の支流の烏山川が大きく蛇行する地点の北側、三方を川に囲まれ、南東側に突き出した舌状台地上に築かれている。また、北東側には浅い谷が入るが、北西側は台地へ続いている。

烏山川の下流約2.5kmには三宿城が、また北沢川を挟んで北方約1kmには赤堤砦が、さらに蛇崩川を挟んだ南方約1kmには弦巻砦が控えている。

城は北方を通過する甲州古道中出道（滝坂道）と、東方を南北に通過する鎌倉道が交差する交通の要衝を押さえる位置にある。

城曲輪は台地の中央に位置する主郭1を中心に、複雑に展開する複数の曲輪から構成されている。主郭は南北約120m、東西約60mの規模で東西に分断されているものの、本来は南北に開口していたと考えられる台形の土塁に囲まれている。この土塁の周囲を堀が取り巻いていると考えられるが、現状で確認できる堀は東側と南東隅の一部である。

主郭東側の堀（薬研堀）の対岸は土塁状の帯曲輪aを構成している。堀に対する主郭の塁線は直線的である。また、帯曲輪と直線上に並んで南側にも土塁で囲まれた南北約45m、東西約20mの曲輪2があり、帯曲輪側と南東隅が開口している。標高は37m前後で、主郭とほぼ同じである。

帯曲輪の東側にはさらに堀b（底面幅4.2m、深さ約4.5mの箱堀）が入り、対岸には並行して土塁cがある。この土塁は北側で直角に折れて東に向かい、その先は削平されているものの、土塁東側の平坦面は東側道路との比高差（現況約1m）を有する南北に細長い曲輪3を構成している。規模は南北約90m、東西約20mで、標高は約34mと曲輪2より3mほど低くなっている。さらに道路を挟んで東側には複雑に屈曲する堀d（形態不明）があり、東端の曲輪4を構成していると考えられる。

また、曲輪2を囲む土塁は、その南側の一部が大きく突出しているが、これと堀を挟んで対岸には曲輪5がある。その南東側は大きく削平を受けているものの、平坦面の標高は約37mで、曲輪2と同レベルである。この曲輪の西端には土塁が残存しているが、本来は曲輪全体を取り囲んでいた土塁の一部と考えられ、規模は南北約30m、東西約20mと推定できる。

さらに、曲輪2の南西側から曲輪5の西側にかけては、堀を挟んで対岸に腰曲輪cが延び、削平を受けているものの、その北側は主郭の南側に続いていたと考えられる。

これまでに実施した測量調査と発掘調査（試掘・立会調査を含む）を実施しているのが主郭の南東側に集中していることもあり、主郭の南西側についてはなお不明な部分が多く、城郭構造は未解明なままである。なお、享徳3年（1530）に上杉朝興の攻撃によって一度落城（史料1）しており、その後防備の強化のために城郭構造が改修された可能性は高い。

さて、世田谷城の城域については、世田谷城址公園から現在の豪徳寺山門南側までの範囲とする説と豪徳寺の寺域を含めた広い範囲を想定する説があるが、ともに発掘調査による裏付けをもつものではない。昭和62年の測量調査では、土塁状の高まりを数カ所で確認しており、これらをもとにすれば、6区画に区分された曲輪を想定することも可能である（世田谷区教育委員会1987）。

これまで実施してきた城跡の測量・試掘・立会の成果をあわせると、狭義の城域の範囲に収まらない位置に空堀が存在することなどからみて、新たな城域設定を行っていかねばならない。現時点では、狭義の城域を非常時の『詰城』、豪徳寺地区を吉良氏館と推定しているが、この両者の区分は不明確であり、一体となって『世田谷城』を構成していると考えるべきであろう。

参考文献
史料1.「石川忠総留書」『北区史資料編　古代・中世2』所収　1995
世田谷区教育委員会　1987「豪徳寺」
世田谷区教育委員会　2002・2003『世田谷区埋蔵文化財調査年報』

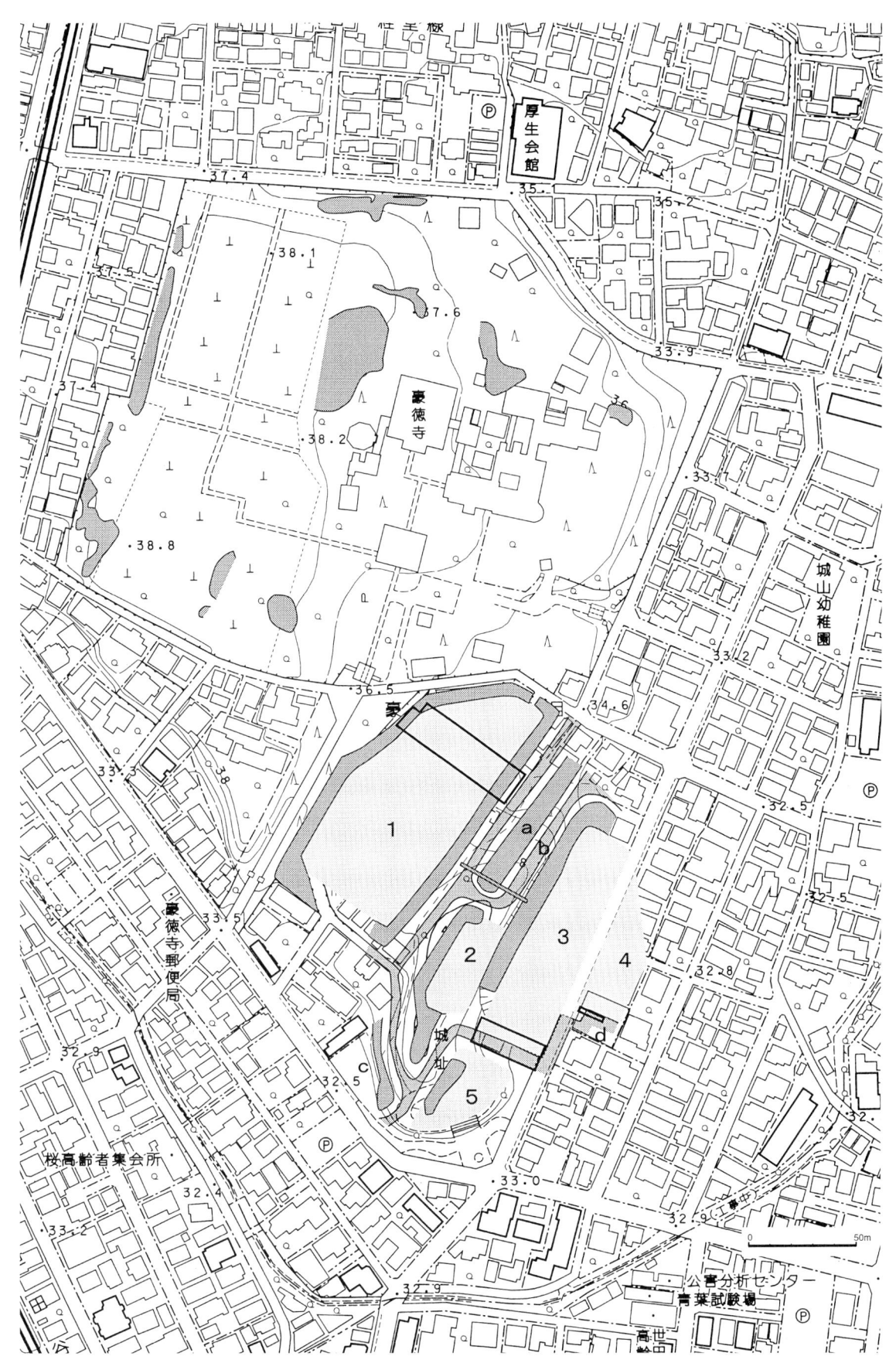

第4図　世田谷城跡遺構図（太線内主な調査地区）（S＝1/2500）

13−2　北青山遺跡（渋谷区神宮前5丁目）

地図6

沿革・伝承　北青山遺跡は、平成3年6月から平成4年10月に発掘調査され、方形に囲繞すると推測される溝跡が発見された（註）。

遺構・考察　調査地点は渋谷川左岸の海抜約33mの台地上に位置し、調査地点の西側に隣接して北北西に開口する支谷最奥部の湧水地が存在する。

発掘調査された溝跡は、ほぼ東西南北方向を指し、東辺側に幅約11.5mの開口部（開口部北側の溝は東側に折れて張り出す）をもつ一辺約98mの規模の単郭方形を呈する可能性が高い。都電青山車庫当時に西側に向けて造成された関係から、東側では溝幅が約1.8m、深さ約0.6mであるが、盛土された南西隅付近では逆台形の断面形の溝上端幅約3.5m、深さ約2.5mの規模をもつ溝であることが判明した。また、南西隅付近の溝内では、囲繞する溝の内側に存在した土塁が崩落したと推定される土層の堆積状態が確認されている。

溝跡の年代については、溝内からの出土資料がなく、遺構の存在を記した歴史史料が存在していないことから、山城国淀藩下屋敷拝領以前の溝跡とだけ報告され、詳細な記載はない。当該地点が江戸と相模方面をつなぐ大山道（国道246号線青山通り）と伝鎌倉道との交差（青山学院大学北西隅）箇所に近接することと、本地域の歴史的な背景から、享徳3年(1454)に発生し22年間にわたって関東一円が争乱状態となった享徳の乱、渋谷一帯が被災したとされる大永4年（1524）の北条氏綱による江戸城攻略時の係争、下って徳川家康の江戸入府時に関係する時代までの遺構と想定することができる。

ただし、溝跡の内部からは建物跡等の関連施設が検出されていないこと、さらに本格的な戦闘に対応する遺構も具備していないことから、臨時的な陣所や兵站地のような機能が予想される。

(註)北青山遺跡調査会 1997『北青山遺跡（山城国淀藩稲葉家下屋敷跡）発掘調査報告書』

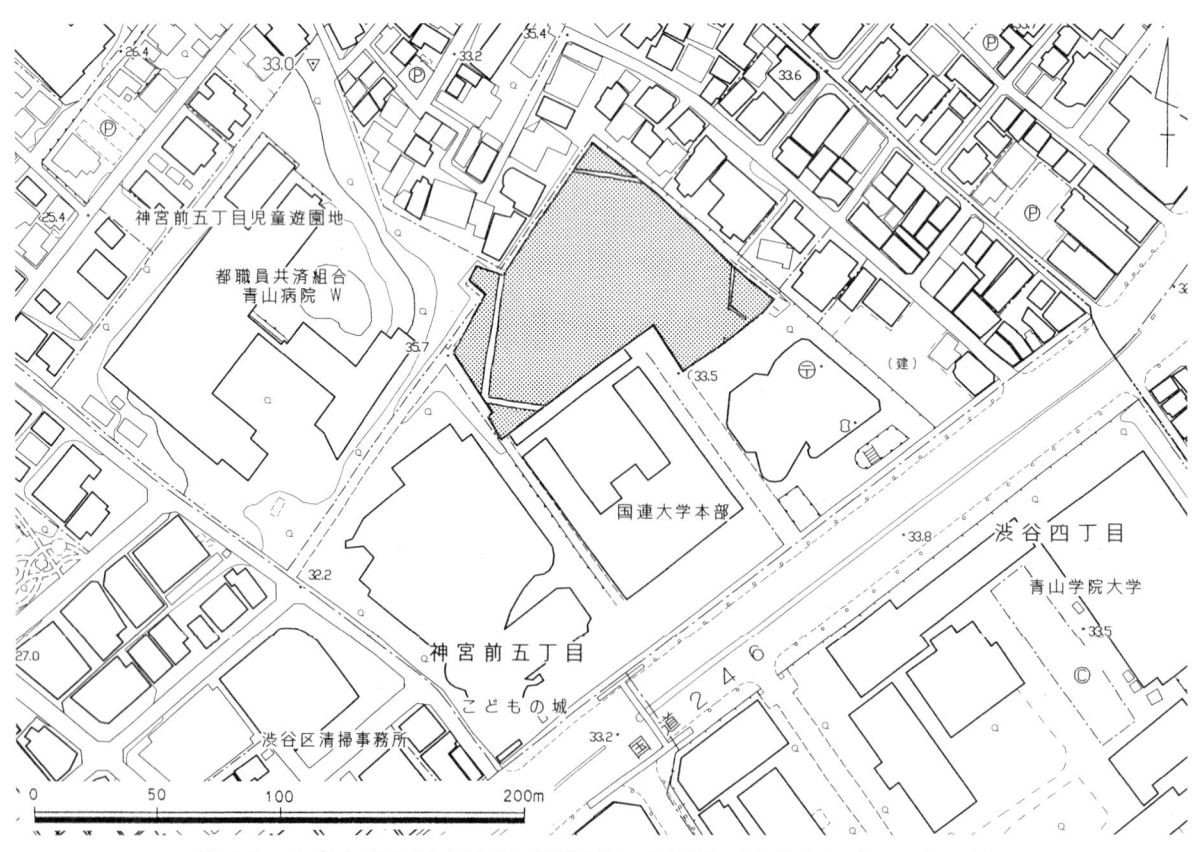

第5図　北青山遺跡調査地区（網部分）と溝跡（白抜き）（S＝1/3000）

14-1　城　山（中野区中野1丁目）

地図5

別　　名　城山居館跡、本屋敷

沿革・伝承　後北条期に小代官を務め、以降中野村名主となった堀江家に伝わる『堀江家文書』に所伝が認められる。寛保3年（1743）の史料には、本屋敷として堀江家先祖の屋敷地の記載が見られ、そこが城山と称されていたことが記されている。さらに寛延3年（1750）「村鑑帳」には城山に土塁・空堀があったことが伝えられている。中野村内にはこの他に城山と呼ばれる土地の伝承はないため、この地が戦国期の堀江氏の居館であったことは確実と考えられる。また、大正期までは土塁・空堀ともに完全な形で残っていたことが当時の写真・地図からも知ることができる。

遺構・考察　城山居館は、神田川の支流である桃園川流域に位置しており、緩やかに開析された台地縁辺の微高地に位置し、北側背面に台地、南側居館正面には、水田地が広がる景観の中に構築されている。地元の記憶や写真などから復元される規模は、土塁部分が東西約120m南北約130mで周囲に約7m幅の空堀が巡るものである。北側に張り出しが認められるがほぼ方形居館である。

発掘調査は、平成3年（1991）に土塁と居館内部の一部を対象に、平成15年（2003）に空堀の一部を対象にして2次にわたって行われている。

居館内部は、調査区中央と南側が中世面から約0.6mほど掘り下げられ、硬化面となっている。この部分には南北方向に幅1.3mの車輪のわだちが幾重にも検出され、荷車の盛んな通行を示している。後北条氏の小代官で地域行政をつかさどった堀江氏の姿を彷彿とさせるものがある。

通路部分の西側は基壇状になり、この部分は掘立建物跡が数棟検出され、居館の主たる建物のエリアと推定される。通路部分の東側は、土塁に平行して南北方向に幅10～12mの段部分を造り出しており、掘立建物跡3棟・井戸・柵列などが検出され、居館内の附属施設を構成している。

土塁は、南北方向に約37mが確認された。居館内側に幅1.2m、深さ0.4m、断面逆台形の側溝を有している。構築方法は、空堀の排出土を積み上げて点圧している。土塁構築土は平成15年の空堀調査でも確認でき、そこから復元すると基底幅7m、中世面からの高さ約2.5mとなる。

空堀は、幅約7m、中世面からの深さ約2.8m、底部幅2.7mの規模である。底面には方形の掘り込みが並び、畝堀あるいは障子堀となっている。また、堀と土塁の間には幅1.5mの犬走り状の平坦面があったことが確認された。

城山居館跡には、これらに先立つ遺構も検出されている。土塁の下から発見された地下式坑1基と北側に柵列を伴う東西方向の溝である。この溝は、平成3年調査区の北東側に全長15mにわたって検出された。幅1m、中世面からの深さ約1.2mである。同規模の溝は平成15年の空堀調査でも土塁の下から確認されており、土塁を構築した居館以前に小規模居館の存在が指摘できる。

出土遺物はカワラケ・常滑こね鉢・板碑・さし銭17枚などが検出されているが、小破片で全体量も少ない。

次に、これらの居館跡の時期について触れてみたい。まず廃絶年代の下限であるが、堀江家は名主になってからは青梅街道筋に屋敷地を移していることから、その成立年代である慶長年間（1596～1614）に求めることができる。築造年代については『堀江家文書』に記された来歴をみると、永享年間（1429～40）あるいは弘治元年（1555）に先祖堀江兵部が越前から従者とともに中野郷にやってきて、開拓を進めたとされている。二つの年代に隔たりがあるが、どちらとは決しがたい。

しかし、畝堀あるいは障子堀は後北条氏が好んで用いたもので、それを遡る明確な例は見出せないことから、この居館は後北条治世下に成立したものと考えるべきであろう。堀江氏が天正4年（1576）に後北条氏から虎判状を受け取っている事実からすれば、このときには小代官として居館が成立していたと考えるべきである。

したがって、北条氏綱が大永4年（1524）に武蔵に進出した段階から天正4年の間に構築年代を求めるのが、最も蓋然性が高いと思われる。これに先立つ小規模居館の主は、15世紀前半に実在した江戸氏庶流の中野氏の可能性を考えておきたい。

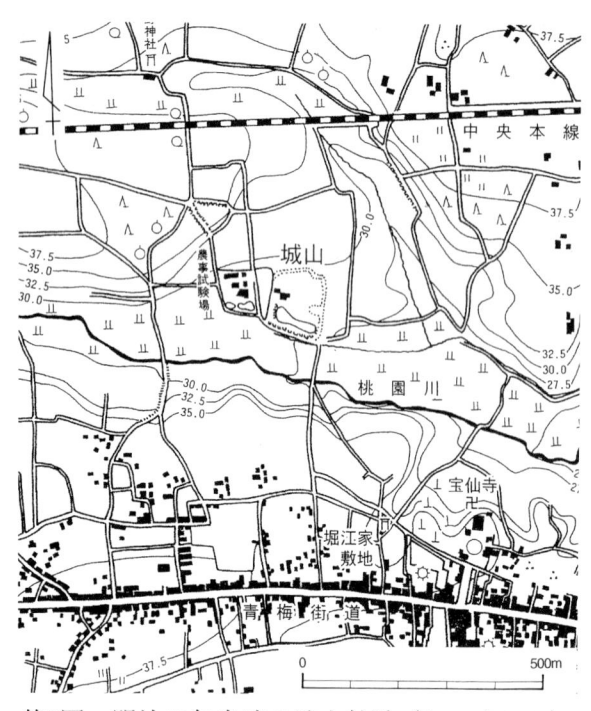

第6図　明治42年当時の城山付近（S＝1/22500）

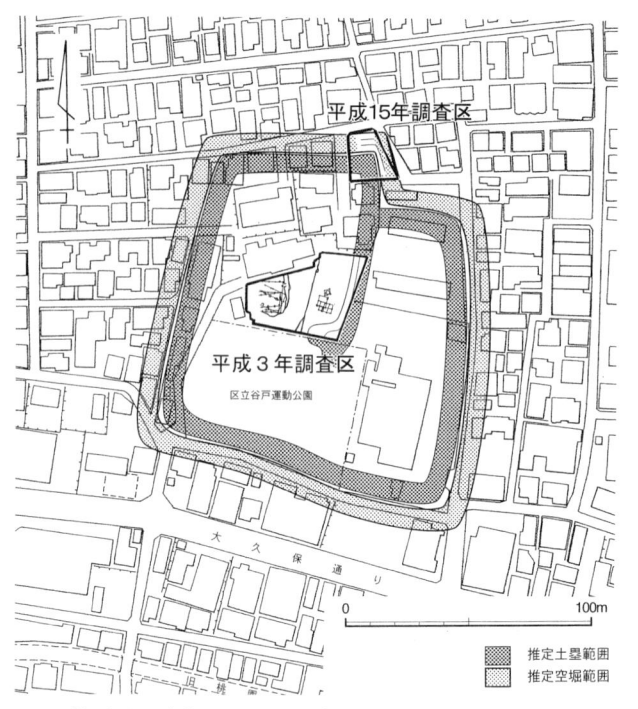

第7図　空堀・土塁推定範囲（S＝1/4500）

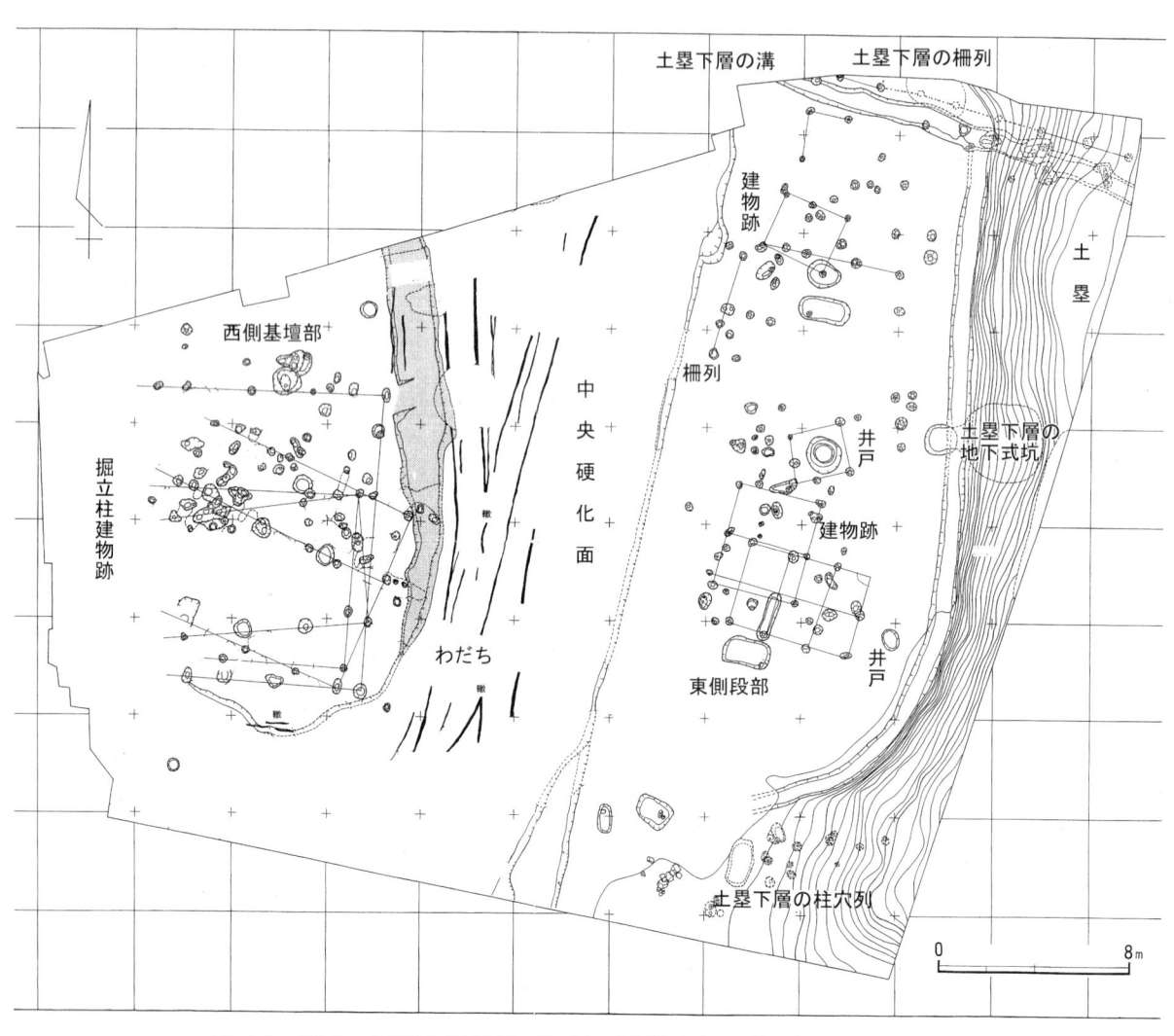

第8図　平成3年調査区遺構平面図（居館内部の状況）（S≒1/450）

第9図　平成3年調査居館内部復元図

第10図（左図）　平成15年調査区遺構平面図（空堀コーナー部の状況）（S=1/300）
第11図（左下図）　平成15年度調査空堀コーナー部復元図（東側から）
第12図（右下図）　平成15年度調査空堀コーナー部復元図（北側から）

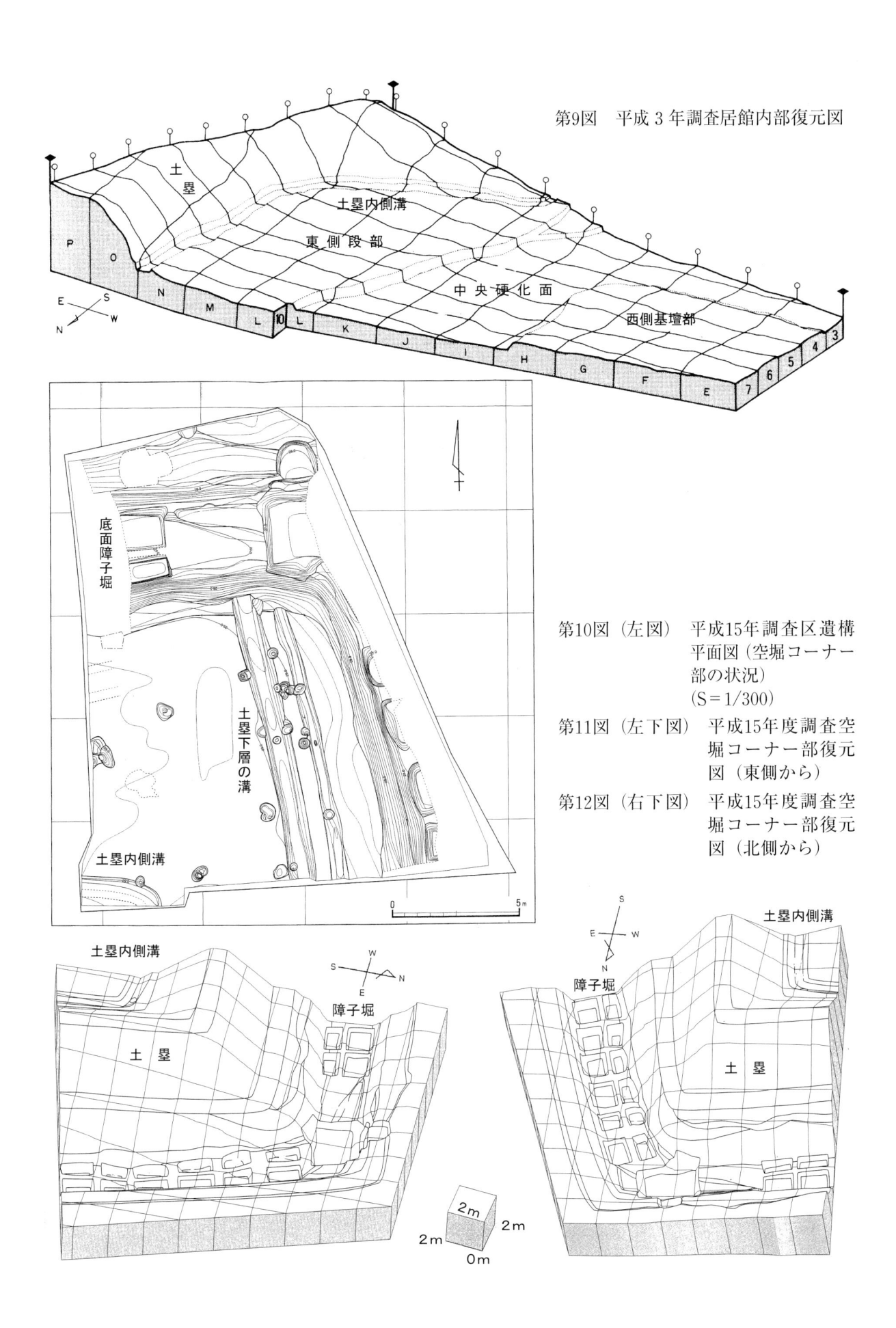

17−1　稲付城跡（北区赤羽西1丁目）

地図4

沿革・伝承　『風土記稿』に「境外西の方は低くして亀が池鶴が堀なと唱ふる所は、当時堀蹟なりと云」とあり、『江戸図会』に小高い丘に静勝寺、北西に亀が池と東に岩槻街道などが描かれている。静勝寺には木造太田道灌坐像が蔵され、寺伝によると、太田道灌が城塁を築いたところとされている。

遺構・考察　稲付城は東に荒川低地を臨む武蔵野台地北東端部にあたり、小支谷によって形成された標高21m程度の舌状台地先端に所在する。東面は段丘の急崖、北面及び西面には谷が切れ込んでおり、東面に比べて緩やかな崖面となっている。北西の谷の出口付近が亀ケ池と呼称された溜池が所在した。南側は台地続きで平坦な地形である。

静勝寺が所在する平坦面は、上記のように北・東・西を段丘崖、南をbとcの坂道の部分で区画される主郭1と考えられる。bとcを結ぶ区画から南側も平坦面が続き、dの箇所で堀幅約12.4m、深さ約6mの空堀が長さ約20mにわたって検出され、さらに南側にそって段切り状の遺構eが確認されている。本郷台から続く南側の平坦面と城を遮断するための堀切りと考えられる(註)。

また、『静勝寺余地検地絵図』に往時の道や主郭を廻る道が描かれ、現在においても主郭1の平坦面から一段下がった周囲には帯状の地形が確認でき、腰郭や横堀の存在が確認できる。

稲付城は、太田道灌の築造とされているが、静勝寺の寺伝以外に根拠がなく、明確な資料はない。上記発掘調査の際、16世紀前半ごろの内耳鍋が出土していることと、荒川を前面にし、北方面を重視した構造から、南側を支持基盤とした扇谷上杉氏関係の城館と考えられ、太田氏ゆかりの城館とすることは蓋然性が高い。

(註)稲付城址遺跡調査団「稲付城址発掘調査報告」『文化財研究紀要第2集』北区教育委員会

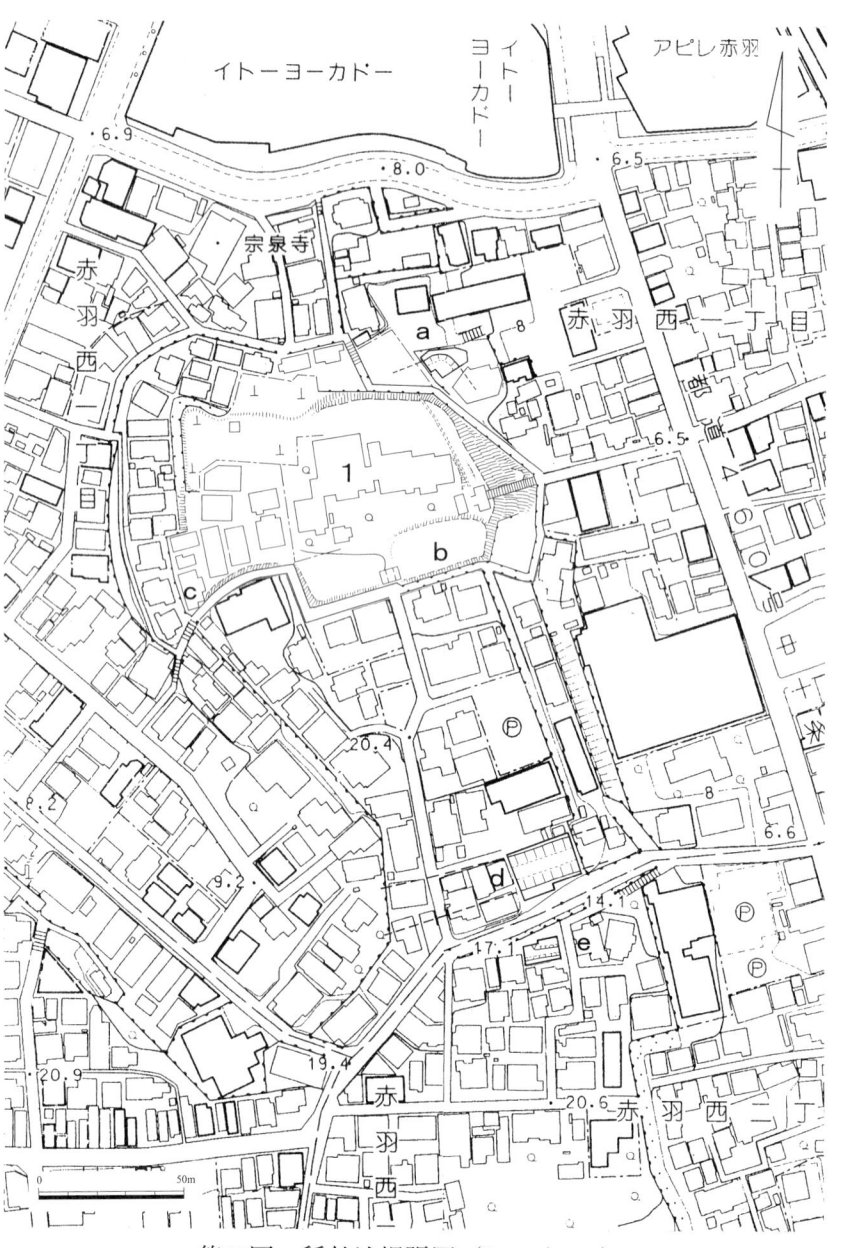

第13図　稲付城縄張図（S＝1/2500）

19−1　赤塚城址 （板橋区赤塚5−30〜35）　　　　　　　　地図4

別　　　名　城山、千葉氏城

沿革・伝承　赤塚城が記録に出てくるのは『鎌倉大草紙』だけであり、築城された時期は不明である。その後、享徳の大乱で敗れた千葉実胤、自胤兄弟が関東管領上杉氏の一族扇谷上杉氏を頼って下総より武蔵国に逃れ、石浜城（荒川区）と赤塚城を居城とした。この末裔である武蔵千葉氏は、後北条氏の支配下に入り、永禄2年（1559）ごろ成立の『小田原衆所領役帳』には江戸衆として位置付けられている。武蔵千葉氏は天正18年（1590）の小田原城開城により、所領が没収となり、赤塚城も廃城となったとされている。

赤塚城跡付近の調査は、昭和20年代に瀧澤浩氏や酒詰仲男氏、昭和30年代には吉田格氏によって行われているが、その多くが縄文時代の貝塚に関するもので、中世の城に関する資料の記載は見当たらない。

昭和63年（1988）より平成2年（1991）にかけて、赤塚城跡遺跡予備調査団（団長　西ヶ谷恭弘）による赤塚城跡に関する調査が実施された。調査の内容は、区立郷土資料館建替えに伴う敷地内試掘調査、現状地形の測量とその推定縄張り図の作成、地下レーダー探査と電機探査による地下埋設物物理探査、歴環境調査、文献資料など、縄文時代以降中世にいたる総合調査である。

遺構・考察　赤塚城跡は荒川の沖積地を北に望む台地上に位置している。台地の東西には谷が深く入り込んでおり、東西のやせ尾根状の両台地が張り出しているため、沖積地への開口部を狭くしている。北側の台地下には湧水が集まった「溜め池」があり、現在は区立郷土資料館、区立美術館が建てられている。

赤塚城については、赤塚城跡遺跡予備調査団の調査資料をもとに、『板橋区史　資料編1』において遺構推定図が提示され、解説が加えられている。それによれば、城の区域と考えられるのは南北約250m、東西約200mの範囲である。三つの曲輪に分けられ、曲輪1と曲輪3の間には小さな谷が入り込んでいる。

次に、城の各曲輪については、現在も台地の縁辺に認められる北側から西側にかけて走る空堀状の窪地とその外側にある土塁状の高まり、そしてレーダー探査、電機探査に現われた落ち込みから、都立赤塚公園広場部分に相当する曲輪1は周囲に幅約5mの空堀がめぐり、その南に続く曲輪2とは幅約12mの堀切で区画されていたと考えられている。この堀切部分については試掘調査が実施されているが、その存在は確認されなかった。曲輪1の範囲は東西約80m、南北60mである。

曲輪2は現在梅林がある部分に相当し、南側と西側に深く小さな谷が入り込んでいる。南東部の斜面には腰曲輪の存在も推定されている。また、曲輪2の西側に位置する曲輪3とは南北の堀切で区画されていたと考えられている。範囲は東西約50m、南北約100mである。

曲輪3には「出口」という地名が残っており、西側の谷に面した斜面には南北に空堀が走っていたと考えられている。曲輪1と曲輪3に挟まれた小さな谷の斜面部分は、切岸という斜面をさらに急角度に削る方法がとられていたと考えられている。ただし、曲輪3と外部を区画すると考えられる東西に走る堀切等の存在については不明確である。範囲は東西約150m、南北約200mである。

曲輪2の谷を挟んで東京大仏で著名な乗蓮寺がある。境内に千葉氏が勧請したといわれる祠があったことから二の丸の位置と伝えられてきたが、現在では外構等の別施設と考えられている。

台地下にある溜池が水郷であったか、単なる湿地であったかは不明である。

このように、赤塚城跡に関しては史料にその存在が確認されるものの、曲輪を区画する堀切、空堀の存在については地下レーダー探査、電機探査のデータをもとに推察されたものであり、発掘調査によって確認されたものではない。このことから、城の構造については推論の域を出ない。

第14図　赤塚城址縄張図（S＝1/2000）（試堀調査地：矩形の太線内）

19−3　沖山の塁（板橋区四葉2−16〜18、21） 地図4

沿革・伝承　平成2年、沖山遺跡では、四葉地区の区画整理事業に伴う調査が板橋区四葉遺跡調査会によって一部実施された（四葉遺跡B地区二）。また、沖山遺跡の中心にある都立赤塚公園部分については、昭和62年、63年、平成2年、3年の4回にわたり、都立赤塚公園（四葉二丁目周辺）遺跡範囲確認調査会によって試掘調査、物理的方法による探査が行われた。

遺構・考察　沖山遺跡は北に荒川によって形成された沖積地を望む台地先端部に位置する。台地先端部の平面形状は一辺が約150mの三角形を呈しており、北側は急斜面の崖、東西両側には沢が入り込み、南側は幅の狭い馬の背状の地形となっている。

発掘調査が実施された四葉遺跡B地区二においては「犬走り遺構・帯曲輪」と呼称される段切り状遺構が約16mの長さで、それに沿うように約1〜21mの間隔で柱穴が7基発見されている。遺物は常滑系甕の破片が出土している。

都立赤塚公園部分台地上の北側および東側には、現在、空堀がかなり埋没しているのが確認できる。規模は、北側では幅7〜8m、東西に長さ約120m、東端において屈曲して東側は約25mの長さである。深さは最大約1.5mである。なお、東側の空堀の延長上には、台地の縁に堀のラインと考えられる段が認められる。堀は、東端に近い部分で斜面に対して縦掘りとなって斜面を下っている。長さは約40mである。台地の下の段にも東西に走る溝の痕跡が認められ、関連施設の可能性がある。これらの空堀や溝については発掘調査が実施されていないため詳細は不明である。

台地上には試掘坑が設定され、調査が行われたが、城の施設に関連する遺構は発見されていない。また、中世に類する遺物も出土していない。

現況の測量図からは城郭の施設の可能性が考えられる。しかし史料はなく、発掘調査も実施されていないため、現在、断定することはできない。

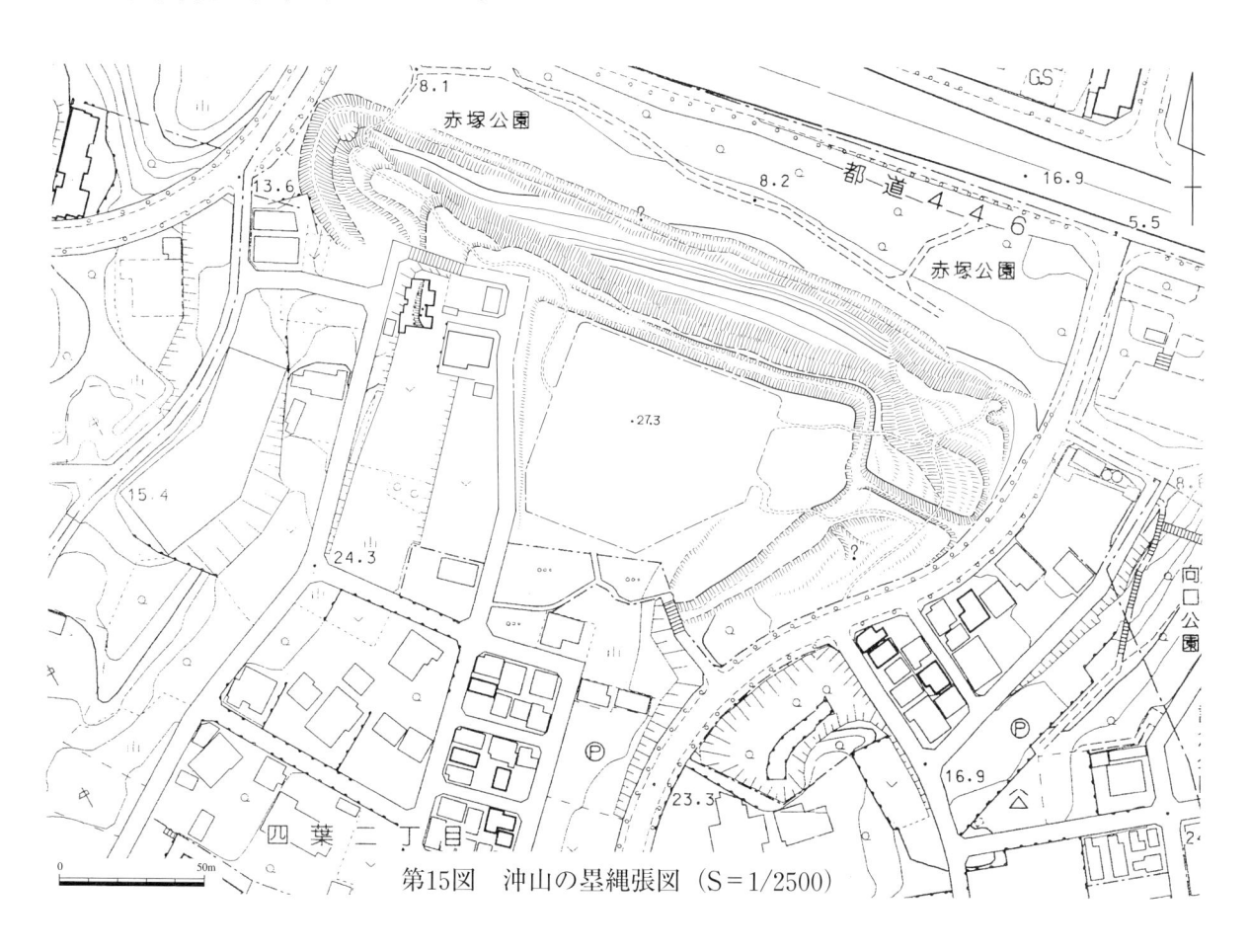

第15図　沖山の塁縄張図（S＝1/2500）

19－4　志村城址 （板橋区志村2－16〜20）　　　地図4

別　　　名　志村城山、千葉城、篠田城
沿革・伝承　『吾妻鏡』に板橋区志村地方を支配していた武士の名として志村氏があり、志村城址の一角に立つ熊野神社は社伝によれば、長久3年（1042）に志村将監が紀州熊野より勧請したものといわれている。その後、千葉信胤の志村城入城により、千葉氏の勢力化に置かれたとされているが、明確な史料はなく、具体的な城に関しては不明である。

遺構・考察　遺跡は荒川を北に望み、西・南側には荒川の支流である出井川が回りこむ東西に長い台地上に位置する。発掘調査は4地点において実施されたが、志村城址の構造の一部と考えられる遺構は発見されていない。

　平成元年発行の『荒川区史』編さん事業に伴い、石浜城調査団（団長　西ヶ谷恭弘）によって行われた調査から城の構造が推察されている。それによれば、城の範囲は現在の城山通りと御成塚通りに挟まれた部分で、志村2－12付近に城域を区画する堀切が南北に存在していたと考えられている。推定される城の大きさは南北200m、東西450mである。

　城内は二つの堀切によって三つの曲輪に区分されている。曲輪1に相当する部分は平成9年から平成10年にかけて発掘調査が実施されたが（志村城山遺跡第4地点）、中世に関する遺構は発見されていない。

　曲輪2とされる熊野神社、志村小学校、城山幼稚園（志村城山遺跡第1地点）のある部分とはかぎ状に屈曲した堀切よって区画されている。熊野神社の西には空堀と土塁が現存しているが、調査が行われていないために詳細は不明である。堀幅は約15mである。

　曲輪3では2地点において平成3年から平成5年にかけて発掘調査が実施され（志村城山遺跡第2・第3地点）、第3地点においては中世の遺構として段切状遺構、地下式坑5基、火葬施設7基、建物跡、竪穴式住居などが発見されており、龍泉窯系陶器、同安窯系陶器、北宋銭などが出土している。

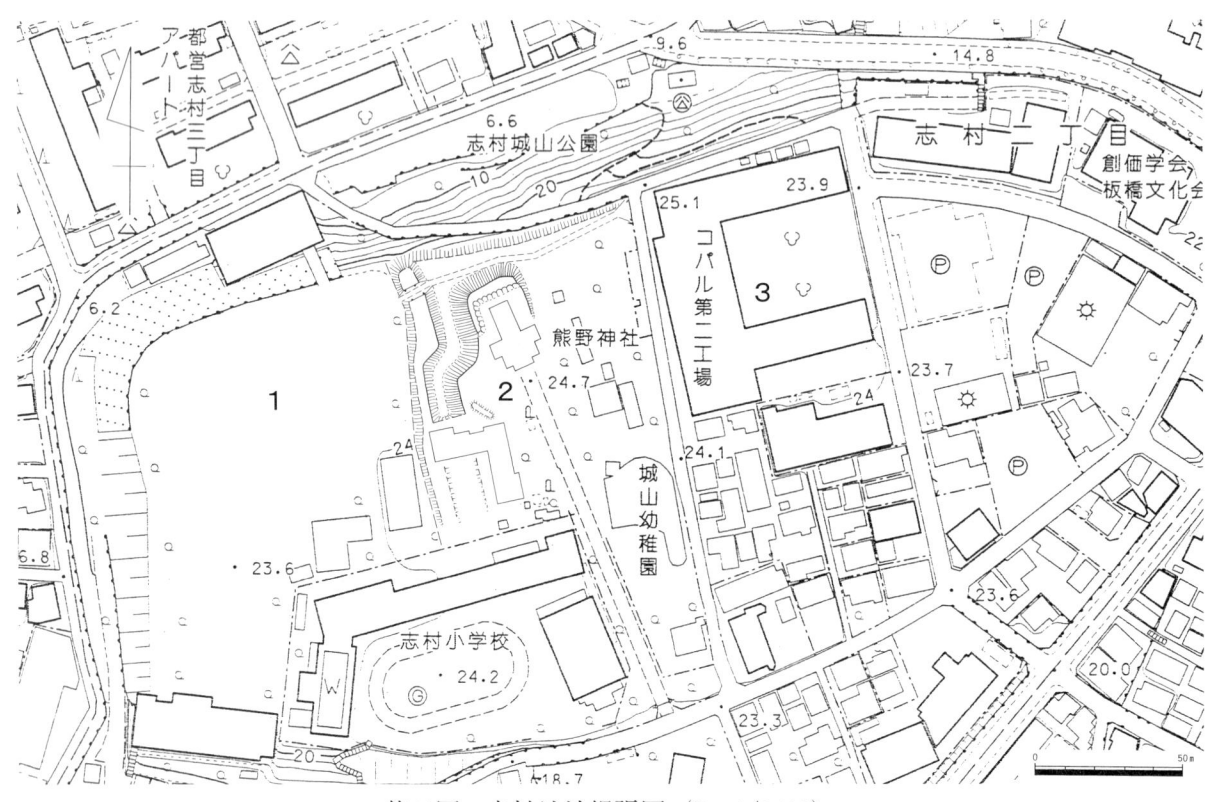

第16図　志村城址縄張図（S＝1/2500）

19-6　徳丸石川遺跡（板橋区徳丸5-24）　　　　　　　　　　地図4

沿革・伝承　徳丸石川遺跡ではこれまで五ヶ所で調査が実施され、畝堀が発見されたのはD地点である。

昭和61年（1986）5月の区画整理に伴う道路拡幅工事の際に、道路露頭断面にV字状の溝の断面が確認された。その後、同年の7月には集合住宅建設に伴う造成工事によって溝が削られようとしているとの通報があり、板橋区教育委員会が調査を実施した。

遺構・考察　遺跡は荒川の支流である前谷津川を南に望む標高約15mの台地上に位置する。発掘調査の結果確認されたのはL字状に曲折する溝一条である。確認できた畝堀の規模は、南北方向に12m、東方向へ30mであるが、東方向の大部分の残存状況は悪い。

堀の幅は上端で最大5m、下端の底では70cm前後で、壁面の立ち上がる角度はおよそ45度から54度である。確認面から堀底までの深さは最大で3mあり、この堀底に約2mから3m間隔で高さ70cmの畝が設けられている。畝の大きさは下幅1mから1.2m、上幅約20cmで、断面は三角形である。

堀の覆土は大別すると2層に分けられる。下層が主に関東ロームを多量に含む層で、遺物を含まない層である。一方、上層は黒色土で、多量の縄文時代後期・晩期の土器・石器が含まれている。また、中世の陶器および自然遺物もこの層から出土している。土層の堆積状況から下層は自然堆積、一方で上層は人為的な埋め戻しによるものと考えられる。

自然遺物は、小形日本在来種のウマ二頭分の頭部・脚部の一部分と、淡水産のシジミ貝、魚骨、シカ骨が出土している。

中世遺物は、瀬戸・美濃系の陶器皿、常滑焼甕、瓦質陶器の破片である。瀬戸・美濃系陶器は灰釉皿で、おおむね16世紀中葉から後半のものと考えられる。

発見された畝堀に関する文献は見出せないが、徳丸石川遺跡が位置する徳丸の地は中世には赤塚郷に属し、後北条氏系統の千葉氏の館跡、もしくは城跡の一部と考えられる。

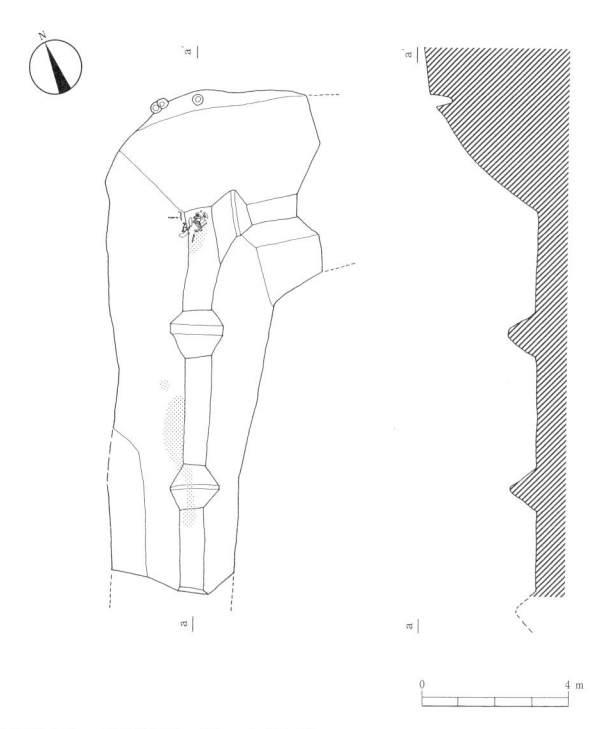

第17図　徳丸石川遺跡調査位置図・遺構図（S＝1/200）

19−7　舟渡遺跡（板橋区舟渡1−17、2−6）

地図4

沿革・伝承　東北新幹線工事に伴い、昭和58年（1983）5月〜昭和59年（1984）7月にかけて東北新幹線赤羽地区遺跡調査会よって発掘調査が実施された。舟渡遺跡では現在までに4地点において発掘調査が実施されており、第3、第4地点においても中世の遺構や遺物が発見されている。

遺構・考察　舟渡遺跡（第1地点）は荒川右岸の自然堤防上に位置し、標高は海抜約3mである。現在では北を荒川、南は新河岸川によって挟まれた地区となっている。

発掘調査によって確認されたのは、コの字状の外周溝とその内部を区切る溝で、中世の方形館跡と考えられる。全体の形状は方形または長方形と考えられるが、大部分は調査区の西側に広がっているために不明である。

外周溝は薬研堀あるいは箱薬研堀で、幅は約3m、深さは約1.4mである。また、内部を区画する溝は、最も北側の溝が箱薬研堀で幅約1.6m、深さ約1m、そのほかの溝はU字状の断面形で、おおむね幅は約1.5m、深さは40cmである。

区画内部には、台状の平坦部や一段低くなったテラス部があり、平坦部からは数条の溝や井戸・柱穴群が発見されている。

遺物は、外周溝からは延慶年間（1308〜1311）、正中3年（1326）、建武4年（1337）、康永4年（1345）、応永年間（1394〜1428）の紀年銘を持つ板碑が出土している。また、南側のテラス部からは北宋時代の元豊通宝（初鋳1078年）が3枚重なった状態で出土している。このほかに南宋龍泉窯系の青磁碗、瀬戸・美濃系陶器（古瀬戸四耳壺）、渥美系陶器、常滑系の甕などが出土している。自然遺物としては、ウシ・ウマの歯や骨が出土している。

第3調査区の南側で発見された土坑は、径約1mの円形で深さは72cmである。成人と推定される火葬骨が出土している。

舟渡遺跡に関する文献は見出せないが、舟渡という地名は中山道の渡し場であったことに由来する。この地が交通の要所であったことから、それに関する館跡等の施設であったと考えられる。

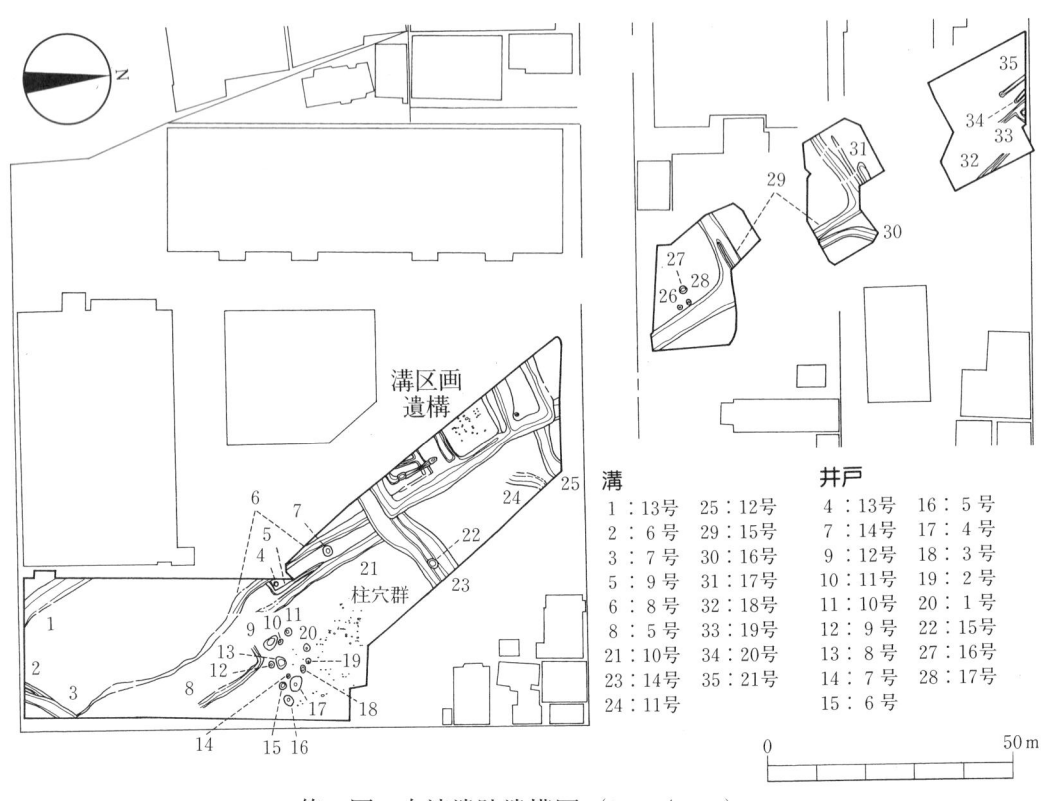

第18図　舟渡遺跡遺構図（S＝1/1500）

20－2　池淵遺跡（練馬区石神井町5丁目）

地図8

沿革・伝承　『風土記稿』巻之十三・豊島郡之五・上石神井村「石神井城跡」に、「広サ東西六七丁南北三丁許」と記載される。現在石神井城跡がある東西に長い舌状台地の全体を城として記しており、「三郎兵衛泰景」を築造城主と記す。昭和31年（1956）、榊原松司氏らの石神井城跡縄張り調査による石神井城東限を区切る遺構の発見から、舌状台地の先端部にあたる池淵遺跡範囲は城の範囲外と認識されるようになった。

　池淵遺跡における中世遺構の発見は、大場磐雄氏らによる昭和47〜48年の発掘調査による。調査は区立運動場建設工事に先立ち約14,000㎡を対象に実施、中世の区画溝が検出された約7,000㎡の範囲は、区立池淵史跡公園として埋め戻し保存されている。さらに昭和62年の下水道管敷設に先立つ調査でも中世の溝と13世紀代の陶磁器片が出土している。

遺構・考察　遺跡は石神井城跡の東側に広がる。旧石器、縄文、弥生、古墳、中世の遺跡として周知され、縄文中期、弥生末〜古墳初頭の竪穴住居跡などが発掘調査で検出されている。石神井城が占地する台地は、北が三宝寺池、南には石神井川が流れ、三宝寺池から流れ出る流路（現在は人口池）が石神井川と合流する位置にある。中世の溝が調査により確認されているのは、石神井城跡東限から約100m、台地の先端部からは150mほど西側までの範囲である。

　昭和47〜48年の発掘では、上幅4〜5m、深さ0.5〜0.8m、断面U字状を呈する溝が検出され、約700㎡と約1400㎡の二つの方形区画a・bを形成していた。西側の土地は調査時に削平されているため、区画溝の一部は検出されなかったと推定され、この調査地点では三つの方形区画が東西に一列に並んで一つの区画単位を構成していたと推定された。

　さらに、東側にも区画溝(c)の一部が検出されている。また、昭和62年の調査でも、北側の道路部分に同様の溝dが検出されており、少なくとも三単位の区画溝があったものと推定される。13世紀代から18世紀までの陶磁器類が出土しており、区画溝の時期は特定できないが、石神井城と関連する初期の防御施設または居館遺構の可能性を考慮する必要がある。

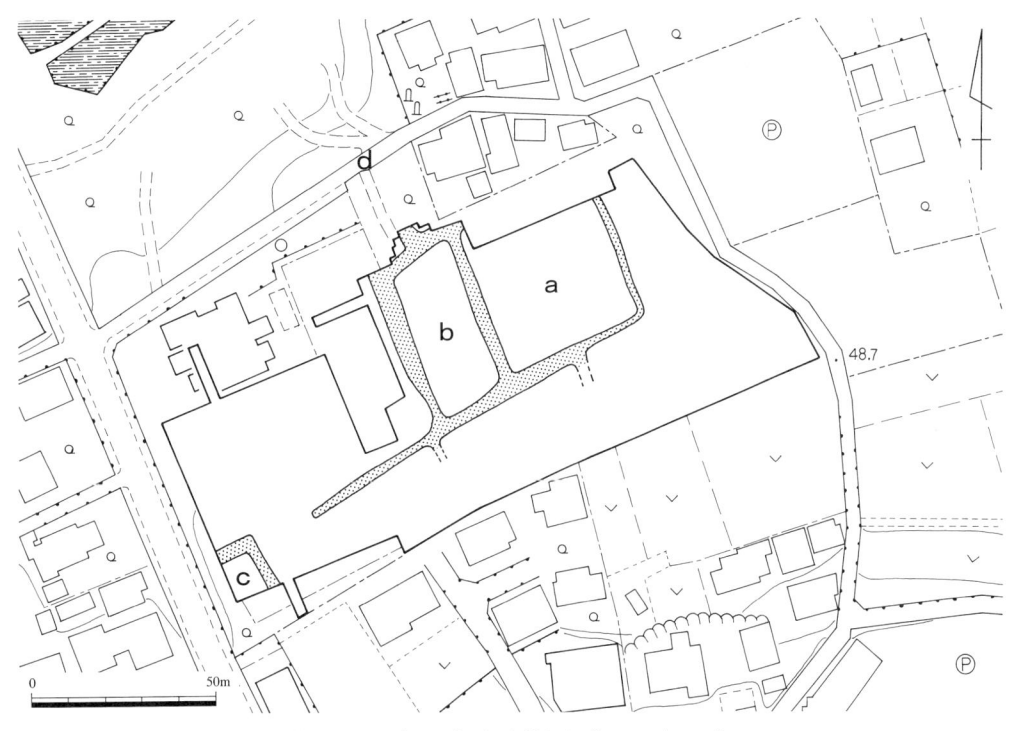

第19図　池淵遺跡遺構図（S＝1/2000）

20-3　石神井城跡（練馬区石神井台1丁目）　　地図8

沿革・伝承　『太田道灌状』に、長尾景春の乱に際して、道灌の石神井城攻め、豊島宗家没落の経過が伝えられる。石神井城は石神井郷を相伝していた豊島宗家の豊嶋勘解由左衛門尉の城で、文明9年（1477）、江古田原・沼袋での道灌との戦いで勘解由左衛門尉は石神井城に敗走、道灌は城を囲み、勘解由左衛門尉は北区の平塚城に逃れ、石神井城は落城した。『道灌状』ではこの際に「外城」を攻め落とすと記し、内郭と外郭の二重構造を示すものとされている。『風土記稿』巻之十三・豊島郡之五・上石神井村には「石神井城跡」の項があり、三郎兵衛泰景が城を築き、泰景が没した後、左近太夫景村が元弘年間に遺跡（城）を継いだとされる。落城の記載は城主を「勘解由左衛門泰経」とする以外は『道灌状』の記載を引く。

　豊島氏は平安時代から武蔵国で勢力を誇る平姓秩父氏の一党で、豊島郡が勢力の中心であった。北区豊島付近の荒川低地から石神井川を遡り、鎌倉後期に石神井郷を相伝し、南北朝期には武蔵豊島氏の宗家は石神井城を居城とし、領域支配をしていたと考えられる。石神井城は石神井川の水量の多くを供給する三宝寺池湧水を見下ろす台地に築かれ、流域の豊島氏の城として最上流にある。

　石神井城跡は昭和31年（1956）の縄張調査後、翌年から数度にわたり発掘調査が行われ、城の範囲や空堀の規模などが確認されている。また、杉山博氏の『豊島氏の研究』をはじめとして、峰岸純夫氏ほか『豊島氏とその時代』など多くの研究が発表されている。

遺構・考察　三宝寺池からの流れと石神井川の流れが台地を侵食し、二つの流れが合流する地点を先端とする標高約49mの舌状台地に築かれている。城の南北は侵食による比高7m程の崖線が要害となっている。『大系』によれば、西は約270mに及ぶ台地基部を南北に貫通する空堀aと内土塁、東は台地が狭まった地点に約150mの空堀bを築き防御施設としている。西限の堀は昭和28年までは北側に土塁とともに痕跡が認められた。この堀では昭和32年調査で2箇所のトレンチ調査が行われ、上幅9m、底幅1m程度、深さ3.65mの箱堀が確認されている。東限の堀は前年の縄張調査で確認されたもので、発掘調査で確認されたものではない。縄張図では東限の堀と主郭とされる郭の堀が連続している。主郭部は現在、都立石神井公園内にあり、堀と土塁の旧態をよく残している。主郭1は上幅11.7〜12.5m、底幅推定で2.9m、深さ約6mの箱堀で二方c・dを囲む。内郭部は約50m四方の平坦面を有するが、緩く東へ傾斜し、東側は隣接の住宅建設により削られ、崖となっている。内郭からは3基の地下式横穴状遺構と柱穴と考えられるピット群が検出され、14世紀から18世紀までの陶磁器片などが出土している。主郭から西限の堀までは約200mあり、平坦面が続くが、明確な堀や郭は検出されていない。昭和32年（1957）の調査では主郭の西、氷川神社地を囲むように小規模な溝が検出され、方形郭と報告しているが、最近の地中レーダー調査では明確にならなかった。主郭と西限の堀までの平坦面では昭和48年に石神井台一丁目遺跡の調査eが行われている。掘立柱建物跡と考えられるピットや小規模な溝、井戸跡が検出され、16世紀以降を主体とする陶磁器類が出土している。

　東限の空堀が後世の地業により不明であるが、三方は自然要害を利用した防御とし、最も奥に堅固に構築した主郭を配する。主郭前面から西限までは平坦面で広い空間となっている。その防御施設は一条の単純な空堀と土塁を配するという構造であり、戦国期の城郭に類する多重の郭は認められない。練馬城とも類似する構造であり、『道灌状』に記載される「外城」が広い平坦面を意味するとすれば、「主郭＝内郭」と「平坦な空間＝外郭」の二重構造であることは明らかである。ただし、平成10年からの主郭空堀調査の結果、底面は外側から人為的に埋められたことが土層から明らかとなり、『道灌状』の「要害を崩す」、「外城を攻め落とす」のいずれの行為を示すかは不明であるが、内郭の生活関連遺構、遺物の僅少さとあわせて「外城」に対する「内城」を平坦面とするか、郭外の居館域（池淵遺跡か？）を含めて考えることも必要であろう。

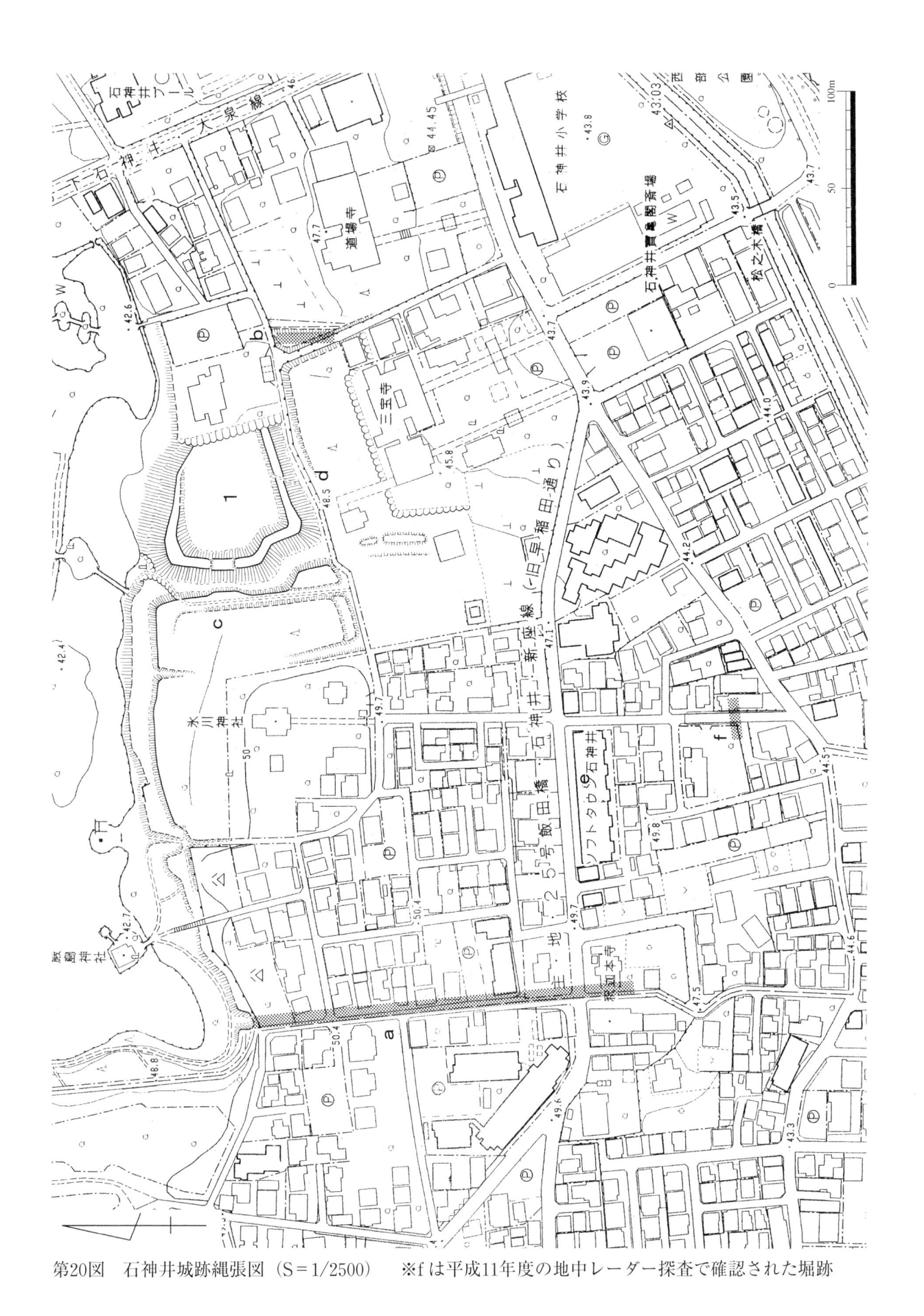

第20図　石神井城跡縄張図（S＝1/2500）　※fは平成11年度の地中レーダー探査で確認された堀跡

20－6　練馬城跡（練馬区向山3丁目）

地図5

別　　名　豊島城、矢野山城

沿革・伝承　『太田道灌状』に豊島宗家の豊嶋勘解由左衛門尉と弟平右衛門尉の城として初出。『風土記稿』巻之十三・豊島郡之五・上練馬村の項に「練馬城趾」として記載、『道灌状』の石神井、練馬城攻略を引用した記述とともに、豊島氏没落後は「又或説ニ海老名左近ト云者ノ居城ナリ」、「寛永年中開墾シテ平地トナレリ」と記されている。明治7年（1874）の『東京府志料』では、石神井川に面する堀と土塁の方形主郭から南側に212間、東西は湧水で侵食された小支谷に挟まれた範囲の149間を城として略図を所収している。『大系』口絵には昭和2年（1927）の主郭部（現在の豊島園プール）土塁の写真が掲載されている。昭和54年、主郭東北隅を豊島園の通路整備工事時に応急調査を都が実施、空堀の底幅1.7m、上幅5m程度、深さ3m程度であることが確認されている。昭和63年にはプール増設工事に先立ち、内郭部分と空堀と虎口の一部が調査された。

遺構・考察　石神井川右岸の平坦な台地上に築かれた城で、北は石神井川、東西は自然要害の小支谷で防御する。南の防御施設は不明である。豊島園内の主郭は発掘調査等で明らかとなっている。主郭の南側平坦面の遺構分布は不明である。主郭は約100m四方の方形郭で、北側の石神井川に面する崖線を除く三方に空堀を巡らし四方を土塁で囲む。堀は箱堀であるが場所により規模は一定しない。内郭には明確な建物跡が検出されず、中世の遺物出土量も僅かであった。虎口は角馬出構造で、狭められた堀に土橋が構築されていた。

主郭以外の範囲では、住宅等の建替え時の調査を行っているが中世遺構や遺物が確認されず、郭の存在も現時点では肯定できる資料はない。箱堀と土塁で囲まれた堅牢な郭と平坦で広い外郭で構成することが特徴的であり、石神井城と共通する点がある。伊禮正雄氏や齋藤慎一氏が指摘する「居館・堀の内」問題からの戦国期前の過渡的形態であるのか、『道灌状』に記す「対城」からの戦時築造遺構として把握すべきか、議論の分かれるところであろう。

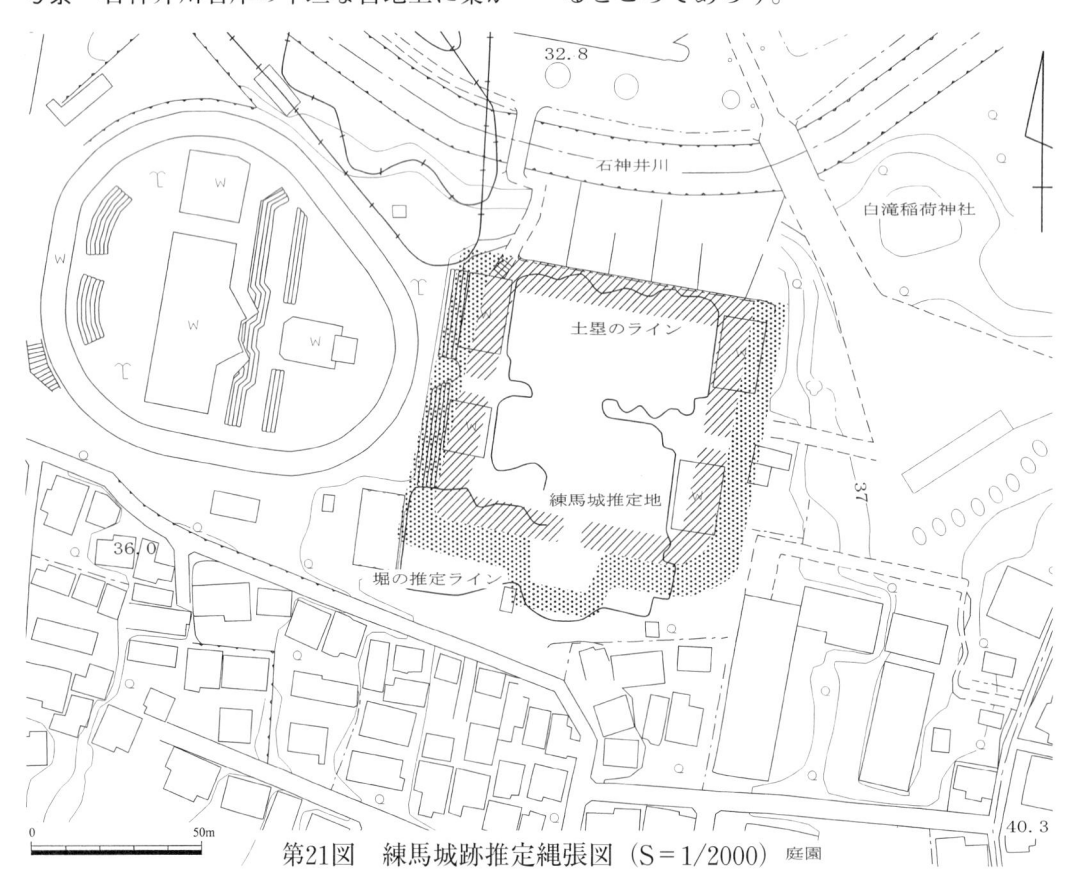

第21図　練馬城跡推定縄張図（S＝1/2000）

21－3　中曽根城址（足立区本木2丁目）

地図2

別　　名　千葉城

沿革・伝承　中曽根城については、『風土記稿』足立郡淵江領本木村の条で小名中曽根に千葉某の城跡と云う所に外構の堀と土居が残ることと、当該城跡は享徳の乱（1454）後に上杉氏さらに北条氏に属して豊島郡赤塚と石浜を拠点とし、永禄の頃から淵江を所領した千葉氏の城跡と記している。

遺構・考察　中曽根城の所在地については、『風土記稿』の記載に従って、城の鎮守であった妙見社の地に建つ中曽根神社付近とされてきた。

平成8年に中曽根神社東方約60mの地点で、北北東から南南西方向に延びる上端幅約7m、深さ約1.2mの断面形が逆台形を呈する堀跡aが発見され、掘り直しされていることと、堀に架け渡された橋の橋脚の存在が明らかになった（註）。

この成果を踏まえて、平成12年度に本事業において、周辺地の地下レーダー探査を実施し、図示した郭と堀跡が推定された。中曽根神社を中心とする内郭1と内郭を四周する郭2を中核とし、西側と南側は矩形を基本とする郭3等が連接し、東側の外縁は自然地形に沿うように割された大きな郭4等が配されている。発掘調査された橋脚は、郭2と郭4を繋ぐ橋梁の可能性が高い。

地下レーダー探査に基づく推定ではあるが、北西側の沖積微高地に続く西側の郭が防御を考慮し複雑に割されていることと、『風土記稿』で北西側に「小屋の内」の伝承地を記していることから、西側が大手口に該当することが予想される。

また、中曽根城は東京東部低地に位置することから、各郭を割する堀は排水の必要上連接し、最終的には隅田川（旧入間川）に連なり、当時堀が交通・交易に利されていた蓋然性も見逃せない。

なお、発掘調査では文明12年（1480）の紀年銘をもつ板碑や、井戸跡から16世紀後半頃の陶器・カワラケが出土しているが、城が機能した当時の資料ではないと報告されている。限られた調査範囲からの出土資料であり、今後の発掘調査資料との比較、検討が必要である。

（註）佐々木彰　等　1997「足立区中曽根城」『東京都遺跡調査・研究発表会22発表要旨』東京都教育委員会

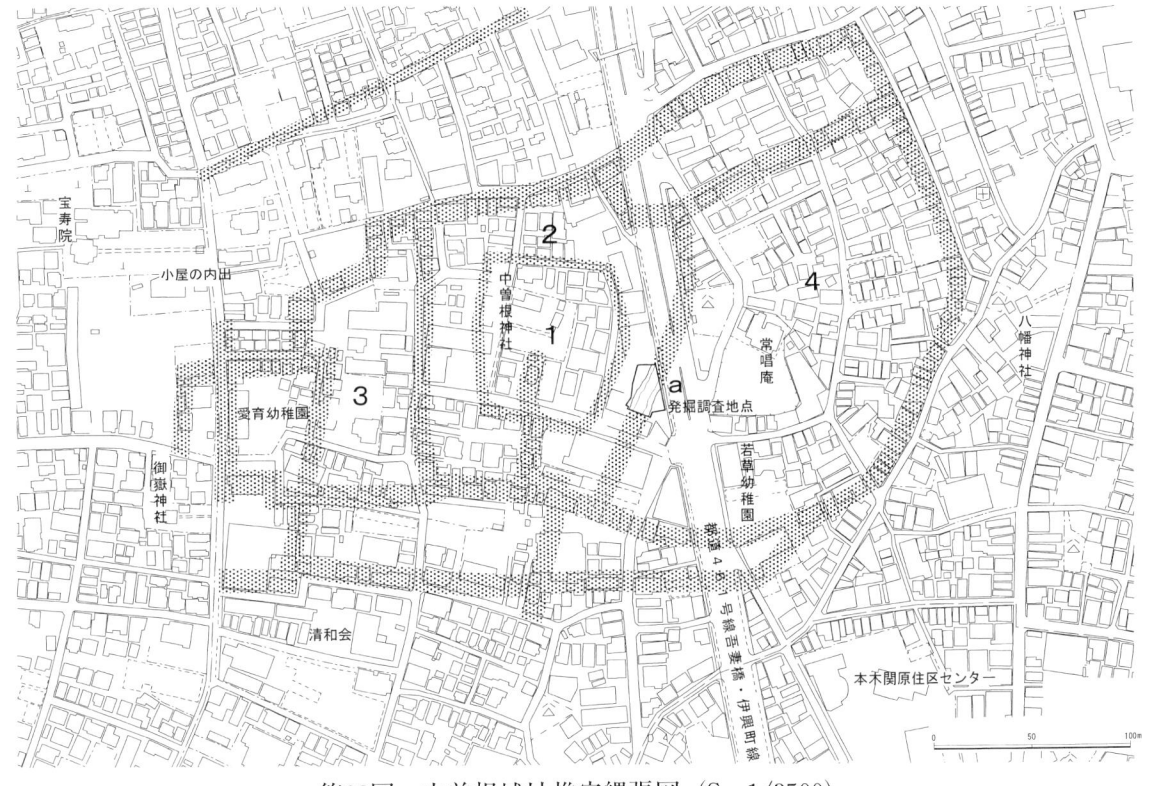

第22図　中曽根城址推定縄張図（S＝1/3500）

22－2　葛西城址（葛飾区青戸6〜8丁目）

地図2

沿革・伝承　『風土記稿』「巻二十三　葛飾郡之四　西葛西領本田筋　青戸村」の項に、青砥左衛門藤綱の館跡という地元の伝承を記した上で、諸書に見える後北条氏の遠山丹波守が守り、遠山弥九郎が在城した葛西城は後の徳川将軍家の御殿が築かれた当地であると紹介している。

　30年に及び関東を動乱に巻き込んだ、世にいう享徳の大乱の勃発により、利根川を挟んで関東武士は西岸に上杉・幕府勢力、東岸に古河公勢力が対峙する状況となり、関東は極度の軍事的緊張状態に陥った。武蔵野台地と下総台地の間に広がる東京低地は、江戸川を挟んで成氏勢力と睨み合う上杉氏の最前線となった。隅田川西岸の江戸城に太田道灌が入り、隅田川東岸は大石石見守が守備し、成氏の動きを牽制していた（『太田道灌状』）。寛正2年（1461）成氏が葛西城を攻めたとする記録（「大関増雄伝」）や、発掘調査によっても15世紀後半頃の堀跡が発見されており、葛西城は享徳の大乱前後に上杉方の葛西地域の軍事的な拠点として、青戸の地に築城されたものと考えられる。

　葛西城の最初の城主は武蔵守護代大石氏の一族大石石見守であるが、寛正3年（1462）から文明10年（1485）頃までの一時期、上杉方の千葉実胤が入城したともいわれている（「千葉系図」）。しかし、その後は再び大石氏が葛西城に入り、上杉氏の関東最南端の前線葛西の守備にあたっていた。大永4年（1524）、小田原に本拠を構える北条氏綱は、関東に勢力を張っていた上杉氏の内紛に乗じ、関東進出を企てる。太田道灌の孫で扇谷上杉氏の家臣となっていた太田資高の内通によって江戸城を攻略し、葛西に迫る。その時の緊迫した様子は、扇谷上杉氏の家臣三戸義宣が越後の長尾為景に宛てた手紙からも知ることができる（「三戸義宣書状」）。大石石見守が守備している葛西城へ敵が向かっている旨を伝え、三戸はもし葛西城が落ちれば「当国滅亡」と為景に援軍を求めている。葛西城及び葛西の地が利根川最南端の最前線となっており、上杉氏の領国経営のためにどれだけ重要な位置にあったかがうかがえよう。

　後北条氏の進攻に耐えた葛西城も、天文6年（1537）扇谷上杉氏の本拠川越落城の翌年、2月2日についに北条氏綱に攻略されてしまう。同年10月、下総へ侵攻してきた足利成氏の孫にあたる小弓御所足利義明と房州の雄里見義堯は、武蔵と下総の国境である現在の江戸川を挟んで国府台に陣取り、後北条氏と対峙する。葛西地域は、この第1次国府台合戦に勝利した後北条氏の勢力下に入るが、永禄3年（1560）、事態は急変する。長尾景虎（上杉謙信）が関東に出陣し、反北条勢力を結集して後北条氏の本拠地である小田原城下まで軍を進駐させる。これによって葛西城も反北条勢力の手に落ち、古隅田川周辺は岩付太田氏の勢力下となる。永禄4年（1561）、上杉謙信が越後へ退去すると、後北条氏の攻勢が開始される。葛西城についても、永禄5年（1562）4月24日、後北条方の太田康資が攻撃を指揮し（「太田家伝」）、葛西城は反北条勢力から後北条氏の手へと移る。

　その後、永禄7年（1564）に北条氏康と里見義弘は国府台で再び戦火を交えることになる。この第2次国府台合戦以降、葛西地域は完全に後北条氏の領国として、天正18年（1590）、後北条氏滅亡まで維持されていく。

　天正18年、20万を越える秀吉軍が小田原を目指して進撃を開始した。小田原城が秀吉の大軍に包囲されているなか、関東の後北条氏の諸城では激戦が繰り返され、次々に攻略あるいは開城させられてしまう。天正18年（1590）4月22日には江戸城は開城降伏するが、葛西城だけは孤軍奮闘していた。徳川家康の家臣戸田忠次の家伝によると（「戸田忠次家伝」）、江戸城をはじめ周辺の後北条方の城が開城降伏するなかで葛西城のみが降伏しなかったので、忠次が攻め落としたと記されている。葛西落城の正確な月日は不明であるが、おそらく4月29日前後と考えられる。

遺構・考察　葛西城が築かれたとされる15世紀中頃を境に、それ以前の14世紀後半から15世紀前半までを前期上杉氏時代、葛西築城後の15世紀後半から後北条氏が葛西城を奪取する天文7年（1538）の16世紀前半までを後期上杉氏時代と仮

に呼び分けることにする。

　前期上杉氏時代の遺物としては、瀬戸・美濃系施釉陶器や常滑系壺・甕類などが代表的なものとしてあげられる。遺構は、青戸七丁目29番第１地点の16号井戸や公園東地区の溝などの他にも、この時期の可能性のある遺構もあるが、現状では明確に判断し得るものは少ない状況である。

　次に、後北条氏進出以前の後期上杉氏時代における葛西城の構築物として、本丸を区画しているⅡ区Ｅ堀・Ⅱ区Ｂ堀に切られる幅４～８ｍ程度のⅡ区Ｂ堀をあげることができる。この他、公園東地区で確認された13号溝なども明確な時期を確定できないが、後北条氏進出以前の構築物であると考えられる。明確な縄張りまでは把握できる段階ではないが、次第に後期上杉氏時代の葛西城の遺構が、後の葛西城の本丸を中心として広がりをもつことが明らかになってきている。

　後北条氏時代の葛西城の縄張りは、発掘調査によって本丸とそれを取り巻く堀で区画された郭の広がりが南北約400ｍ、東西約300ｍの範囲で確認されている。そのまわりにも堀と推定される水路跡が展開しており、後北条氏時代の葛西城は、それまでの上杉氏時代の葛西城を大幅に手を加え、戦国の城としての体裁を整えていることが判明している。

　代表的な遺構としては、本丸を区画する幅18ｍに及ぶ巨大な堀が確認されてる。この堀は、前期上杉氏時代のものに比べると倍以上の規模となっている。土塁も構築されていた痕跡が認められており、土塁の上端部と堀の底との比高差も４ｍ前後を有していたであろう。堀幅の大幅な拡張は、鉄砲への配慮とも考えられよう。

　では、葛西城は天文７年（1538）の後北条氏の入部とともに、大規模な縄張りの変更があったと見るべきなのであろうか。おそらく後北条氏が天文七年に上杉氏の大石石見守から葛西城を奪取してから、永禄年間に敵方に奪われるまでは、葛西城は大石氏時代の城に大きく手を加えることは行わなかったのではないかと思われる。後北条氏は、天文７年（1538）に葛西城を奪取してから永禄年間に敵方に奪われるまでは、大石氏時代の城に大きく手を加えることは行わず、永禄５年（1562）

４月24日に後北条氏が葛西城を再び手中に入れた後に、敵に落とされた葛西城の縄張りを刷新し、対岸に交通と開発の拠点として葛西新宿を築くなど、城下の整備も行ったものと判断される。

　葛西城から発掘された遺物のなかに、後北条氏との関わりを示す資料が幾つか確認されている。葛西城の堀からは白い花を付ける観賞用のヒコサンヒメシャラの種子が出土している。この花は箱根など小田原以西にしか自生しないことから、葛西城に入った武将が後北条氏の本拠である伊豆・相模から運んで植えたものと考えられている。

　葛西城からは、ヒコサンヒメシャラの他にも、かわらけや漆器などに小田原との強い結び付きをうかがわせる資料が認められる。葛西城から出土した手づくねのかわらけは、在地の製品ではなく小田原から搬入されたものである。また、漆器に描かれた絵柄のなかには、小田原城出土のものと酷似したものがあり、底部に刻まれた印も同じようなものが認められる。このことは、塗り師などの職人が小田原と葛西間を行き来、あるいは製品が流通していたと考えられよう。葛西城内に小田原と同じ文物が城内に持ち込まれ、「小田原化」するのも、城及びその周囲が整備されたと考えられる永禄期以降のことととらえることができよう。

　最近、佐藤博信氏によって「古河公方足利義氏論ノート」（2002）が発表され、古河公方足利義氏が葛西城に天文21年（1552）から永禄元年（1558）の間、御座していたしていたことが指摘された。今後、出土遺物等の発掘調査の成果とこの問題について検討を加えていく必要がある。

地下レーダー探査と葛西城の範囲　葛西城の堀および縄張りについては、長年にわたる発掘調査や地下レーダー探査の結果、葛西城及び青砥御殿の堀は既存の道路や水路として姿を変えながらもその威容を今に伝えていることが明らかとなった。葛西城の占地する微高地などの微地形をとらえながら既存の道路や水路、それから字地名なども参考にして葛西城の主郭部を中心とした想定される堀と郭の状況図を示したものである。城域には、下水道が布設される前の昭和60年代までは水路がいたるところに残り、水路や道をたどることで郭の存在をイメージすることが出来た。丘陵部に構

えられた起伏の残る古城とは趣を異にはするが、水路の幹線沿いには老木の並木が茂るなど、それなりに歴史的な景観を醸し出していた。

レーダー探査が行われた旧字名「大手」の国道6号線の北側の付近であるが、レーダー探査によって指摘された旧流路のうち、北側と東西方向の旧流路は、「葛飾区周辺地形分類図」（大矢雅彦・春山成子 1988）によっても、その存在が図示されているもので、今回のレーダー探査でも再確認できたことになる。レーダー探査の報告では、「内水面交通の船溜りのような場所としても視野に入れる分析が可能」とされているが、レーダー探査で想定された旧流路が自然河道なのか、人工的な掘削によるものか、また自然河道に手を加え堀としたものなのか、現状では判断することができない。まして旧流路がいつの時代のものかも把握できない状況においては、葛西城もしくは青戸御殿との関わりを前提に、旧流路の性格付けを行うことは差し控えたい。今後の検証作業としては、明治・大正期の地図や地籍図をも参考にして吟味する必要があり、最終的には考古学的な手法で確認することが求められよう。

最近の調査によって堀の状況が少しずつではあるが明らかになってきている。以下、その一端を紹介してみたい。

①環七調査で主郭南辺の堀に折れ（横矢掛り）の構造が確認されているが、主郭西辺にも折れがあるらしい。（『葛西城ⅩⅩⅣ』2005）

②主郭北側の郭は環七調査のG堀によって北辺を区画されるが、このG堀からT字状に分岐する堀（青戸7－22第2地点1号堀）の存在が確認され、この郭は東西に二分されていたらしいことが分かった。1号堀は、環七調査のF堀が北側に分岐した堀につながっていると予想される。G堀は、これにつながる堀（青戸7－22第2地点2号堀）の南辺が前者の方が南側（主郭側）に食い込んでいることから、この堀にも折れの構造があったとみられる。また、2号堀では杭列と、しがらみ状の竹材がみられ、土橋が存在した可能性がある（『葛西城ⅩⅩ』2001）。

葛西城は埋蔵文化財の登録上、戦国期の城としての葛西城と近世の青戸御殿、そして葛西築城以前の御殿山遺跡とにわけて周知されている。つまり、葛西城の故地は、戦国の葛西城と、その後に築かれた徳川将軍家の青戸御殿と、それらの下に埋もれている御殿山遺跡という古墳時代前期の集落とが複合した遺跡である。葛西城の中核は、地番でいうと葛飾区青戸7丁目22番地に該当し、遺跡の線引きされた範囲は、北は国道6号線から宝持院付近、南は慈恵医科大学付属青戸病院付近に及ぶ。しかし、これはあくまでも城の中核部であって、城下は更に広域に及んでいるものと想定される。中川を隔てた対岸には葛西新宿も位置しており、葛西城の城下の広がりについては今後とも確認作業を継続する必要があろう。

平成19年には、環状7号線道路建設に伴い葛西城に初めて学術的なメスが入って、35年という歳月を迎えた。これを一つの節目として、今日までの発掘調査の成果を再点検し、葛西城縄張りの復元や出土遺物等について、その成果を提示していきたいと考えている。

参考文献

大矢雅彦・春山成子 1998「付図 葛飾周辺地形分類図」『「かつしか」専門調査報告書』葛飾区教育委員会

永越信吾編 2001『葛西城ⅩⅩ（青戸7丁目22番地第2地点）』葛飾区遺跡調査会

谷口 榮 2002「葛西築城とその終焉―葛西城から見た戦国期における葛西の動向―」『中近世史研究と考古学』岩田書院

伊藤博信 2002「古河公方足利義氏論ノート」『日本歴史』第646号 吉川弘文館

永越信吾編 2005『葛西城ⅩⅩⅣ（青戸7丁目21番地第2地点』葛飾区遺跡調査会

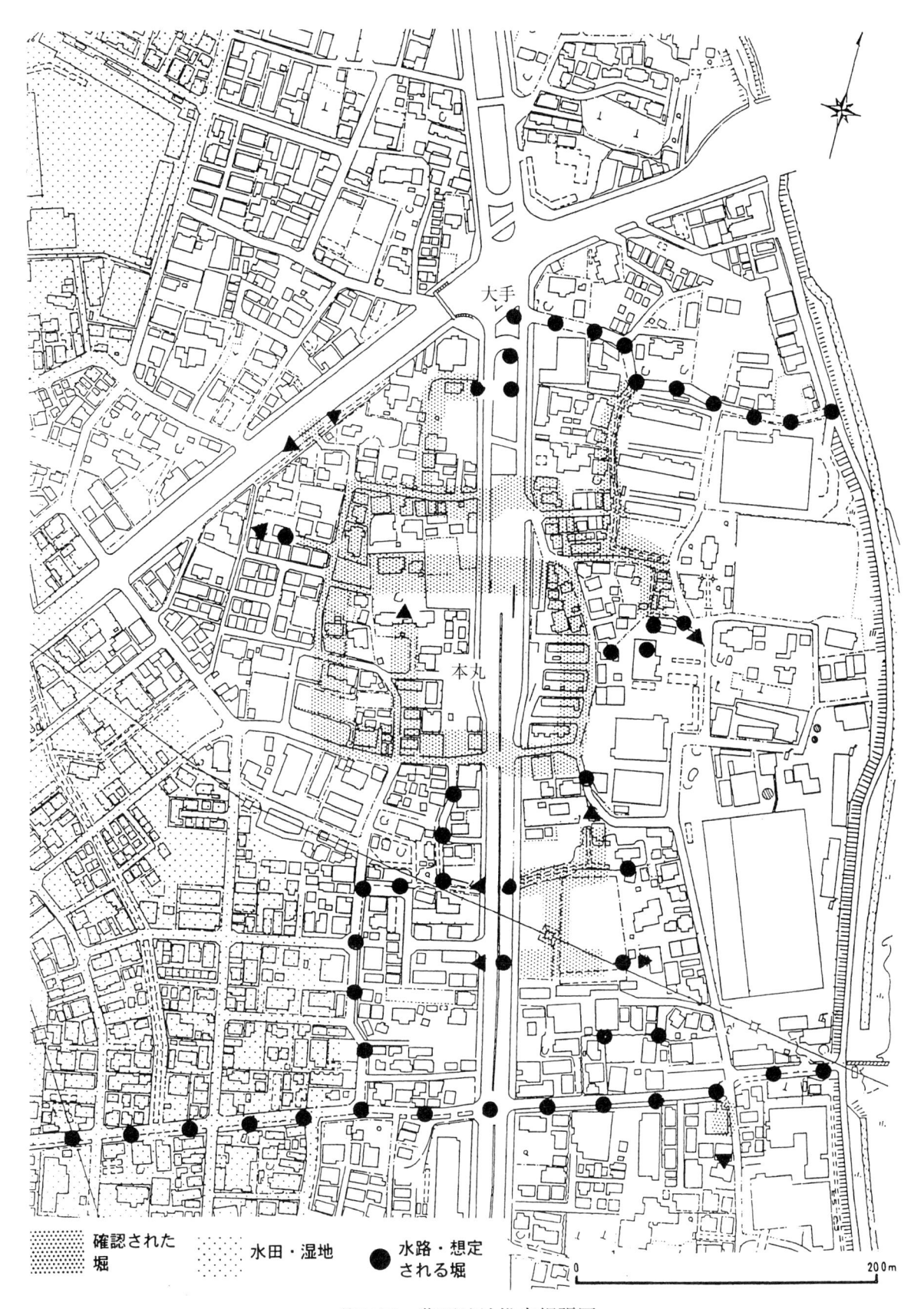

第23図　葛西城址推定縄張図

24－4　伝大石信濃守屋敷（八王子市松木911－1他）　地図11

別　　名　多摩ニュータウンNo.107遺跡・大石氏館跡

沿革・伝承　『風土記稿』多磨郡之九柚木領松木村の項に「大石信濃守屋敷跡　大栗川の南にあたる山のなだれなり、信濃守は郡中瀧山の城主にて、永禄のころのひとなりといふ」とある。また、同書多磨郡之九柚木領越野村の項に「開基大石信濃守宗虎墓、境内西の方にあり、五輪の石塔なり、宗虎は滝山の城主大石源左衛門定久が嫡子にて、初は内記と称せり、近郷由木に居館を構ふ、元亀二年六月八日没せり（後略）」とある。

大石氏の出自については、多くの研究が発表されているが、その基本資料は、『風土記稿』巻之九十七　多磨郡之九所収の伊藤家伝来「大石系図」に依っている。

発掘調査は昭和53・57・58・60・61・63年、平成元年に実施されている。

遺構・考察　本遺跡は、西側から張り出した丘陵の先端部にあたる。丘陵が西側から下ったやや平坦な箇所で一旦大きくくびれており、その東側は独立丘陵状を呈している。この独立丘陵状を呈する平坦な台地の範囲が、館跡（大石信濃守屋敷跡）の範囲と考えられている。

本館跡が所在する台地は、大栗川に面する北側及び東側は急崖になっており、南側には深い湿地性の支谷が入り込んでいる。

昭和63年及び平成元年の発掘調査は、上記館跡範囲の東側先端域を対象に行われた。この調査では、段切り・堀・溝で区画されている5段の遺構面（郭）で構成される館跡が検出された。最上段の郭は、西側を段切りとその下に廻る堀により、北側は急崖と堀により、東側と南側は堀（溝）により区画されている。南側の堀（溝）には、掘り残しの土橋があり、出入口施設と考えられている。本郭は主郭と考えられており、掘立柱建物跡などの遺構群が密に検出されている。

本郭の北側には、大栗川に突き出すように張り出た郭がある。この郭は4面を堀（溝）に囲まれており、2間×5間の大型の掘立柱建物跡が検出されていて、眼下の大栗川沿いに走る街道を監視する建物と考えられている。本建物跡については、堀（溝）との重複関係などから、時代が下った戦国後半期に、館の機能を強化するために構築されたと考えられている。

主郭の東側には、台地の最先端部を堀（溝）で区画した郭が、南側には一段ずつ低い郭が2面検出されている。

本主郭の西側には、100m×170mの広さを持つ未調査地区がある。地形図を見る限りにおいては、何段かに区画されているかのようにも見えるため、何らかの遺構があるのではないかとされ、郭の一つと位置付けられている。

出土遺物は、舶載磁器として13世紀末から14世紀初頭の青磁碗、白磁碗・皿が少数だが出土している。その多くは、15世紀末から16世紀代の青磁綾花皿、白磁皿、染付小坏・皿である。国産陶器には、瀬戸・美濃窯の穴窯製品として、縁釉小皿・折縁深皿・灰釉瓶子などがあり、大窯の製品として、天目茶碗・皿・擂鉢があり、大窯の製品が主体を占めている。土器では皿（かわらけ）がまとまって出土しており、焙烙なども伴出している。

本館跡の構築年代は、上記の出土遺物の年代から、15世紀末から16世紀前半と考えられている。また、廃棄年代については、16世紀末（1585年頃）と考えられている。

上記の発見された中世後半期の遺構・遺物群は、多摩ニュータウン地域の当該期の遺跡の中でも屈指の規模と内容をもつものである。また、これら遺構・遺物の検討を通じ、本館跡は「大石信濃守屋敷跡」に比定して大過ないものとされている。

本館跡の発掘調査された範囲は、発掘調査による記録保存の後、造成工事により煙滅しているが、未調査地区については現状のまま残されている。

第24図　伝大石信濃守屋敷遺構図（S＝1/1000）

24－5　小田屋敷跡（八王子市松木1,027他）　　　地図11

別　　　名　多摩ニュータウンNo.287・288・289遺跡

沿革・伝承　『風土記稿』や『武蔵名勝図会』によると、当地は北条氏照の家臣小田野（小田）氏が居住していた場所であるとされ、特に『武蔵名勝図会』では「小田屋敷跡」と紹介されている。

遺構・考察　多摩ニュータウンNo.287・288・289遺跡は、「小田屋敷」の伝承地を含む一連の遺跡で、総面積は32,400㎡に及ぶ。遺跡は多摩丘陵内を東流する大栗川と大田川に挟まれた沖積地と接する丘陵東端の緩斜面地に位置する。丘陵は小河川により南北に隔てられており、本遺跡はその南側を占地し、北側の平坦な台地には伝大石信濃守屋敷（多摩ニュータウンNo.107遺跡）が所在する。

発掘調査は昭和62・63年度、平成元年・2年度に実施され、堀や庭園を伴う建物群とともに、中世の遺物が出土した。

遺物には陶磁器・土器類の他、石製品（砥石・硯・石臼・板碑）などがあり、特に陶磁器には国産の瀬戸・美濃窯や常滑窯の製品の他、青磁・白磁・青花など舶載製品が含まれている。

陶磁器・土器を中心とする遺物の年代から、検出された遺構群の年代については、概ね14世紀から16世紀の間に求めることが可能であり、したがって検出された遺構群と伝承にある「小田屋敷」とは、極めて関連性が高いと考えられよう。

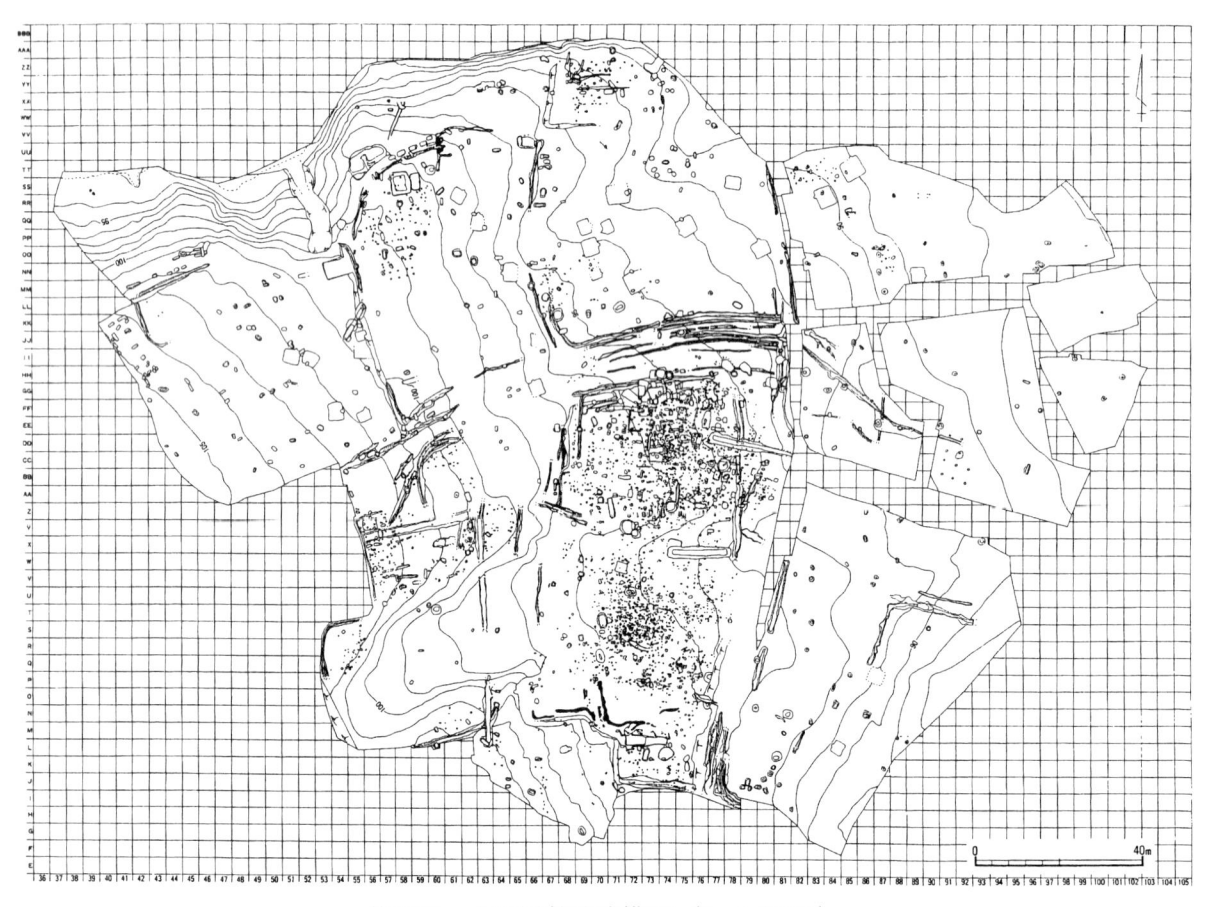

第25図　小田屋敷跡遺構図（S＝1/1780）

24－6　小田野城跡（八王子市西寺方町）

地図15

別　　　名　小田野館

沿革・伝承　『風土記稿』多磨郡之十六・由井領寺方村の条には特に記載がないが、『武蔵図会』は北条氏照の臣・小田野源太左衛門の屋敷跡が山上にあるとする。推定永禄4年（1561）3月12日付北条氏康判物写は「小田野との」へ宛てた感状で（『戦・北』680号）、「屋敷へ敵取懸候処、堅固遂防戦、敵十五人打取（ママ）験、津久井迄指越由、忠節無比類候」の文言が見える。これは、上杉謙信（長尾景虎）が小田原に侵攻した時期と重なるものの、この小田野氏の「屋敷」が当城を指しているかどうかは、不明である。調査報告書（註）および『多摩古城』は、八王子城の広域防衛体制の中で構築された、一種の出城との見解を示している。

遺構・考察　八王子城の北東2.3kmに位置し、西寺方町南部から弐分方町方面にのびる丘陵の先端部に占地する。丘陵の上面は1970年代に土取によって大きく失われてしまったが、その後の都道建設計画に際しては発掘調査が実施され、建設計画も変更されて遺構残存部分については保存措置がとられている。現在城跡は、公園や山林・畠となっている。

現状で明確に視認できる主な遺構は、北側の腰郭状の段築と東側の虎口状遺構dである。南側(c)については土取時の改変が及んでいるようにも見え、判然としない。ただし、八王子城方面へと接続する丘陵に対する明確な遮断施設は認めることができず、単独の完結した城郭としてはやや不自然である。主郭に相当する範囲が失われている現状で、上述した小田野氏「屋敷」に比定することの可否を判断するのはむずかしいが、現在見る遺構が八王子城防衛体制の中で構築された可能性についても考慮する必要がある。

（註）八王子市深沢遺跡・小田野城跡調査会 1981『深沢遺跡・小田野城跡』

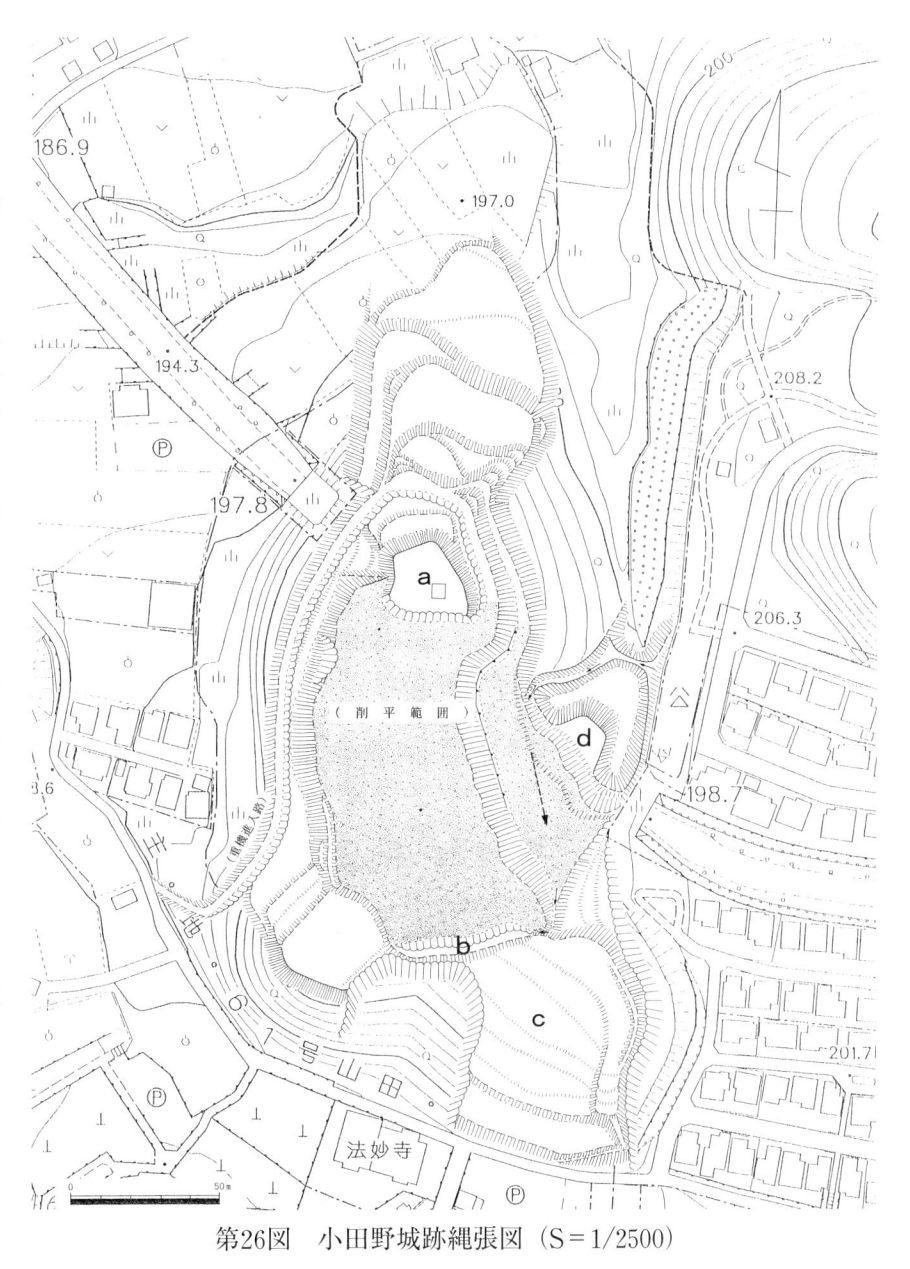

第26図　小田野城跡縄張図（S＝1/2500）

24−10　片倉城跡（八王子市片倉町）

地図15

沿革・伝承　『風土記稿』多磨郡之十五・柚木領片倉村の条では「古蹟・片倉城蹟」として、応永の頃に大江備中守師親が在城したこと、かつて城址から応永・永徳等の年号を刻んだ古碑（板碑か）が出土したこと、城の西方台地続きが大手で小高い平坦地に侍の屋敷町があったこと、等の所伝を記している。また城跡にある住吉社は片倉村の鎮守であるが、もとは大江氏の守護神であったと伝えている。『風土記稿』所載の「片倉村総図」には城跡の様子が描かれているが、地形の捉え方が巧みで遺構も現存するものとよく一致する。ただし、築城主体や年代に係る地誌の所伝については検証を必要とする。

城郭研究者の間ではすぐれた縄張を有する城として評価が高く、伊禮正雄氏らを中心に早くから後北条氏の築城である可能性が指摘されている。

遺構・考察　片倉城は小比企丘陵支脈の東端にあって、北は湯殿川、南は兵衛川（宇津貫川）に挟まれている。台地が続く西方を除く三方は、かつては沼沢地であった。城地の東麓を通過する国道16号線は古川越道とよばれ、北は八王子市街を抜けて川越方面へ達し、南は御殿峠（杉山峠）を越えて相模へ通ずる。また、開発により現在では道筋が変化してしまったが、以前は城地の南で古川越道と分岐して鑓水方面へ向かう道を鎌倉街道とよんでいた。永禄12年（1569）に侵攻した武田軍、天正18年（1590）の前田・上杉軍とも古川越道を通ったとされており、片倉城は相武間の交通の要衝に位置している。

城跡の中心部は現在公園となっており、一部は住吉神社の社地や私有地である。主要な遺構は残っているが、耕作や公園化に伴う土塁の取り崩しと堀の埋め立てなどがあり、細部を把握できない箇所がある。なお、第2次大戦中に軍の防空部隊が駐屯したが、置かれたのが対空聴音器だったため、大戦時の大規模な塁壕の改変は少ない模様である。

遺構は東西二つの曲輪1・2を中心に現存するが、台地先端に位置する東側の曲輪が主郭である。1・2間および2の西側は幅広の堀で遮断するが、両曲輪とも堀切に面して土塁を築き、土塁北端を張り出して櫓台としている。曲輪2から北方に突出する尾根支脈も、基部を堀で遮断する。主郭北直下の住吉社の建つところは現状では腰曲輪にみえるが、西側部分では縁に土塁が残っている。聞取りによれば、戦前に社殿が傾いて建替える際、地盤が軟弱であることが判明したとのことである。この腰曲輪部分は、本来は横堀だったと考えてよいであろう。曲輪1・2とも、横堀が全周していた可能性が高い。

虎口については現況では不明な部分が多い。もっとも明瞭なのは曲輪2南面の虎口で、両側に横矢の張り出しを伴い、土橋を渡った対岸は原初的な角馬出となっている。主郭南側の張り出し部分も虎口の可能性が考えられるが、この場合は横堀対岸の土塁上から木橋で出入りすることになる。曲輪1・2間の現在橋が架かっている箇所および2の西面は、現状で見る限り土塁で塞がっており積極的に虎口と認められる確証はない。ただし、『風土記稿』所載図はこの部分の土塁が切れているように描かれている。両郭とも土塁は後世の変形が著しく、この地点に虎口が存在したかどうかは現状からは断定できない。

この城の遺構で注目されるものとして、曲輪2の南西外側に存在する、周囲を堀で囲まれた櫓台状の遺構がある。この箇所は、先述の馬出から西方の台地に通ずるルートを制圧する位置にあり、独立した戦闘が可能な一種の堡塁と考えることができる。

この他、斜面の数箇所に竪堀またはその可能性のある窪みが認められる。また主郭北麓には土塁状の地形があって、台地下からの侵入を阻止する土塁または横堀が存在していた可能性も指摘できる。西方の台地上は基本的には自然地形であるが、南北に貫通している農道の北端部分が掘り窪められており、外郭線が存在する可能性もあるが、発掘調査等による確認が必要である。

全体としてみると、曲輪の配置は舌状台地を区切る直線連郭式であるが、導入系の技法は横矢掛りや馬出を駆使した高度なものである。現段階で

は、築城主体や年代を特定する材料が不足しているが、地誌が伝える応永年間の国人層による築城とは考えにくい。後北条氏の築城と見る意見の妥当性を含め、今後とも検討が必要である。

第27図　片倉城跡縄張図（S＝1/2500）

24−15　浄福寺城跡 (八王子市下恩方町)　　地図14.15.18.19

別　　名　案下城、千手山城、松竹城、新城

沿革・伝承　『風土記稿』多磨郡之十六・由井領下恩方村条の「寺院・浄福寺」の項では、大永年間に大石道俊（定久）が居城を構えており、同4年に上杉憲政の攻撃で落城して寺も焼亡したこと、大石氏は北条氏康に属したのち滝山に新城を築いて移ったこと、天正18年（1590）に前田利家が滝山城を攻撃した時、寺中不入旧領安堵の免状を授かったこと等を伝承している。ただし、記載されている人物・年代・地名が整合せず、これらの伝承は疑問が多い。

『武蔵名勝図絵』は永禄頃の大石憲重の居城とする。『八王子市史』は、大石定久が高月城の出城として築き、北条氏照に家督を譲った後隠居城としたとする。なお、城の南麓にある浄福寺は、大永5年（1525）、大石道俊・憲重父子の開基と伝えられ、古くは「千手山普門院城福寺」と称した。地誌類が伝える大石氏築城説は、こうした浄福寺の来歴を根拠として形成された可能性がある。

城郭研究者の田中祥彦氏（『多摩古城』）と八巻孝夫氏（『事典』）は、武田軍に備えた北条氏照の築城とみているが、斎藤慎一氏は近年になって氏照の初期居城との説を提起している（註）。このように浄福寺城の築城主体や年代については、諸説が錯綜しており、現在に至るまで定説を見ていない。

遺構・考察　北浅川に南面する山塊の東端に近い、標高356.4mの山頂を中心に築かれた本格的な山城で、南麓の浄福寺から主郭までの比高は160mほどある。現在、城跡一帯は山林になっており、北東側の一部が土取によって地形が失われている。

主郭から北西にのびる主尾根を軸として、主尾根から派生する東尾根・南東尾根、主郭から浄福寺につづく南尾根などに堀切と曲輪が展開している。主郭から西方の関東山地に連なる稜線に対しても、主郭直下に堀切と竪堀があり、100mほど離れた西側に小規模な堀切がある。

主尾根・東尾根とも、先端部には幅広の空堀で防護された堡塁状の曲輪をおき、派生する枝尾根に対しては竪堀を落としている。主尾根先端堡塁状曲輪の北東側は、谷筋の緩斜面となるため畝状竪堀群で処理しているが、南関東地方では稀有な事例である。この堡塁部分が突破された場合に備えて、背後すなわち東尾根派生点の北側に3本の堀切を入れて、徹底的に刻んでいる。

南東尾根および南尾根については、付け根付近に堀切を連続させて、主郭部への接近を防ごうとする意図が看取できる。南東尾根先端部では、堀切と竪堀の連動によって攻撃軍の行動を制限し、尾根への取り付き阻止を狙っている。

浄福寺城跡の縄張りを総合的にみると、堀切や竪堀の位置設定がきわめて合理的で、遮断系の技術が卓越している。尾根の先端部の直下を大きな堀で防護した堡塁状の曲輪をおくという発想は、鉄砲戦を前提とした縄張として理解できる。その反面、明確な虎口に乏しく、導入系の技術にはみるべきものが少ない。この城の最大の特徴は、曲輪面を確保せずに遮断に徹した縄張を行っているところに求められる。居住性を配慮せず、実戦時における防禦性のみを追究して徹底的に無駄を排除した縄張は、この城が極度の軍事的緊張状況下において構築されたものであることを示している。かかる条件のもとでは、この城を領主の居城としては理解しにくく、このような見地に立つ場合、氏照の初期居城とする斎藤説についても検討の余地がある。

また縄張から考えた場合、築城者は明らかに東からの攻撃に備えており、西に対しては連絡路・退路の確保に主眼を置いているようである。この点で、対武田戦に備えた氏照の築城と見る田中・八巻氏等の説についても首肯しにくい。氏照の築城とするならば、むしろ対豊臣戦に備えた天正18年（1590）頃である可能性を考慮すべきだろう。この城は八王子城の搦手筋を扼する位置にあり、搦手筋の攻略に向かう攻撃軍を拘束し、消耗させる上できわめて効果的だからである。築城主体と年代については、改めて検討する必要がある。

（註）斎藤慎一　2001「戦国期「由井」の政治的位置」『東京都江戸東京博物館研究報告』第6号

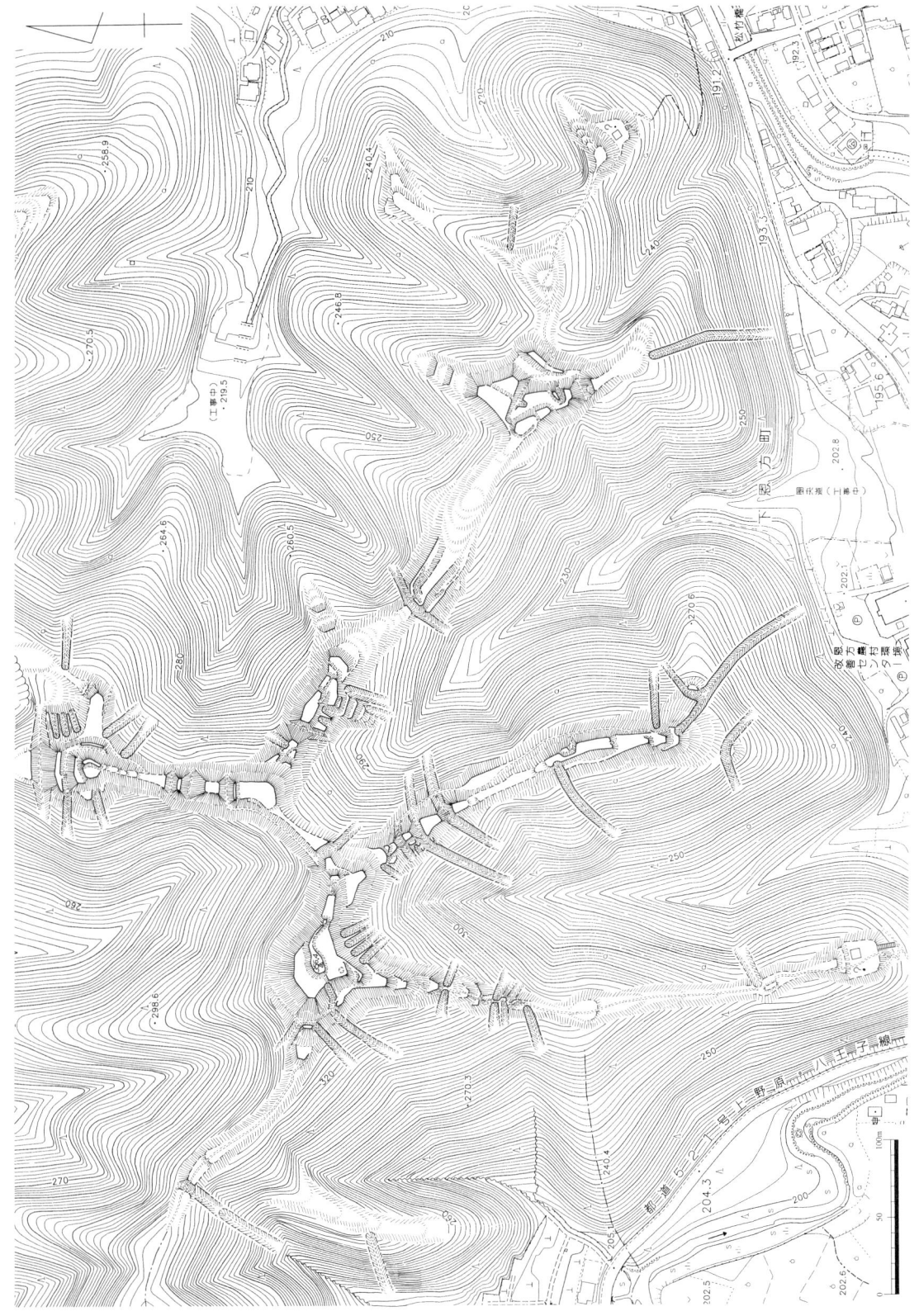

第28図　浄福寺城跡縄張図（S＝1/4000）

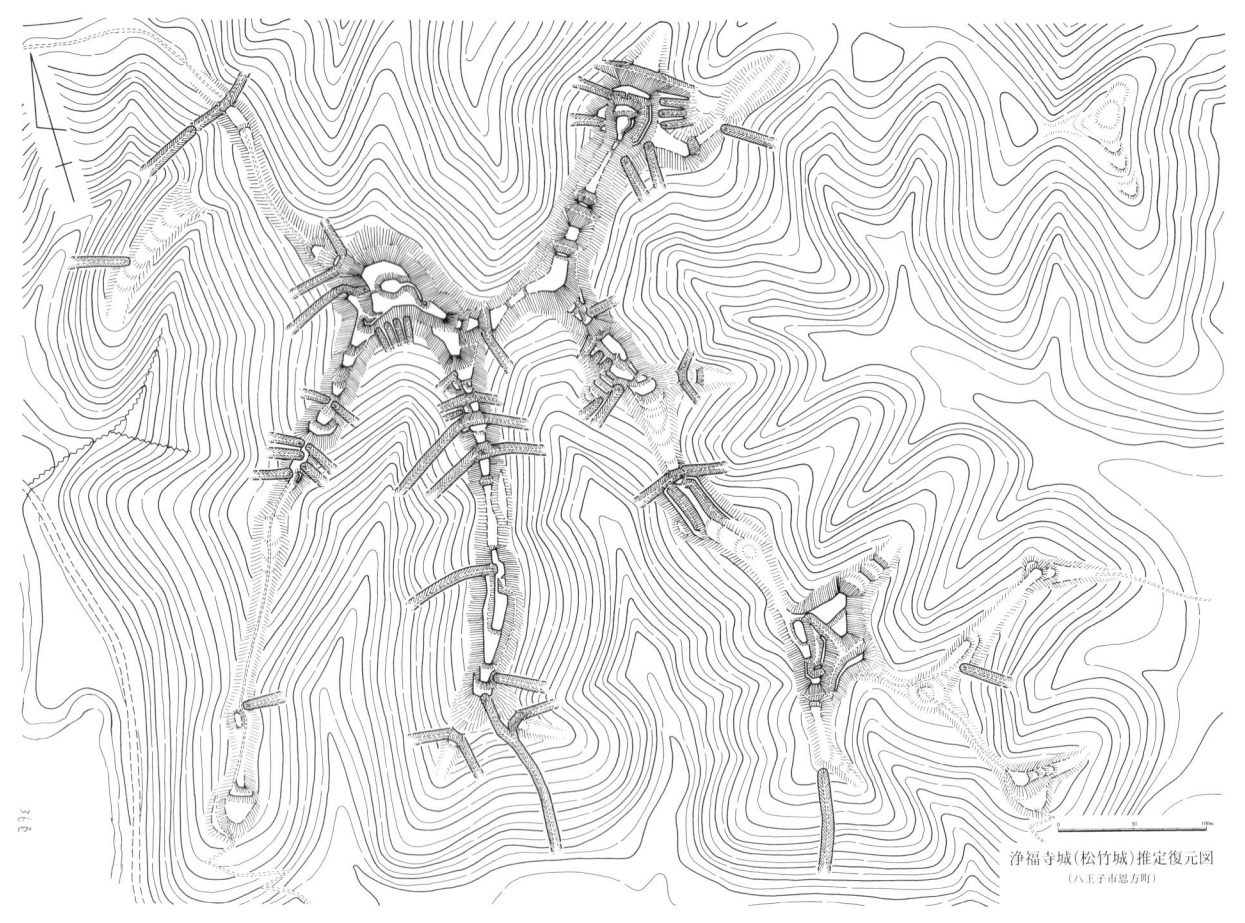

第29図　浄福寺城推定復元図（S＝1/5000）

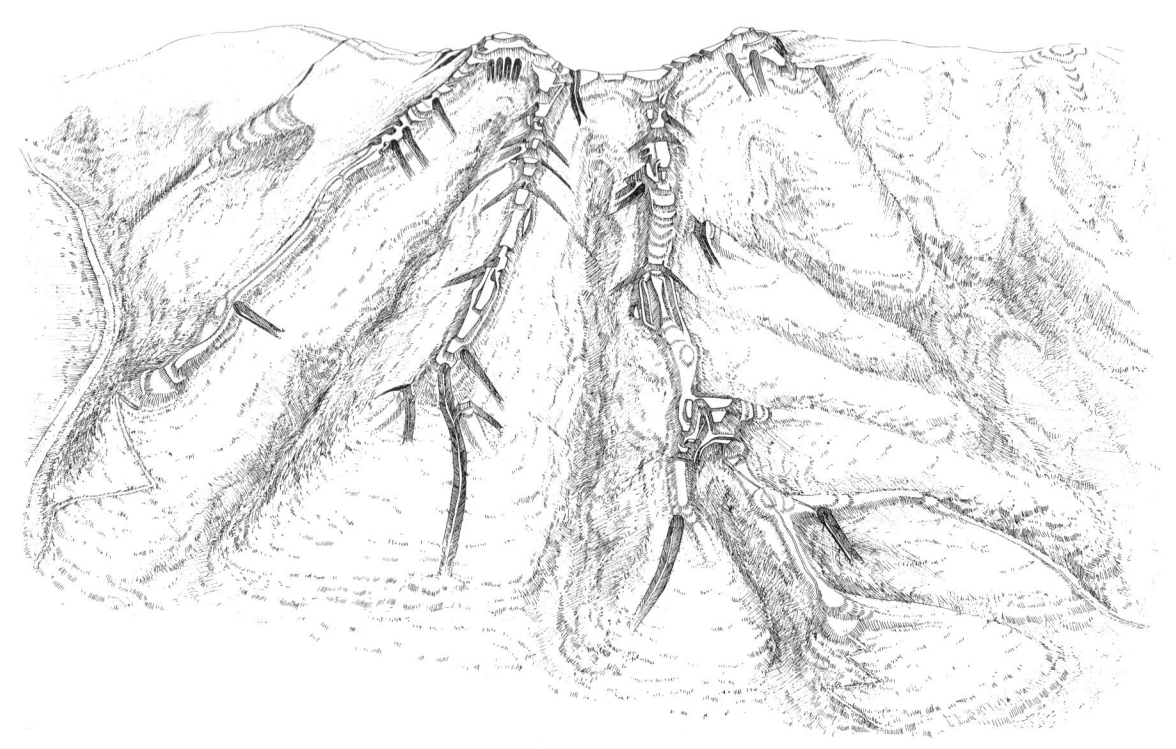

第30図　浄福寺城（松竹城）推定復元俯瞰図（八王子市恩方町）南東から

24－18　高月城跡（八王子市高月町）

別　　名　高槻城

沿革・伝承　『風土記稿』多磨郡之十九・小宮領高月村の条には「旧蹟・城蹟」として、大石信濃守が居住したとの所伝を載せ、高月村の由来について戦国期には後北条氏の家人石川土佐守の所領地であったことも記している。また、地誌類の伝えるところによれば、高月城は長禄2年（1458）に大石顕重が築城し、大永元年（1521）に大石定重が新たに滝山城を築いて移るまでの間、大石氏の居城であったことを伝えている。

大石氏は山内上杉氏の有力被官で、戦国初期には多摩郡から入間郡にかけて大きな勢力を有していたが、その系譜や来歴等については不明点が多い。長尾景春の乱に際して景春方に荷担したため、文明10年（1478）には扇谷上杉定正の軍勢が多摩郡の二宮城に大石氏を攻めており（『鎌倉大草紙』）、このことから大石氏の本拠は、二宮城から高月城、そして滝山城と変遷したとするのが通説となっている。

現在「二宮」の地は、高月城とは秋川をはさんだ北方対岸（あきる野市域）の台地上一帯の地域にあたり、二宮城については二宮神社やその南東約1kmに位置する「御屋敷」などの候補地があり、現在に至るまで特定されていない。一方、二宮の地名呼称を広域にとらえて、高月城を二宮城に比定する説もある。

遺構・考察　多摩川との合流点近くで曲流する秋川に向かって、加住北丘陵が突出した箇所に高月城は築かれている。城地の西面は秋川が浸食した断崖で人を寄せ付けず、城地と加住北丘陵主脈との間も大きくくびれた痩せ尾根になっており、大変に要害堅固な地形である。また、城地は東・北・西と三方の眺望にすぐれ、南東1.5kmには滝山城が、秋川を挟んだ対岸には小川城・法林寺塁が控えている。城の東麓を南北に通過する道は、古甲州道から分かれて二宮方面に達する古道であり、高月城はこのルートの渡河点を制圧する位置にある。

遺構は最高所に位置する大型の主郭1を中心として、南北に展開している。主郭は南北約90m・東西約130mの規模を有し、南面と東面に土塁があるが、耕作により取り崩されているため、現状では断続的にしか追跡できない。主郭の南側には大きな堀が入り、対岸は土塁状の帯曲輪となる。堀に面する主郭の塁線は横矢掛りの複雑な折れを形成し、対岸の帯曲輪もそれと対応して屈曲する。

帯曲輪の中央部が櫓台状に一段高くなっている箇所(a)を、八巻孝夫氏は馬出と評価しており首肯できる（『事典』）。これに面した主郭南面の中央は土塁が途切れ、虎口から木橋で馬出に渡っていた可能性がある。堀の西端には土橋状の遺構を認めるが、対応する主郭側の土塁が開口していないので、土橋とは断定できない。より虎口らしい箇所は主郭東面の南隅(b)で、土塁が明確に開口しており、枡形状の窪みを伴っている。ここを虎口とした場合、虎口を出てから木橋で対岸の帯曲輪に渡るルートを想定することができる。

帯曲輪の南側は谷筋に向かう急斜面で、容易に敵の侵入を許さないが、東側の谷の入口に面した箇所はやや緩傾斜地であるため、数段の削平地と段築を設けて対処している。背後の丘陵に接続する尾根には帯曲輪から続く削平地が認められ、その先を大きな堀切cで切断する。その南西先の尾根にも自然地形に手を加えた形跡があり、100mほど進んだ箇所を大きく削り落としている。

一方、主郭から北側には、段築と削平地群が複雑に展開して緩斜面を処理している。これらは基本的には元の地形に従ったものであろうが、東側には土塁を築いてラインを構成しようとした形跡がある。削平地群の最下段はやや広い2段の曲輪2・3を設けて、間には堀を入れる。その北東側に二本の大きな土塁があって、d地点は虎口を形成しているように見える。この曲輪の北側は舗装道路が貫通しており、道の北にはホテルが建ち、やや旧状を損なっているが、西面と北面には土塁を確認できる。ホテルの建つ曲輪の北側は再び堀切となって、その外側で台地の幅がかなり狭まるが、台地の最北端部にも小さな堀切eを認めることができる。

このほかに主郭東側の斜面に竪土塁群らしい遺構があり、その北側には水の手の遺構が存在する。西側の斜面にも竪堀状の地形が数箇所に見られ、位置的に竪堀として有効ではあるが、斜面の侵蝕・崩落が進んでいるため、城郭の遺構と断定できない。

　なお、今次調査事業において高月城の構造を解明するための試掘調査が計画され、平成12年度事業ではT-A〜T-D、13年度にはT-1〜T-9のトレンチ調査を実施した。ただし安全対策上の制約から、各トレンチの掘削深度は概ね作業者の背丈をこえない程度の深さにとどまっている。

　T-A〜T-Dは主郭南側の堀に設定された。堀は現状では浅い落込みとなっているが、調査の結果から上部がロート状に開き下部が急角度で落込む断面形態を呈していたものと判断された。また、堀に面した主郭側には土塁が存在していたものの、後世の耕作等によって取崩されて堀を埋めていることや、堀の落際に沿って溝ないし段築が存在すること等が判明している。

　T-1は、主郭から南に続く尾根上にある浅い落込みの性格を確認するために設定した。調査の結果、T-A〜T-Dと同様、途中に顕著な傾斜変換点をもち上部がロート状に開く堀であることが確認できた。

　T-2は、主郭南側に空堀を隔てて存在する曲輪の面的利用を確認する目的で設定したが、調査の結果では曲輪を平坦化するための整地面等は確認できなかった。この曲輪は積極的な平坦化などはあまり行わず、自然地形の平坦地に近い状態で利用された可能性が高い。

　T-3・T-4は、主郭南東隅部の虎口形態を解明するため設定したが、現地表面から平均で2m（一部は2.8m）まで掘削しても地山に達しなかった。虎口は両側を櫓台で挟まれた形態のものであったと考えてよいが、虎口の底面がトレンチ最下面より1m下と仮定すると、通路面から櫓台上面までの高低差は5mをこえることになり、急角度でそそり立つ櫓台に両側を挟まれた幅の狭い虎口形態を想定せざるを得ない。またT-3の北側において地山の削り出した箇所を検出しており、内側に掘り込み式の屈折した通路を伴う形態と推定できる。

　T-5・T-6は、主郭北西隅における虎口の存否確認を目的としたものであるが、虎口形成に伴う掘削や木戸・通路等の明確な痕跡は検出できず、主郭北西端には虎口は存在しない可能性が強まった。

　T-7は当初、主郭北直下に存する腰曲輪状平坦地の面的利用を確認する目的で設定したが、調査により埋没した横堀が存在する可能性が浮上したため、急遽T-7と直交するT-9を設定した。結果としてこの2本のトレンチは、今次調査中でもっとも興味深い事実を提起することとなった。まず、堀北側の立ち上がりがT-9の中ほどにおいて検出され、その南側では現地表面から1.8〜2.2mの深さで平坦な堀底を検出した。主郭北縁と検出された堀底との落差は現況でも7.5mに達するが、土層の堆積状況から主郭北縁には土塁が積み上げられていたものと推定できる。ただし土層断面から判断する限り、土塁の崩壊に伴う土砂の流出よりも、地山を削り出して作られた主郭壁面の崩落が先行しており、主郭の北面部分は強度上の安定を度外視して高く急峻な壁面を形成していたことが理解できる。一方で、検出できた堀対岸の内高は60cm内外にとどまっており、この堀が塹壕のように使用された可能性を想定する余地も生じた。

　T-8は、主郭部の北麓に展開する曲輪の面的利用を確認するために設定した。トレンチ内からは建物跡や生活遺構は一切検出できなかったが、堆積土はいずれも砂礫を含むオリーブ色がかった粘土質土層で、主郭部周辺とは基盤層の質が異なっていることが理解できた。土層断面から判断すると、この曲輪の旧地形は北に向かってごく緩やかに傾斜する段丘面であり、築城者は背後の立ち上がりを削り落として得た土砂を盛土として、平坦な曲輪を造成したものと推定できる。

　上記の調査によって、各トレンチから遺物の出土がみられたが、中世陶器等の高月城に伴う可能性のある遺物はごく僅少で、すべて破片にとどまるため、城との関係に言及するのは差し控えたい（出土遺物は東京都教育委員会で保管）。なお、昭和35年（1960）に奥田直栄氏の指導により学習

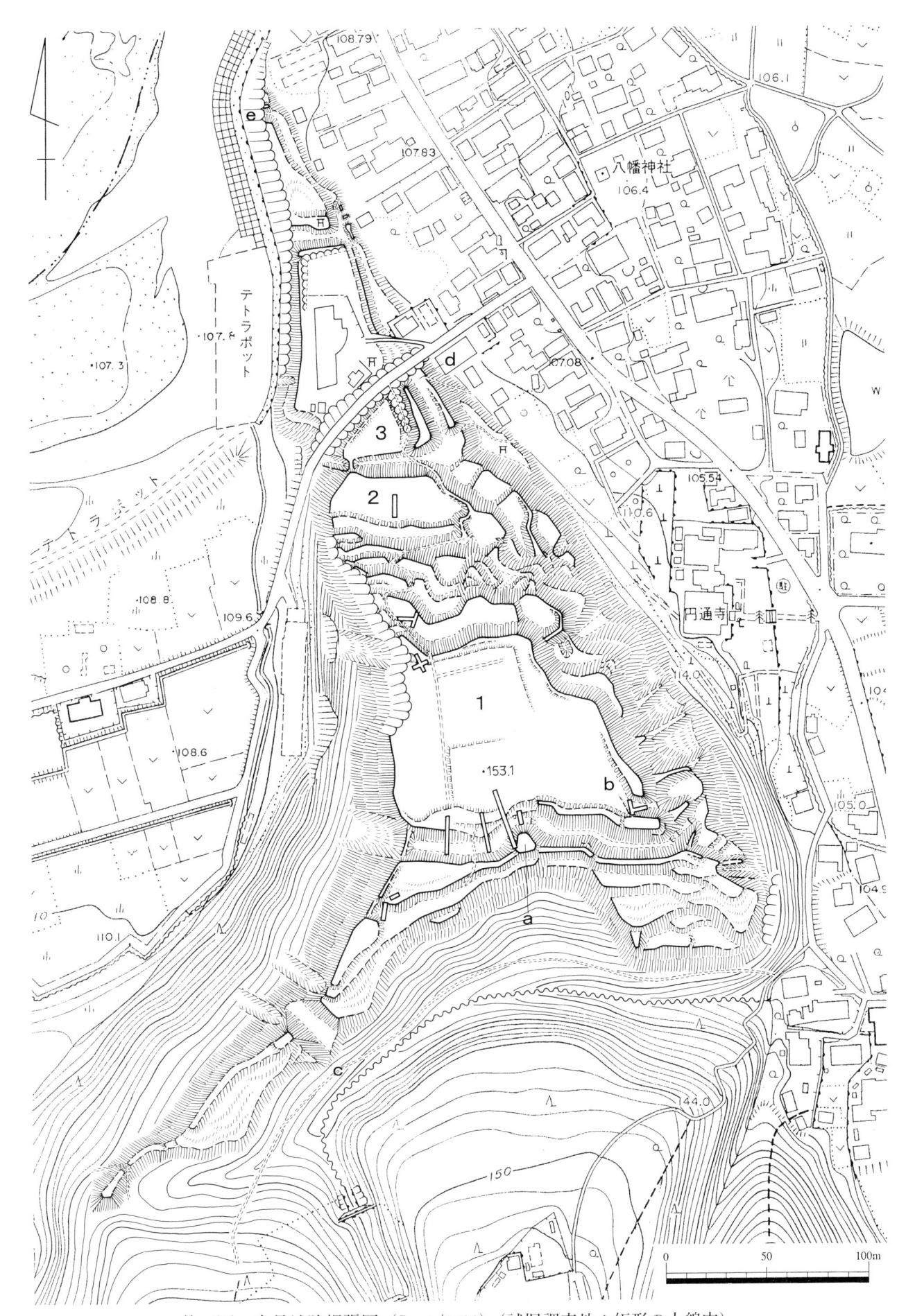

第31図　高月城跡縄張図（S＝1/2500）（試堀調査地：矩形の太線内）

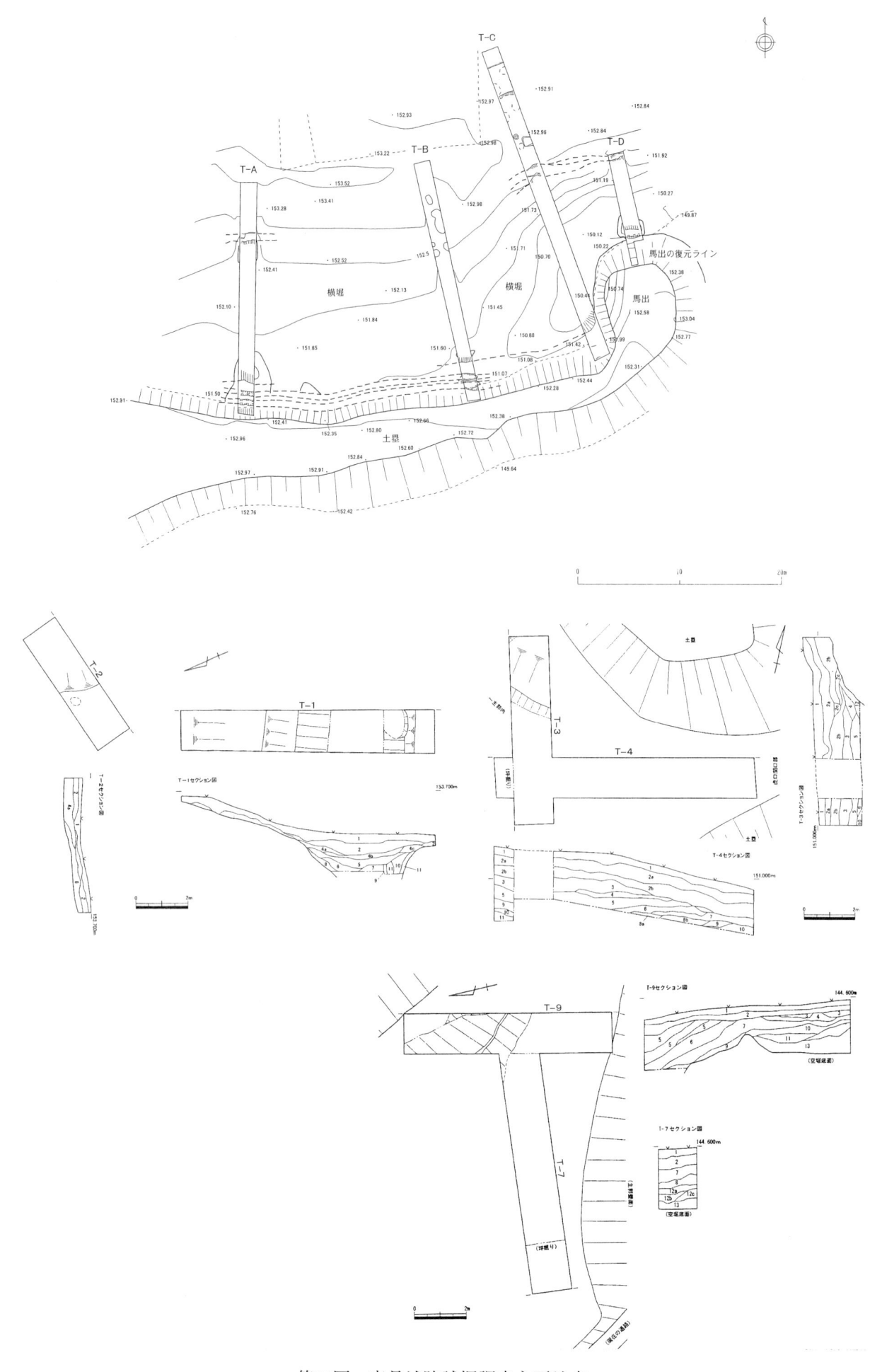

第32図　高月城跡試掘調査主要地点

高月城推定復元図
（八王子市高月町）

第33図　高月城推定復元図（S＝1/2500）

院大学史学部が、主郭内部のトレンチ調査を行っている。奥田氏は出土陶磁器の年代から後北条氏時代に利用された可能性を指摘しているが、調査範囲が限られているため、発見された遺構・遺物の評価については再検討を要する。

　ここで高月城の築城主体者と築城年代について再考すると、地誌類では長禄2年に大石氏によって築城され、その後大石氏は大永元年に滝山城に移ったとされていることについては、冒頭で触れたとおり確証されていない。しかし、大石氏の所領が二宮、高月、滝山を含む当該地にあり、当時大石氏が権勢を誇っていたとは発給文書等から周知のことであり、そうした歴史的背景を考慮すると二宮城から高月城へ、さらに滝山城へと城地を拡大させながら移ったとする地誌の内容を一概に否定することは困難である。

　一方、高月城の縄張は全体に合理的で、導入系の技法はかなり進んだものとなっており、後北条氏段階の築城である可能性も否定しきれない。今回の発掘調査の結果から判断する限り、築城後に大規模な改修を受けた痕跡は乏しく、T-3・T-4・T-7・T-9の調査所見からは、短期間の使用を前提として一気に築かれた可能性が想定できる。学習院大学の調査を含めて、得られた遺物の中には16世紀後半代に帰属する資料も認められるものの、調査範囲が限られているため、詳細な築城年代を確定することができない。

　上記のことから、今後高月城が大石氏の時代に築城され、後北条氏によって大規模に改修された可能性も含めた考古学的調査成果に基づく検証が必要である。

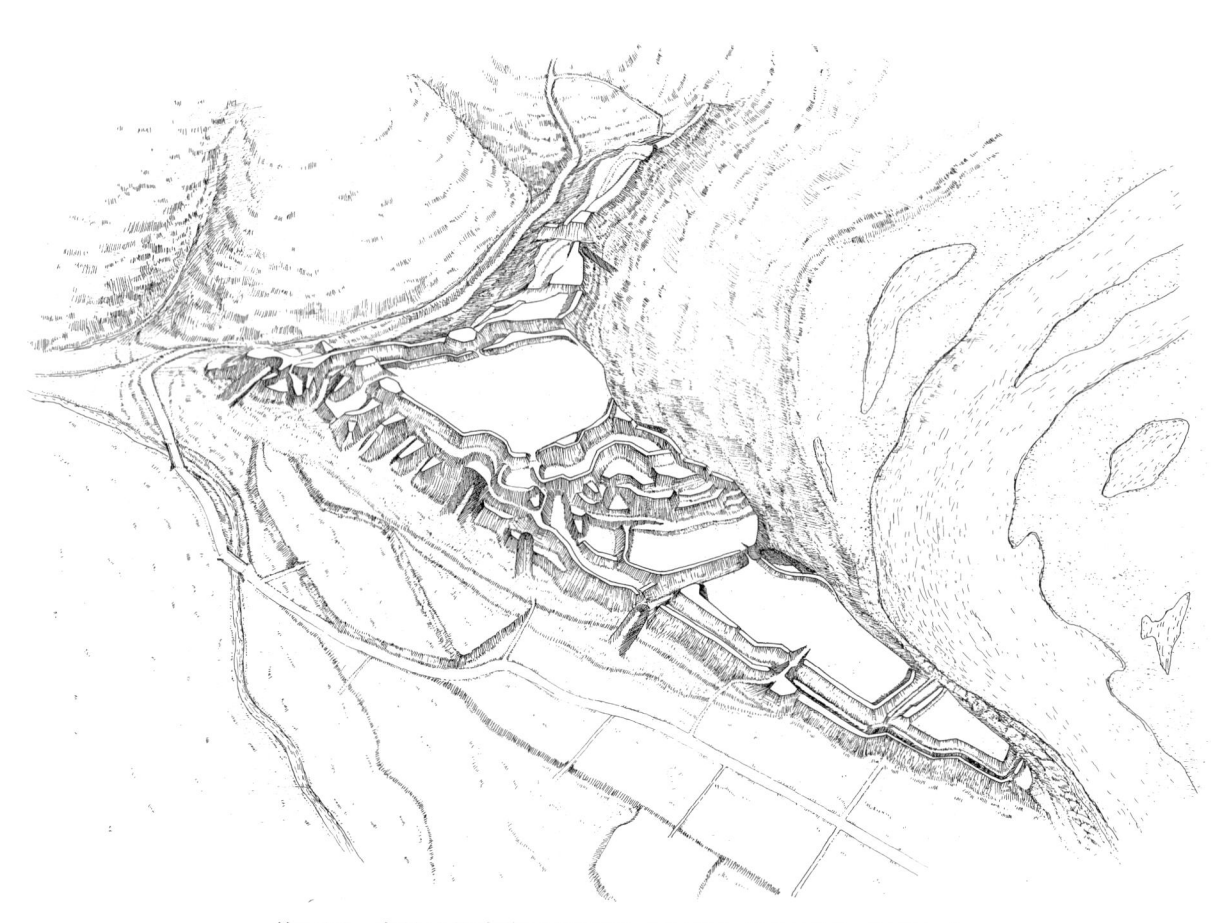

第34図　高月城推定復元俯瞰図（八王子市高月町）北東から

24−19　滝山城跡（八王子市高月町・加住町1丁目・丹木町1～2丁目）　　地図14

沿革・伝承　滝山城は地誌類によれば、大永元年（1521）に大石定重が築城したことを伝えている（前載24−18　高月城跡参照）。その後、北条氏照の居城となったことで名高いが、氏照と滝山城との関係を示す一級史料は意外と少ない。

　氏照は、後北条氏の拡大した領国体制を強化する一環として、多摩西部域を領有していた大石氏の養子となり、大石定久に替わって、永禄2年（1559）頃に滝山城に入ったとされる。しかし、その年代については、永禄10年近い時期とする斎藤慎一氏の説（斎藤2001）など諸説がある。

　永禄12年に武田軍が侵攻した際には、氏照は滝山城で迎撃し、外郭部のほとんどを攻め落とされながらも自身櫓門の上で奮戦し、ついにこれを退けたと言われており、一説にはこの時、氏照と武田勝頼が直接刃を交えたとも伝える。ただし、武田軍が滝山城を攻撃したこと自体は事実であるが、それ以上の逸話については『関八州古戦録』等の軍記類によるものであり、全面的に信ずることはできない。また廃城についても、氏照が滝山から八王子に居城を移転した時期には諸説あって明確ではない（24−25　八王子城跡参照）。

　次に、現在残されている滝山城の縄張りが、いつの段階で成立したのかという問題についても考慮しなければならない。仮に氏照の入城を、斎藤説にしたがって永禄10年（1567）頃、八王子城移転を天正10年代後半としても、滝山城は氏照の居城として20年前後にわたって使用されたことになる。この間に当地をとりまく戦略的環境や城主氏照の立場も大きく変化しており、当然そうした状況を背景として、大石氏段階に築城されたとされる主郭を中心に、拡張や改修が逐次実施されたものとみるべきであろう。

　ただし後述するように、現在見る縄張りは論理的な整合性と一貫性を持つものであり、全体のプランを一新するような大規模な改修がある時期に実施された可能性がたかい。

　推定天正10年（1582）2月23日氏照書状（『戦・北』2315号）は、氏照の重臣である大石・横地・間宮の諸氏に対して、大規模な普請を命じる内容のものである。これはちょうど、織田・徳川軍の侵攻によって、武田勝頼が滅びようとしている時期にあたる。天正7年以降、越後御館の乱への介入をめぐって、後北条氏と武田氏は激しく対立しており、武田氏は関東に対する攻勢を強めていたが、甲武国境でも天正8～9年にかけてしばしば武田方との戦闘が生じている。

　また、織田・徳川軍の武田領侵攻にあたっては、後北条氏も織田政権に帰順して共同する姿勢を見せていたが、実際には武田軍の逆襲を警戒してか、積極的な行動は起こしていない。こうした状況を前提として、天正8～10年にかけて滝山城が大改修を施された可能性はきわめて強い。

遺構・考察　滝山城は、多摩川に面する加住丘陵上にあって、主郭上段の標高は169.2mをはかり、北方の川原に面しては比高差70m以上の急崖となっている。こうした地形ゆえ、多摩川方面からのアプローチはきわめて困難である一方、城地からは北方に広大な眺望が得られる。

　以前は城の中心部に民営の国民宿舎が建っていたが、現在ではそれも除却されて、城跡は東京都の管理する自然公園となっており、遺構の保存状態は良好である。

　滝山城の城域は東西約900m、南北約1000mにも及ぶ広大なもので、大小多数の曲輪・腰曲輪群と、それらを囲む土塁・堀・虎口・通路等が複雑に展開している。縄張上の特色として、尾根筋に堀切を用いずに横堀のラインを徹底して回すこと、枡形虎口・角馬出を多用して複雑な導入系を構成すること、虎口や土橋に対する横矢掛りの技法が発達していること等が挙げられる。

　主郭1は上下2段に構成され、虎口は全て枡形虎口となっている。特に曲輪2（伝中の丸）に通ずる2折れの枡形虎口では、平成8年（1996）度の発掘調査によって、精巧な排水溝を伴う石敷きの通路が検出されている。曲輪3（伝二の丸）は、三方向からの尾根が収束する位置にある大面積の曲輪で、東・南・西の三面に枡形虎口と馬出を備え、防禦上の要となる。防戦時には、ここが戦力運用の起点となるのであろう。曲輪2～3周

囲の横堀は規模が雄大で、見る者を圧倒する。

　曲輪3から、大型の角馬出をへて東へ延びる尾根筋の曲輪群には、「信濃屋敷」⑷・「刑部屋敷」⑸・「カゾノ屋敷」⑹等の伝承名があるが、本来の呼称か否か検討を要する。伝カゾノ屋敷の南側には、谷を塞ぐダム状の土塁bが存在する。城内の数箇所には井戸の遺構が現存しており、飲用水は曲輪内部でも調達可能と目されるので、このダム状土塁は貯水を目的としてものではなく、谷筋への敵兵の侵入を阻止することに主眼をおいた施設と考えるべきであろう。

　南東側の尾根先にあるaは、多角形の平面を呈する空間で、土塁が低いため城郭遺構としては評価が分かれる。しかし城域全体を見渡すと、他にもc・f等同種の遺構を数箇所認めることができるので、尾根筋に向けた一種の堡塁と理解すべきであろう。低い土塁は胸壁として利用したものと推測する。

　曲輪3から南西へ連なる曲輪群にも、「千畳敷」⑼・「三の丸」⑾等の呼称が伝えられており、一般にはこの方面が大手とされている。この方面の通路は、曲輪に挟まれて複雑に屈曲を繰り返す長隘路を構成しており、侵入者が曲輪内へ展開するのを防げる。大手口といわれるdは、伝三の丸⑾と伝小宮曲輪⑿に挟まれた場所である。

　曲輪12から北に向かう尾根筋にも遺構が展開している。曲輪群の西面を厳重に囲んでいる横堀は、曲輪14の北で折れて背後の谷筋へと下っている。曲輪14の先にも遺構は続き、北端には「山ノ神曲輪」⒄と伝承される一画がある。曲輪16〜17一帯の遺構群を、仮に伝山ノ神曲輪遺構群と呼ぶ。ここで改めて全体の縄張を俯瞰すると、曲輪14-13-12-11-10-3を囲い込む連続した横堀のラインによって、城の主要部を防禦していることがわかる。したがって、このラインの外におかれた曲輪4〜6・7〜8、堡塁状遺構a、伝山ノ神曲輪遺構群は、防禦上は一種の前衛陣地として位置づけることができよう。

　次に、伝山ノ神曲輪遺構群について考察したい。この一帯の遺構は、曲輪面の削平が概して不十分なために、古い時期の築城遺構が残存しているものとも考えられてきた。しかし、詳細に観察すると、曲輪群の西側に沿って断続的に低い胸壁状の土塁が看取され、全体としては曲輪11を堡塁とした長大な塁線として理解できる。伝山ノ神曲輪付近のピーク上は、主郭より数m高い位置にあり、これらの高地を敵に制圧されると防衛上の不利は免れない。伝山ノ神曲輪遺構群は、こうした問題に対処するために増設された前衛陣地的性格の強い施設と考えるべきである。

　注目すべきは、虎口の位置関係から見て、eの部分に谷を渡る木橋が架けられ、曲輪14方面と連絡していたものと推定できることである。前衛陣地である伝山ノ神曲輪遺構群が防衛困難となった場合、守備兵はeの木橋を通って主郭部西直下へと後退する予定だったのであろう。主郭部西直下の腰曲輪群が、枡形虎口と多角形の堡塁が連鎖した如き複雑かつ厳重な構成となっているのも、こうした退却を安全に行い、城郭中枢部への敵の「付け入り」を阻止するための措置として理解できる。なお、eの南側にはダム状の土塁が存在するが、bと同様に谷筋からの侵入を警戒しての施設であろう。この土塁が存在することにより、内側の低地部分は現在でも湿地となっており、人の歩行を困難にしている。

　以上を総合し、改めて滝山城の縄張について考察してみたい。滝山城の特徴として、広大な城域と多数の曲輪群、雄大な塁壕、複雑巧緻な虎口と横矢掛り等が挙げられる。しかし、それらの要素は全体として、一貫した理論に基づいて有機的に組み合わされており、数次の拡張や改修の結果として成立したものとは見なしがたい。連続するラインによる防禦や、尾根先に向けた多角形の堡塁等といった要素には、後北条氏末期の縄張との共通性が指摘でき、明らかに鉄砲戦を意識した構造と考えることができる。特に、曲輪17付近の構造は、八王子城の伝大天守地区とよく似た発想に基づく縄張技法といえる。

　こうした縄張面からの検討と、沿革・伝承の項で述べた史料上の所見から、現在見る滝山城の構造は、天正10年頃の大改修によって全体が一新された結果として、成立したものと推論したい。

第35図　滝山城跡縄張図（S＝1/5000）

第36図　滝山城推定復元図（S＝1/5000）

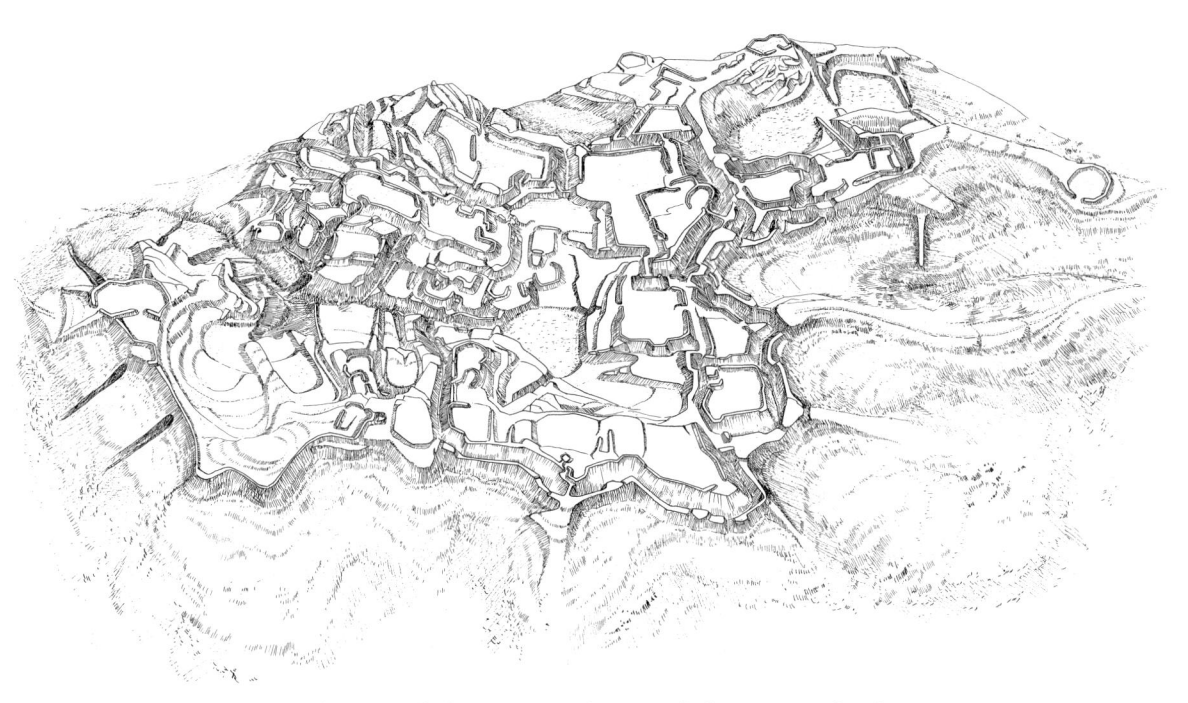

第37図　滝山城推定復元俯瞰図（八王子市高月町・丹木町）西から

24-21 出羽山 （八王子市城山手1丁目）

地図15

沿革・伝承 『風土記稿』は多磨郡之十五・柚木領下長房村の条で「旧蹟・出羽山」として、由来は不詳だが近辺に近藤出羽守の旧跡があることから、助実の居住地かと推測している。近藤助実は北条氏照の重臣で、天正18年（1590）に八王子城で討死した人物である。

遺構・考察 出羽山は船田丘陵の一角にあり、南北を谷戸に挟まれた緩やかな尾根状の地形を呈する。一帯は1980年代以降、大規模な造成が行われて地形が一変しているが、出羽山については事前調査によって貴重な中世城館遺構が残存しているものと判断され、出羽山公園として保存されている。城跡は現在も雑木林の景観がよく保たれ、調査報告書（註）掲載の図と比較しても目立った相違はない。

曲輪と目されるのは、城地の最高所から西にはずれた60mほどの平坦化された一画で、南側と東側に虎口らしい部分がある。ここから東に下る尾根の中ほどに小さな切通しがあり、堀切のようにも見受けられる。また尾根先端部にも、道が二度折れて虎口状を呈する部分がある。出羽山の西側は造成によって失われているが、調査報告書によれば堀切などは存在せず、背後は無防備に開放されていたことになる。

このように、全体として人工的な改変が乏しく遺構も明確ではないが、虎口状の部分は農作業や山仕事に伴う造作としては不自然で、城郭遺構である可能性を否定しきれない。また、助実の伝承を有する場所に遺構が存在することの意味は無視できない。このような城館の性格としては①近藤助実の屋敷、②陣城ないしは阻塞のような臨時築城、の二とおりの可能性が想定できるが、いずれと見るべきかを判断する材料は、現段階では不足している。そうした中で、「出羽山」が大きく損なわれることなく保存されている状況は、今後の調査研究が可能という意味で意義あることといってよいだろう。

(註) 八王子市落越遺跡調査研究会 1982『落越遺跡予備調査報告書』

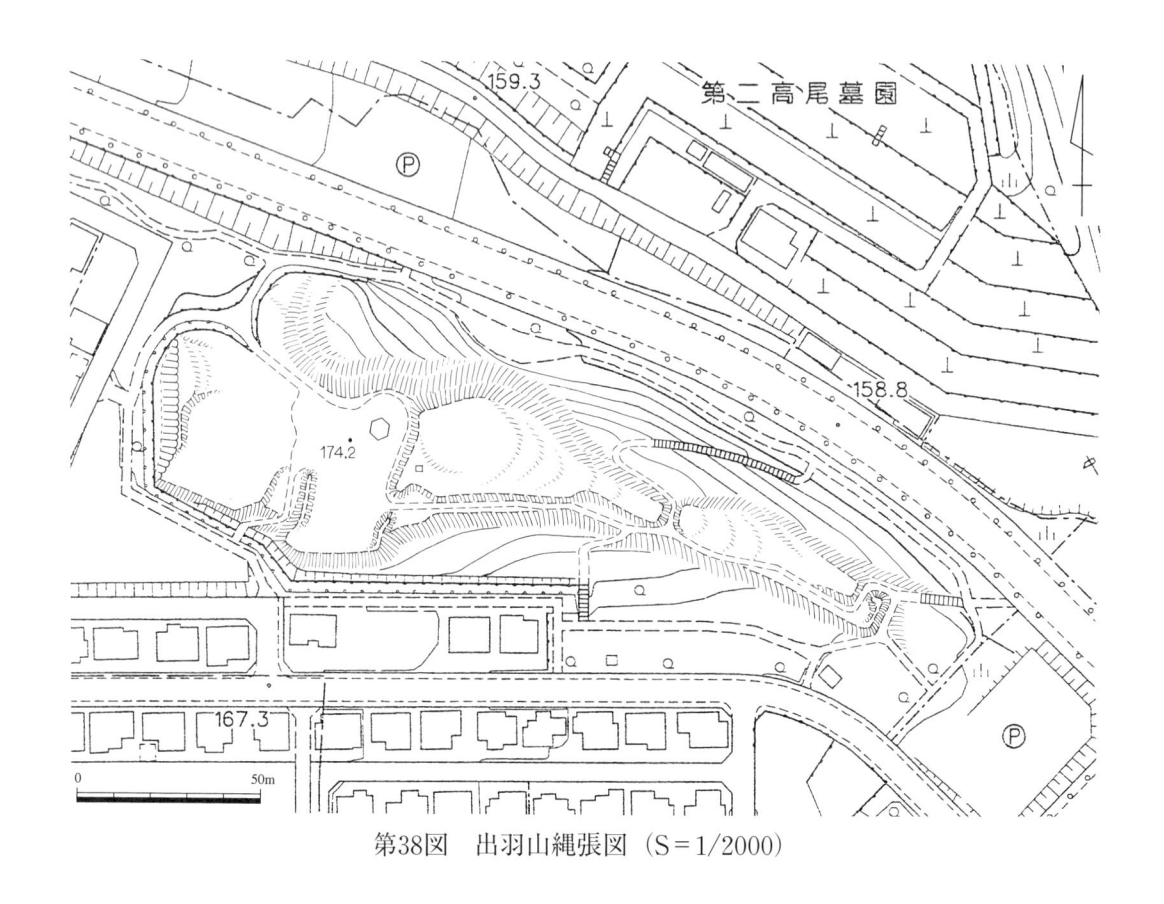

第38図　出羽山縄張図（S＝1/2000）

24－22　廿里砦 （八王子市廿里町）

地図15

別　　名　十十里砦、戸取砦、鳥取砦

沿革・伝承　『関八州古戦録』によれば、永禄12年（1569）に武田軍が侵攻した際、小山田信茂の率いる別働隊が郡内から小仏越えで武蔵に侵入し、後北条氏側は横地監物・中山勘解由等が急遽廿里に砦を構えて防戦を試みた。小山田は手勢二百を五隊に分けて攻めかかり、後北条側は三百余が「山際」へ討って出たが、小山田の巧みな用兵に翻弄されて敗退したという。

『風土記稿』多磨郡之十五・柚木領下長房村の条では、「旧跡」として「十々里原古戦場」を載せており、上記のごとき由緒に続けて「氏照領地の頃は、かねて枳殻樹など植まはして、要害の設ありしともいへり」との伝承を記している。

遺構・考察　伝承地は高尾駅北方の丘陵上にあって、南側直下を甲州街道が通過している。一帯は現在、林野庁林業試験場となっていて、立ち入りが制限されている。

掲載した縄張図では、防禦上利用可能な尾根上の平坦地をケバ描きで表現しているが、特に人工的な曲輪と認められる場所はなく、基本的には自然地形である。今回の調査で確認された明瞭な遺構として、標高237.7m地点と234.1m地点の間の堀切があるが、この堀切は北側斜面にのみ竪堀となって下っている。234.1m地点から北東に下った北斜面にも竪堀状の地形があるが、城郭遺構と断定できない。

このように、「城郭」としては遺構が散漫でとらえどころがないけれども、白山宮北側背後の標高246.7mの頂部を指揮所とする一種の野戦陣地として考えるならば、理解が可能であろう。

野戦陣地的な阻塞遺構の類例として、近隣地域では神奈川県の鴨沢要害（足柄上郡中井町鴨沢）や高麗寺山城（中郡大磯町高麗）を挙げることができる。廿里は甲州口を押さえる要地ではあったが、永禄頃には小仏を越える街道は未整備で、武田軍の大規模な侵攻は想定しにくかったであろう。こうした理解は、軍記の伝える合戦の経過とも符合するものである。

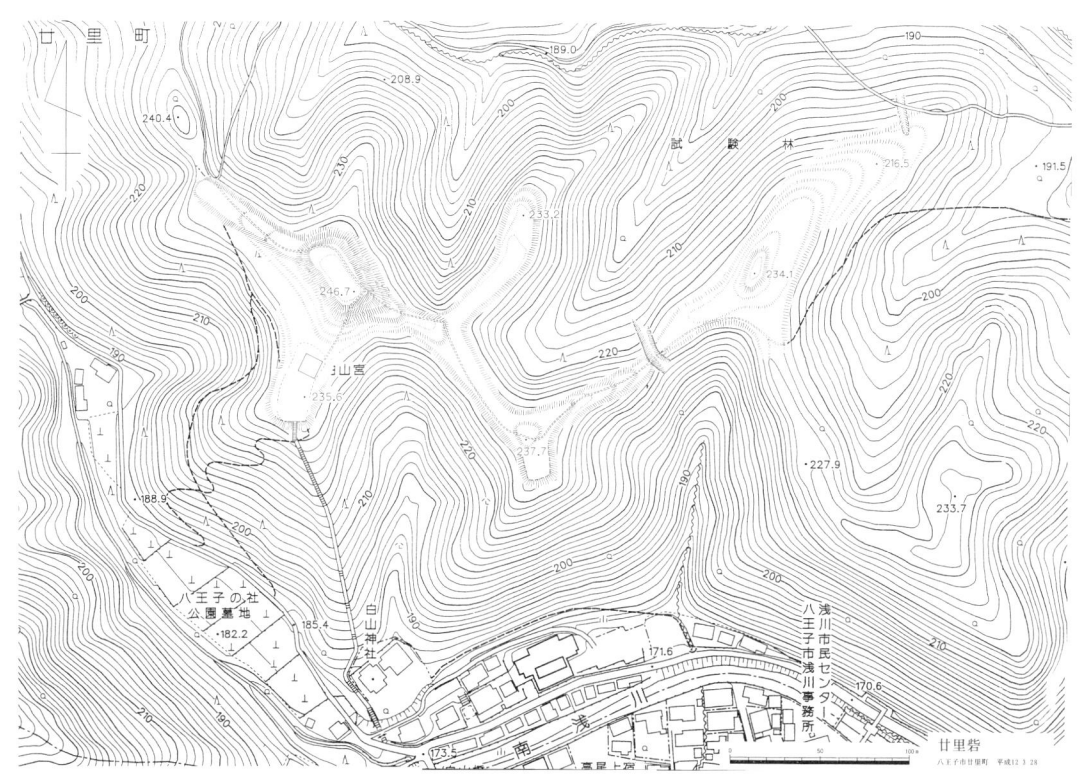

第39図　廿里砦縄張図（S＝1/4000）

24-23　戸吹城跡（八王子市戸吹町／あきる野市上代継千代崎）　地図14

別　　名　二城城址、新城、根子屋城

沿革・伝承　『風土記稿』多磨郡之十九・小宮領戸吹村の条には城に関する記述はないが、根小屋の地名を伝えている。『武蔵名勝図絵』は、築営半ばにして「相応の地であらざるゆえに」止めた城であるとの伝承を記しているが、城主等については伝えていない。

遺構・考察　戸吹城は秋川南岸に屹立する加住北丘陵の断崖上にあって、主郭部分の標高は220m、北麓からの比高は90mを測るが、全体に三浦層群の砂礫層の崩壊が進行している。なお、城地の北の郭群はあきる野市、南の郭群は八王子市側に属する。

　主郭部周辺は変形が進んでいて縄張の詳細を知りえないが、基本的には尾根の先端（北端）に主郭を置き、南に向かって郭と空堀を直線連郭状に展開したらしい。主郭は西面と南面とに土塁が遺存しており、南面土塁の東端は開口して堀切に面した虎口となっていたようである。

　城の南側地区は東西に狭長な郭と横堀とを組み合わせた縄張となっていて、西端は堀切で、東端は竪堀によって割され、南麓から登ってくるあたりには虎口らしい遺構もある。西方の霞留山からのハイキングコースが横堀に沿って城内を通過しているが、古道である。

　占地・縄張からみて戸吹城は、戸倉・網代方面から滝山方面へ抜ける秋川南岸稜線上の古道に対応して築かれていると考えてよい。築城時期としては、武田軍が侵攻した永禄12年（1569）前後の時期が候補に挙がるが、断定は避けたい。築城途中で放棄されたとの伝承についても、砂礫層崩壊のため城地として不適切だったと単純に理解するのは危険である。戸吹城は、前記の古道を通過しようとする軍勢を、少数の守備兵で効果的に牽制・拘束することが可能な占地と構造を有しているからである。戸吹城の伝承はむしろ、軍事的状況の変化によりごく短期間の使用であった背景を示していることが窺える。

第40図　戸吹城跡縄張図（S＝1/2500）

24−24　中山勘解由屋敷跡（八王子市滝山町2丁目）　　地図14

沿革・伝承　中山勘解由家範は北条氏照の重臣で、天正18年（1590）の豊臣軍侵攻に際しては八王子城を守備し、前田利家軍を相手に奮戦ののち討ち死にしている。家範の子孫はそののち徳川氏に仕え、諸流を輩出して栄えた。

『風土記稿』多磨郡之十八・小宮領八日市村の条には、旧蹟として「中山勘解由左衛門屋敷跡」を載せ、屋敷跡のある谷を「中山谷戸」と称したことを伝える。また『風土記稿』は中丹木村の条（多磨郡之十九・小宮領）に「勘ヶ由谷」なる地名を伝え、『武蔵図会』は後者を中山勘解由の屋敷跡にあてている。一方、『風土記稿』は元八王子村（多磨郡之十六・由井領）にも、宗閑寺の南に「勘解由屋舗跡」を伝えているが、八王子城在城当時の伝承地と考えられる。

遺構・考察　伝承地は北加住丘陵の一角で、南の谷地川から入り込んだ谷戸（中山谷戸）に位置する。谷戸の奥には氏照の開基になる少林寺があり、背後の尾根道を西にたどると滝山城に達する。形態は南北140m・東西80mほどの略長方形を呈する小高い台地で、内部は現在畑となっている。谷戸に面した西面と南面は、3〜5mの高さで明らかに人為的な壁をなしている。一方、東の丘陵側は平坦面を確保するために若干の削平・削落としを施した形跡が存在するのみで、防禦施設等の遺構はなく、背後の丘陵に続いている。

当該地は耕作に伴う造成としては不自然であり、中世〜戦国期の屋敷であった可能性は想定してよい。ただし、構造は外敵の攻撃に備えたものとなっていない。滝山城との位置関係を考えれば、氏照重臣の屋敷として妥当な場所であり、中山勘解由屋敷との所伝を一概に否定はできない。その場合、元八王子村の「勘解由屋舗跡」・中丹木村の「勘ヶ由谷」との関係が問題となるが、前者については八王子築城に伴って勘解由も屋敷を移動したと考えることができる。中山氏と氏照との関係の変化に伴って、勘ヶ由谷→中山谷戸→元八王子村と屋敷を移動した可能性が考えられる。

第41図　中山勘解由屋敷跡縄張図（S＝1/2500）

24－25　八王子城跡（八王子市元八王子町3丁目）　　地図15・19

沿革・伝承　北条氏照の居城であり、豊臣軍の関東侵攻に際して天正18年（1590）6月23日に、前田利家・上杉景勝率いる大軍の猛攻を受けて陥落したことで知られている。氏照が滝山から八王子城に居城を移転した時期と動機については、以前から様々な説が出されてきたが、ここでは刊行されている史料を基に居城移転の時期を整理しておく。

　まず、天正6年（1578）2月10日付の氏照制札（『戦・北1966号』）は、高尾山一帯の竹木伐採を禁じたもので、禁止の理由を「八王子御根小屋ニ候之間」とする文言から、八王子に城郭施設が存在したことを窺わせる。ただし、違反者については「滝山」へ連行するよう命じているので、この時点では滝山城が氏照の居城であったことがわかる。次に、推定天正15年3月13日狩野宗円（一庵）書状（『戦・北3062号』）には、氏照は「相府大普請」のため小田原に滞在しているが「拙者ハ八王子ニ令留守居候間」とある。以後、八王子の地名が史料に頻出するようになるので、この頃から八王子築城が本格化したものと推定できる。

　後北条氏領国全体の状況をみると、天正15年頃から対豊臣戦を意識した領国の防衛体制整備が強力に推進されており、その中で拠点クラスの城郭が次々と大規模な改修を受けている。氏照が、兄氏政とともに対豊臣戦を主導したことを前提とするならば、八王子城もこの時期に、領国全体の戦略的再配置の一環として構築されたと考えてよいだろう。八王子城の南方約8kmの位置にある津久井城が、やはり対豊臣戦への備えとして大改修されていることと併せて考えるならば、滝山城から八王子城への移転も、甲斐方面からの豊臣軍侵攻に備えたものと理解してよいであろう。

　豊臣軍侵攻の際には、氏照自身は主力を率いて小田原にあり、八王子城は狩野一庵・中山勘解由・近藤出羽守らの家臣が守備していた。守備隊は、数的には農村から徴発された民兵が主体だったようである。結果として攻防戦は6月23日の一日で決着したが、城主を欠きながらも守備隊の一部は奮戦し、秀吉の小田原攻めの戦役中でも屈指の激戦となっている。八王子城は、その後の徳川氏統治下で使用された形跡がなく、落城後そのまま廃城となったようである。

遺構・考察　八王子城は、関東山地の一端が丘陵地に接するところに位置している。主郭の標高は460.4mで、東麓の登り口からの比高は220mに達する。最高所である伝大天守の標高は478.5mで、主郭より20mほど高い。城山は、東方や南方から遠望すると半独立峰のように見えるが、実際には北高尾山稜と呼ばれる背後の稜線に接続しており、山稜を西へたどると景信山や陣馬山（陣場山）のある奥高尾山稜へ至る。

　ちなみに陣馬山（24-16）は、昭和30年代までは「陣場山」と表記するのが一般的で、武田軍が布陣したとの伝承を有している。また景信山（24-8）についても、氏照の臣で横地景信なる者が守備したという伝承が残る。また、北高尾山稜が奥高尾山稜に接続する直前の一頂部は「堂所山」と呼ばれ、氏照が鐘撞堂を置いたと伝承されている。これら山名の由来には諸説あるものの、かつて奥高尾山稜は、甲斐と武蔵・相模とを結ぶ脇往還路として利用されており、全体としてこの山城の軍事的位置を伝えるものとみてよいだろう。こうした背景を抜きにしては、八王子城の構造と歴史的意義を正しく理解することはできない。

　城跡の所要部は現在、国有林となっており、氏照の居館があった山麓の「御主殿」一帯は、史跡公園として整備されている。ただし山城部分は、山林の手入れの行き届かないところもあって、藪に埋もれたままの遺構も多い。城域の広大さと相まって、遺構の全容は容易に把握できるものではなく、今回可能な限りの踏査を試みたものの、今後新たな遺構が発見される可能性もある。

　八王子城の城域は広大であり、全体を、要害地区・居館地区・太鼓曲輪地区・根小屋地区・御霊谷地区の五地区に大別して説明されることが多い。以下、本稿でもこの区分にしたがうものとする。また、今回の調査で、要害地区北方の滝沢川に沿った谷筋にあたる搦手口地区でも、築城遺構を確認することができたので、この箇所について

も概要を述べる。

要害地区は、標高は460.4mの主郭を中心とした主城部分と、その西方の伝大天守部分とに分けることができる。主城部分は大小多数の曲輪から構成されているが、要所に石積の残欠を認めるほか、藪に埋もれた斜面には無数の割石が散乱している。本来、主要部分には石積が積極的に用いられていたものと推測する。

石積は自然石や割石を用いており、総じて小さな腰曲輪や犬走り状の段築を設け、石積を繰り返す工法によって雛壇状に積み上げられている。このため推定復元図は、主要部の全面に石積が施されていた場合を仮定してみた。主城部分と居館地区とを結ぶ尾根上には多数の曲輪が連鎖しているが、北面には断続的に石塁が確認できるので、主城部分と居館地区とを一体的に防禦するラインと評価できる。また、主城部分と伝大天守部分の間の「馬冷し」と呼ばれる鞍部には、巨大な堀切がある。

主城部分の背後に一段と高く聳える伝大天守部分は、その伝承名とも相まって、これまで詰城として理解されることが多かった。しかし八巻孝夫は『事典』において、「大天守」の呼称は地誌類にも見えず、比較的新しい呼称と考えられることに注意を促した上で、縄張上は敵正面に向いた最前線の堡塁として評価できることを指摘した。

伝大天守部分の最高所は、巨大な堀切に面した多角形の石積の堡塁である。ここから南北両翼に各300m、総延長600mにも及ぶ石塁のラインが伸びており、南翼は途中から東に向きを変えて、「馬冷し」の大堀切に達する。石塁ラインの要所には石積の堡塁があり、全体として堡塁を塁線で結んだ近代要塞のごときプランとなっている。

こうしたプランニングの類例は、伊豆の韮山城主郭背後部分や山中城の岱崎出丸部分、相模の津久井城等に認められ、火力戦に対応した後北条氏築城技法の最終形態を示すものと位置付けることができる。

居館地区は要害地区の南麓に展開する曲輪群で、その南縁は城山川に落ち込む急崖となっており、氏照の居所であった「御主殿」を中心とした一画である。政治的・戦略的には、八王子城の実質的中枢とみなしてもよいだろう。御主殿については、昭和61年〜平成5年（1986〜1993）にかけて発掘調査が実施され、中心となる礎石建物の一部や石積みで造られた通路遺構等が検出され、陶磁器を中心とした大量の遺物が出土している。それらの詳細は、既刊の調査報告書等に譲るとして、ここでは城郭としての評価に関する要点だけを挙げておく。

まず御主殿を中心として、広範囲に積極的な石積みの利用が認められる。居館地区の主要な曲輪群は、ほぼ石積によって成立していたものとみてよいだろう。割石を横に寝かせて積むのを基本とする点、高石垣をたたみ上げずに、雛壇状に繰り返して積み上げていく工法は、山上の要害地区における石積と技法が共通している。

次に、縄張面から見るならば、御主殿の正面入口が屈曲を繰り返す長大なスロープとなっている点に注意したい。類似の虎口形態は山中城北条丸にも見られるので、後北条氏末期の虎口技法と位置づけることができる。なお、御主殿の発掘調査によって出土した遺物の特徴として、16世紀後半代に帰属するものが多く、そして年代幅が狭いこと、出土した陶磁器の接合率が高いこと、焼損品が多いことを挙げておきたい。これらの特徴は、八王子城の落成に伴って大量に一括搬入された生活用品類が、火災を伴う落城によって遺棄され、そのまま城自体も廃城となった経緯を如実に示すものである。

太鼓曲輪地区は、居館地区と城山川の谷を挟んだ南方対岸の尾根稜線を中心に展開する遺構群である。稜線上の遺構群は、曲輪の削平よりも遮断線の形成に極端に比重を置いた縄張となっており、浄福寺城にも通じるものがある。主要な堀切は深く鋭角に切れ込んで、尾根を完全に切断するもので、馬冷しや伝大天守正面の大堀切にも匹敵する規模を有している。また、現状では崩落が著しいけれども、堀切に面して石積みの堡塁または櫓台を設置していたと考えてよい箇所がある。この場合、堀切を橋で渡った正面に櫓台が位置することになるため、木橋と櫓台が一体化したような、特殊な上部構造物の存在を想定せざるをえない。

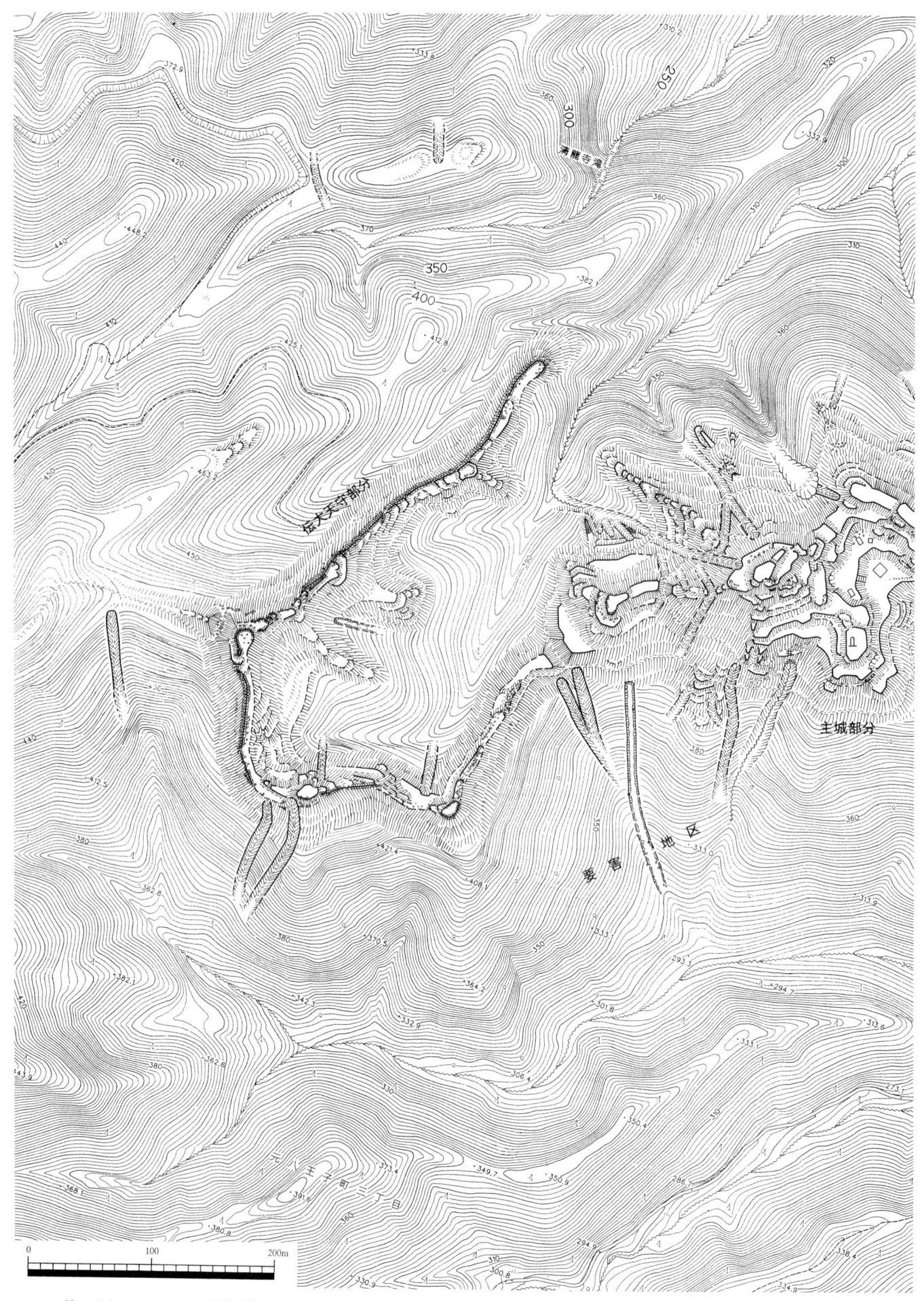

第42図　八王子城跡縄張図（S=1/4000）

居館地区

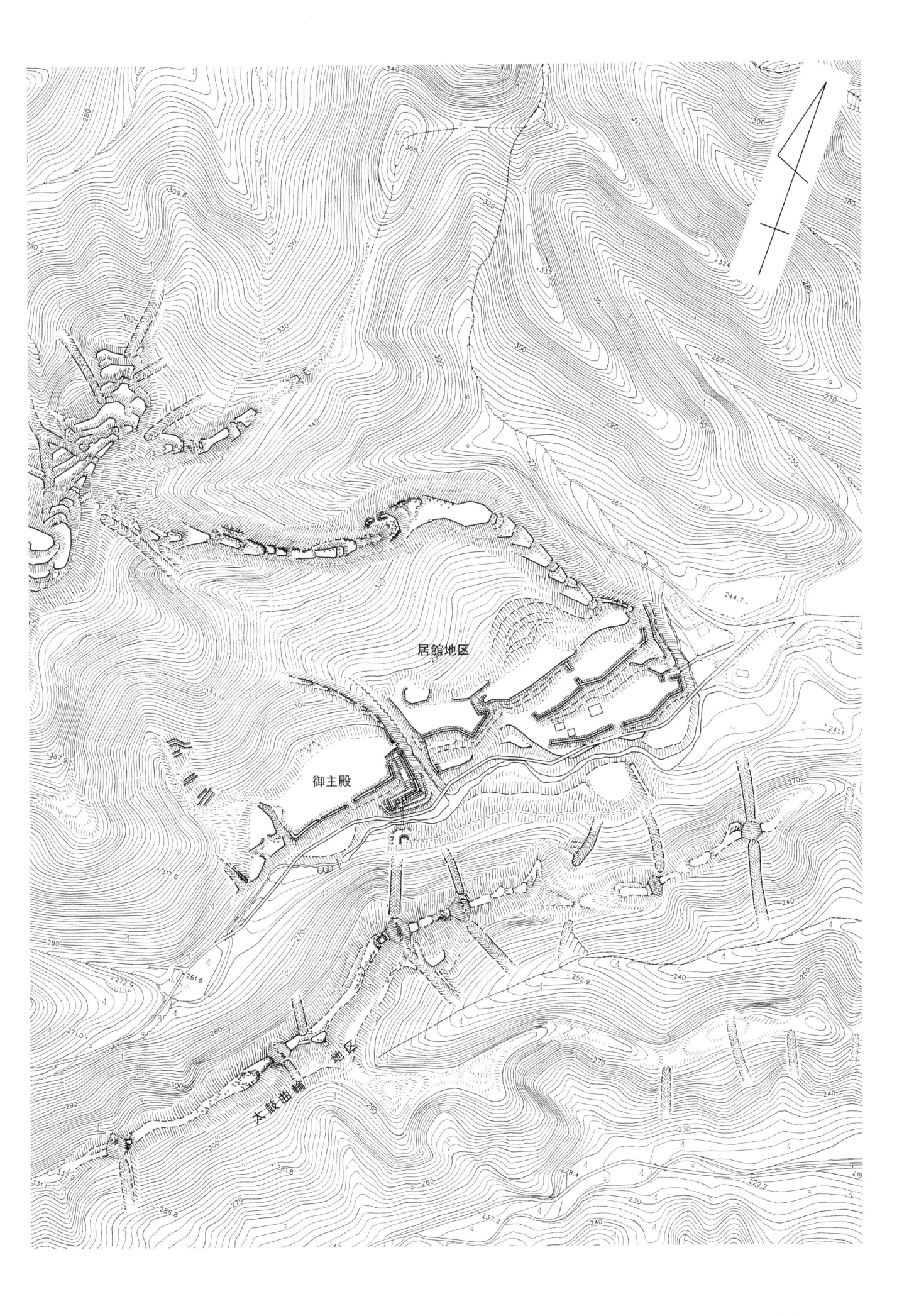

御主殿

太鼓曲輪地区

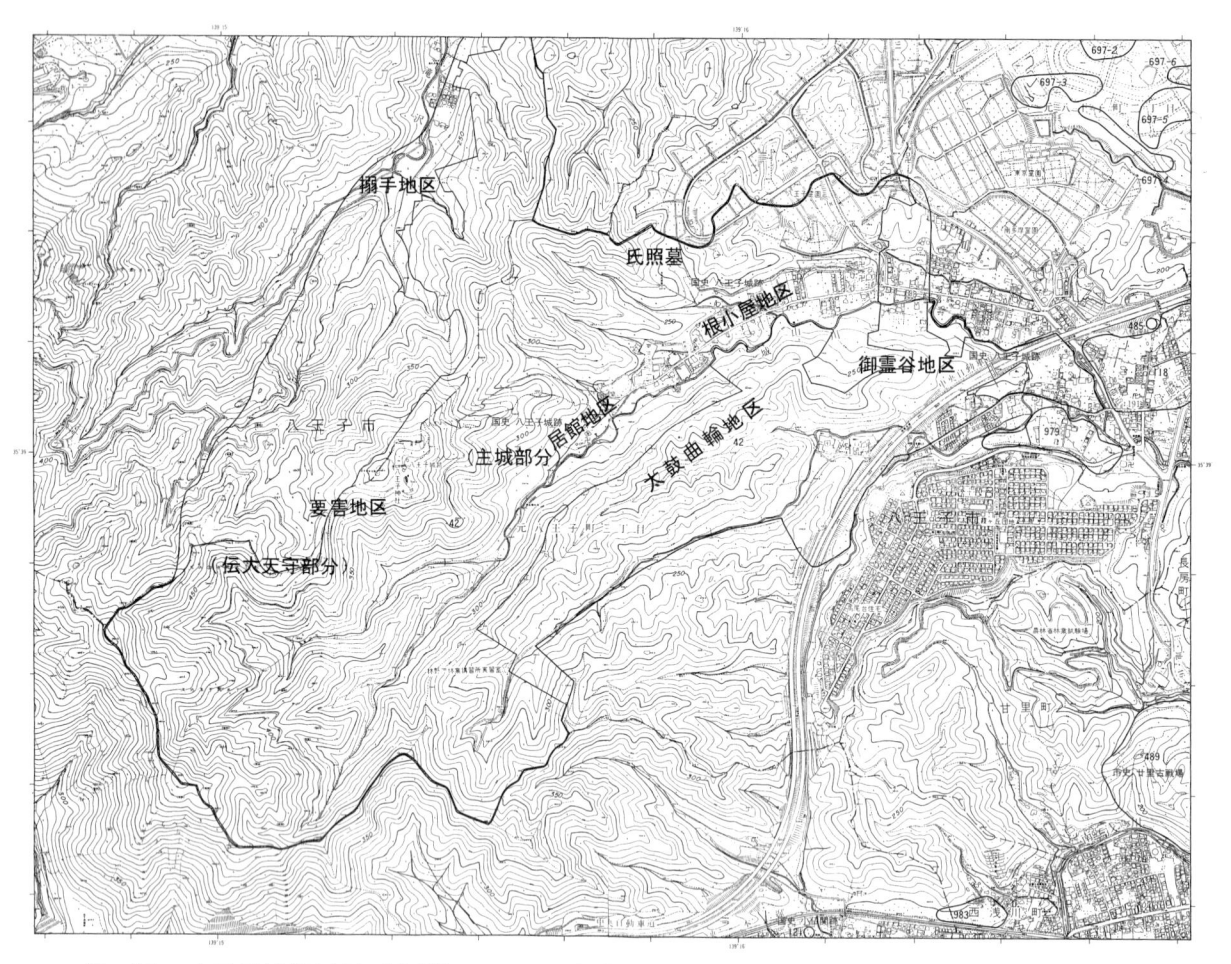

第43図　八王子城範囲図（太線）及び地区名称（S＝1/20000　東京都遺跡地図 1996 改変）

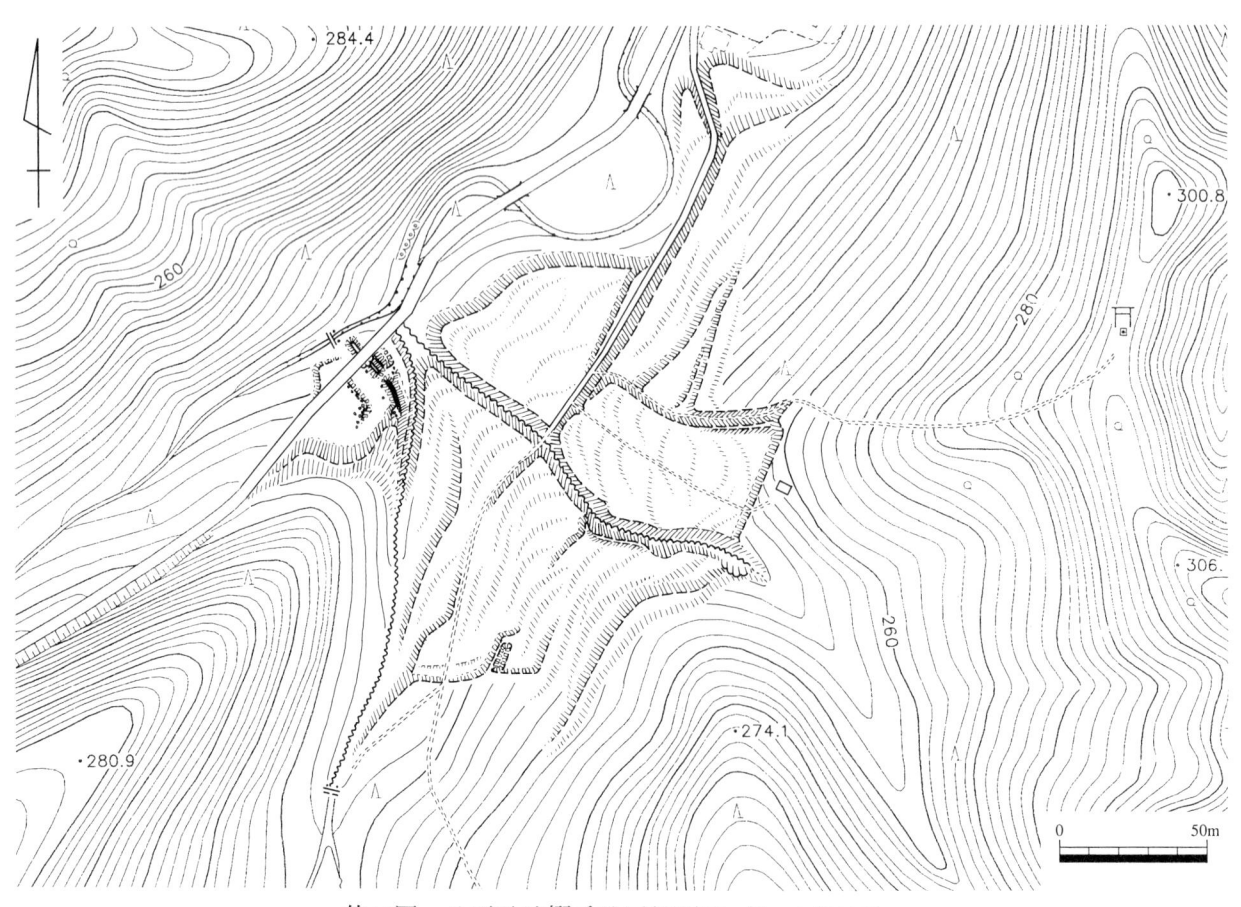

第44図　八王子城搦手地区縄張図（S＝1/2500）

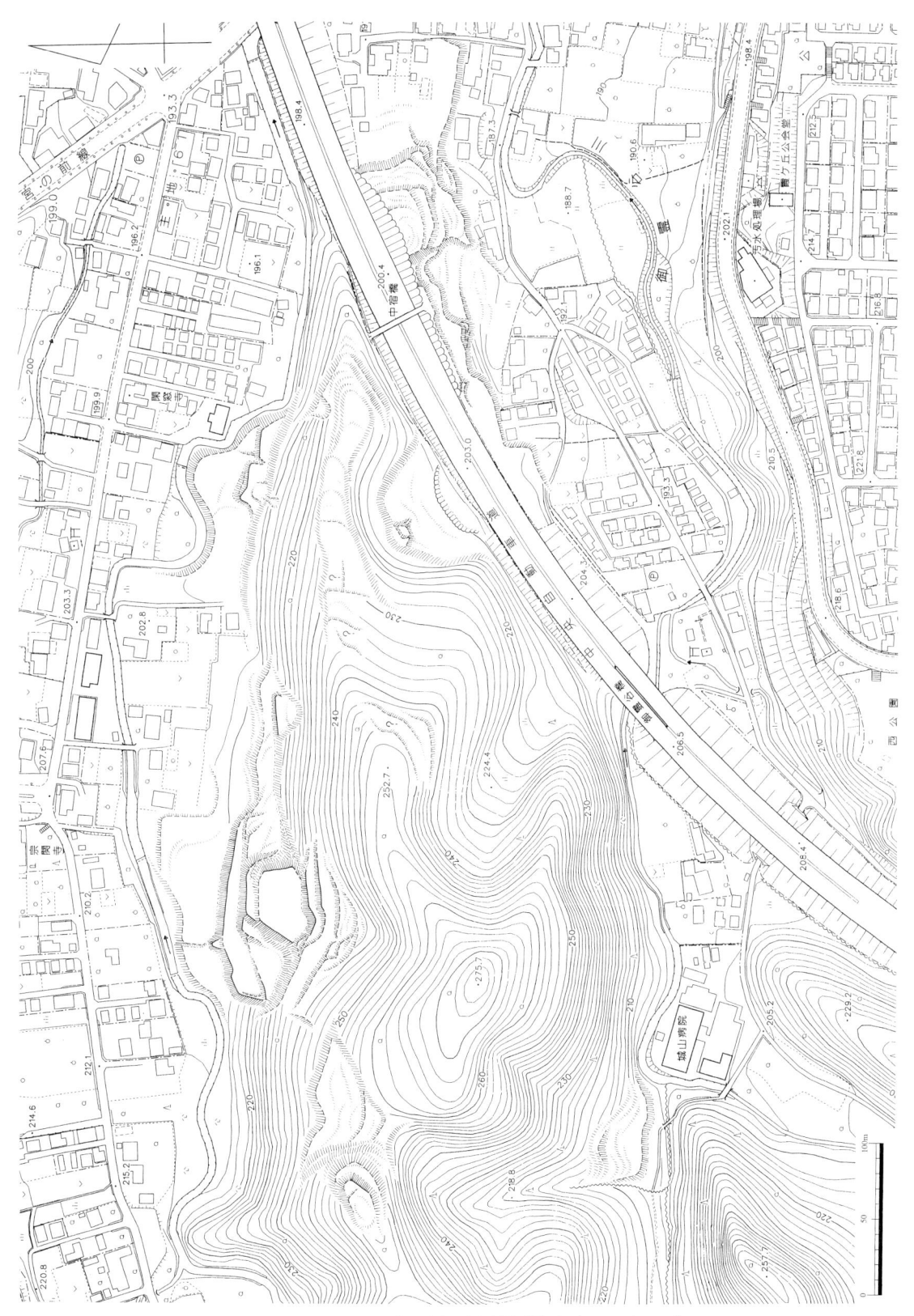

第45図　八王子城御霊谷地区縄張図（S＝1/4000）

第46図　八王子城推定復元図（S＝1/4000）

八王子城推定復元図
(八王子市元八王子町)

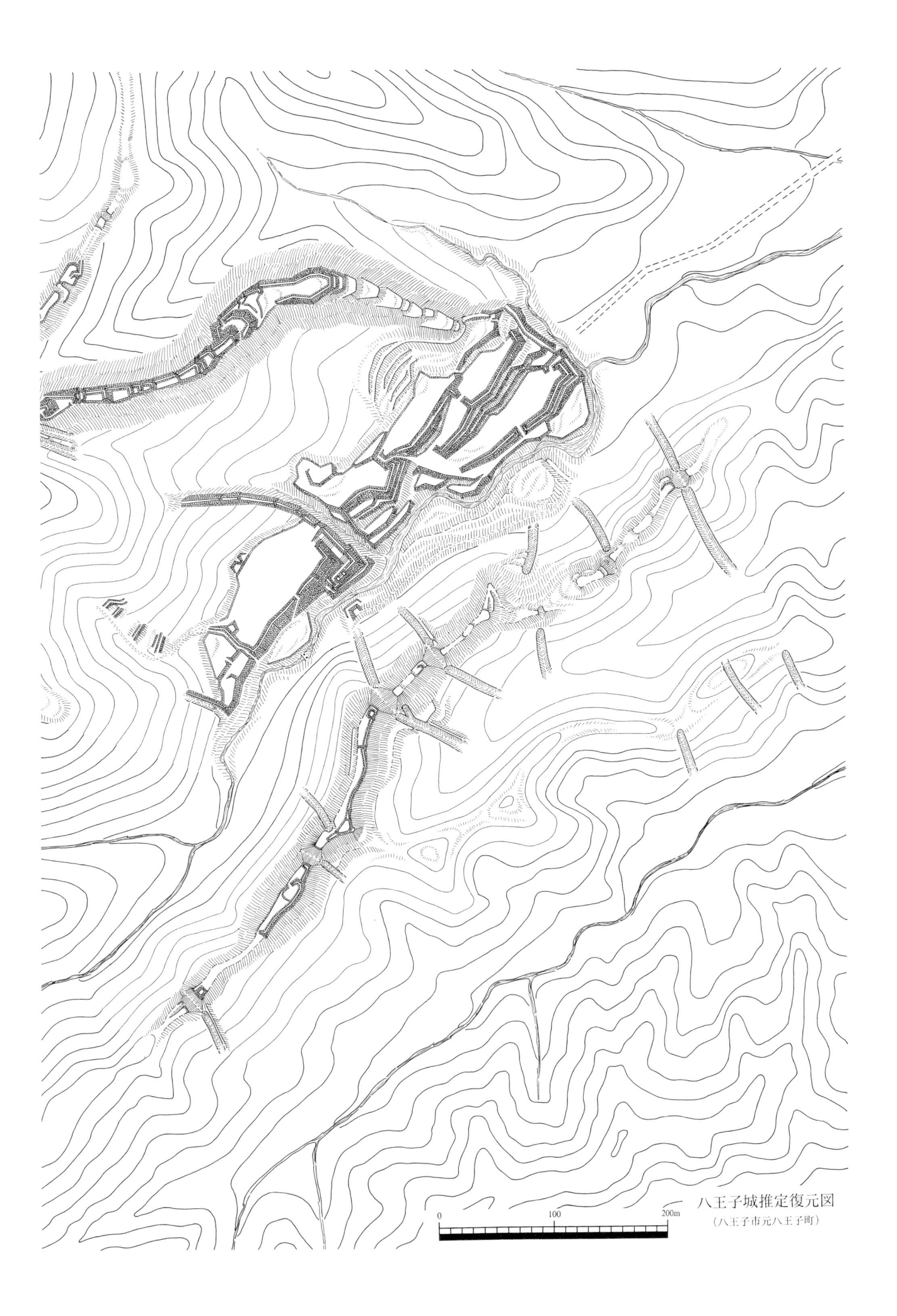

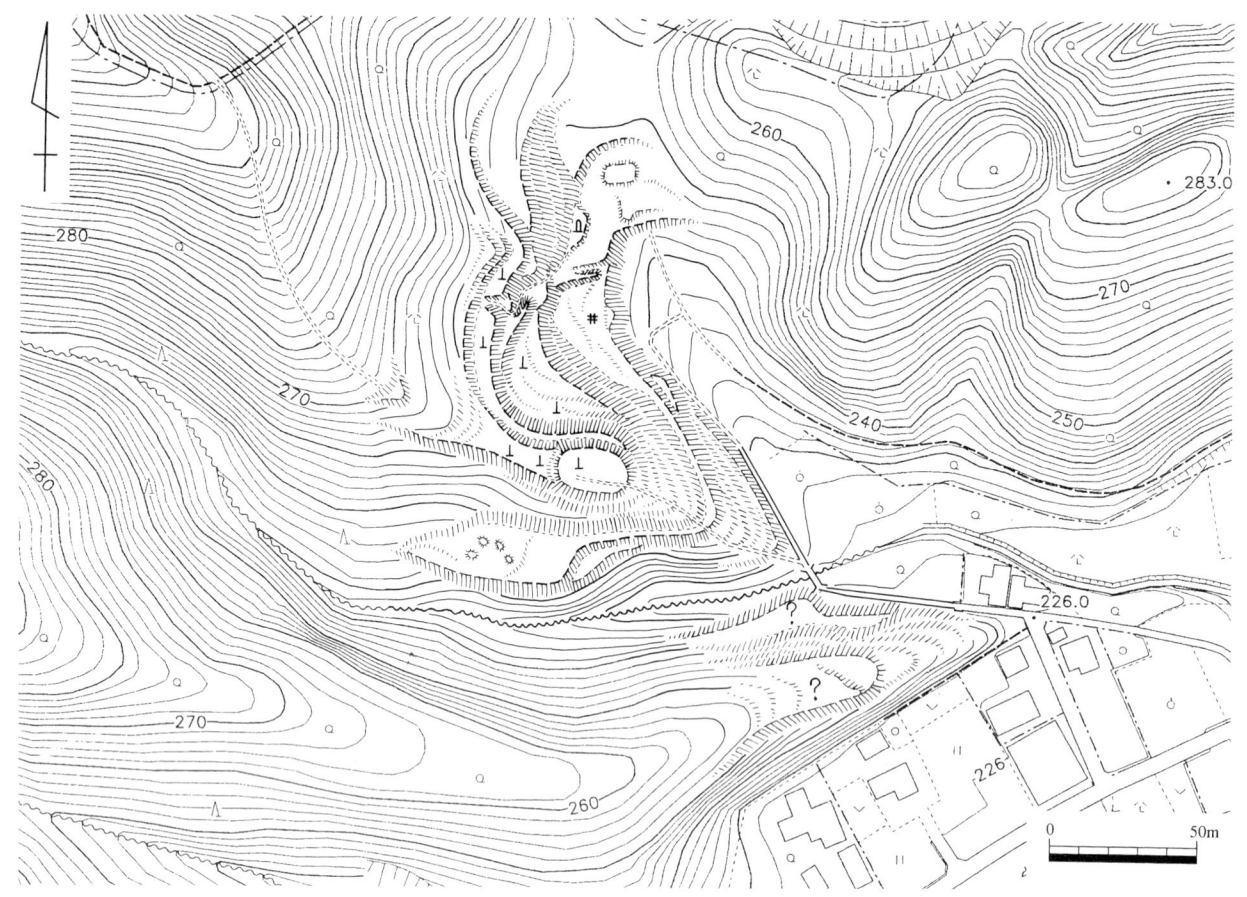

第47図　八王子城跡北条氏照墓付近現況参考図（S＝1/2500）

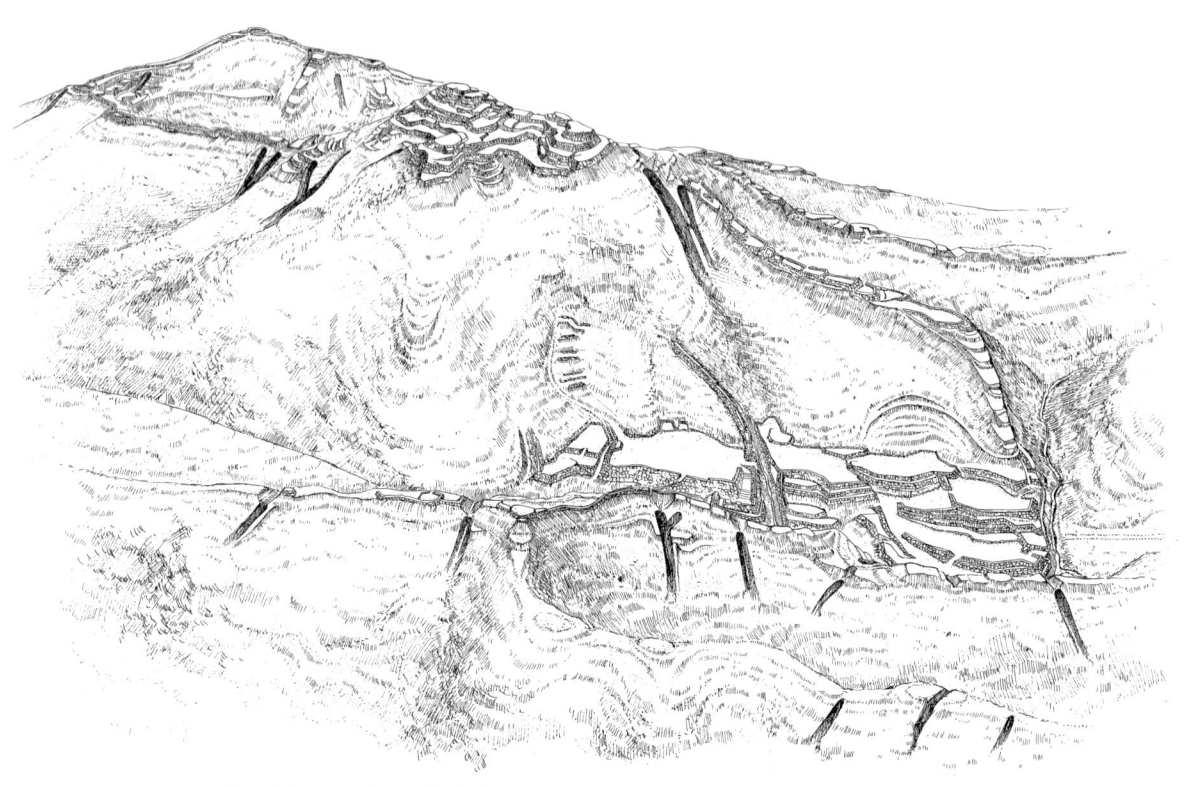

第48図　八王子城推定復元俯瞰図（八王子市八王子町）南東から

上述した以外にも、周辺地域には広範囲に城郭遺構らしき人工地形が分布しており、中でも太鼓曲輪地区の尾根の東端部に位置する御霊谷地区の削平地群と、北方搦手の谷筋に存在する塁状遺構には留意したい（第44・45図参照）。また、伝大天守から太鼓曲輪にいたる長大な尾根筋にも、何箇所か竪堀状の地形が存在する。要害地区についても、密生する藪に覆われて遺構の観察しにくい箇所が多く、八王子城の全容については、今後の綿密な調査によって、新たな城郭遺構の発見も予想される。

24－26　初沢城跡（八王子市初沢町・狭間町）　　地図15

別　　　名　椚田城、高乗寺城

沿革・伝承　『風土記稿』は多磨郡之十四・由井領上椚田村の条、高乗寺の項では「城墟」として、城主に関する明確な伝承は失われているが、横山党末裔の椚田氏または高乗寺を開基した長井高乗の居城との説を紹介している。『風土記稿』は地形や遺構に関しても具体的に記述している。

　推定永正7年（1510）3月晦日付で上杉（山内）顕定が三田弾正忠に宛てた書状には、「椚田事大切候、彼地へ動候者、即被馳籠、堅固之備肝要候」とあって（註）、敵（長尾景春方か）の攻撃に対して「椚田」の備えを固めるように三田に命じている。この時期、顕定は越後の支配をめぐって守護代の長尾為景と戦っており、同年の6月には敗死している。「椚田」が初沢城を示している可能性は高いが、片倉城を指すとする説もある。ただし近世の片倉村は、柚木領片倉村であった。

遺構・考察　初沢城は標高294.1m、北麓からの比高115mをはかる小高い山上にあり、高尾駅から一見して城跡とわかる山容をしている。城地のほとんどは雑木林となっていて、山頂から山麓にかけて遺構が観察できる。ただし、山頂部には第2次大戦中に軍の防空施設が置かれており、それに伴う地形改変が一部に存在するようである。

　三角点のある曲輪が主郭1で、ここから南に続く稜線に小郭と堀切を連続させ、その先に曲輪2を置くが、道が堀切を埋めているらしく、やや判然としない部分がある。西側の斜面を主郭に登ってくる道は、防空施設による破壊であろう。曲輪2の南方は配水施設と遊歩道の造成によって旧状が損なわれているけれども、ここは背後の丘陵に接続する尾根であり、『大系』所収の図には堀切が描かれている。おそらく配水施設の南東50mくらいの位置(a)であろう。曲輪2から東に派出する尾根にも堀切と曲輪3をおく。

　曲輪2の南西側下は、竪堀と横堀・壁を組み合わせたような遺構で斜面を処理する(b)。主郭から西・北・東の三方にも尾根が下っていて、腰曲輪の壁の削り落としや堀切・竪堀を有効に組み合わせて対処している。東尾根の途中から北東に分岐する尾根が山麓と連絡する主尾根となっていて、途中に3段の削平地を設けて登城路を押さえる。尾根の分岐点より東側にも2条の堀切を入れている。

　山麓部の曲輪4は三方に腰曲輪を廻らせているが、本来は横堀だったと見てよいだろう。菅公銅像と神社稲荷のある平場も、改変されてはいるものの曲輪だった可能性がある。背後の尾根続きが掘り切られておらず独立した構造となっていないこと、および中心となる曲輪4の削平が不充分であること等から考えると、これら山麓遺構群は、山城に対応する居館ないし根小屋ではなく、一種の前衛陣地として理解するべきであろう。山麓からもっとも取り付かれやすい北東主尾根に数箇所の防禦陣地を設け、堀切と竪堀によって迂回を阻止して戦闘正面を限定しつつ、防戦を試みようとしているものと理解できる。

　全体に堀切・竪堀といった遮断施設の配置が合理的で、明確な防衛プランを読みとることができる一方、明確な虎口が形成されていないなどの点で、古い要素をみせている。現時点で築城主体や時期を特定することは避けるが、永正7年の上杉顕定書状に登場する「椚田」に初沢城の現況遺構が該当する可能性も考慮したい。ただし三田弾正忠は三田谷（青梅地方）を本拠とする領主であるから、「椚田」は三田の居城ではなく、あくまで戦略上の必要によって取り立てられた軍事拠点ということになる。

　なお、初沢城の北西に位置する金比羅山および、高乗寺西方背後の山についても城郭とする説がある。当該地には数箇所に竪堀状の地形が存在しているけれども、林業や戦時中の軍需施設に伴うものである可能性も否定できず、現状では城郭遺構との判断は保留する。

(註)『新編武州古文書』多摩郡172号・青梅市谷合氏所蔵文書

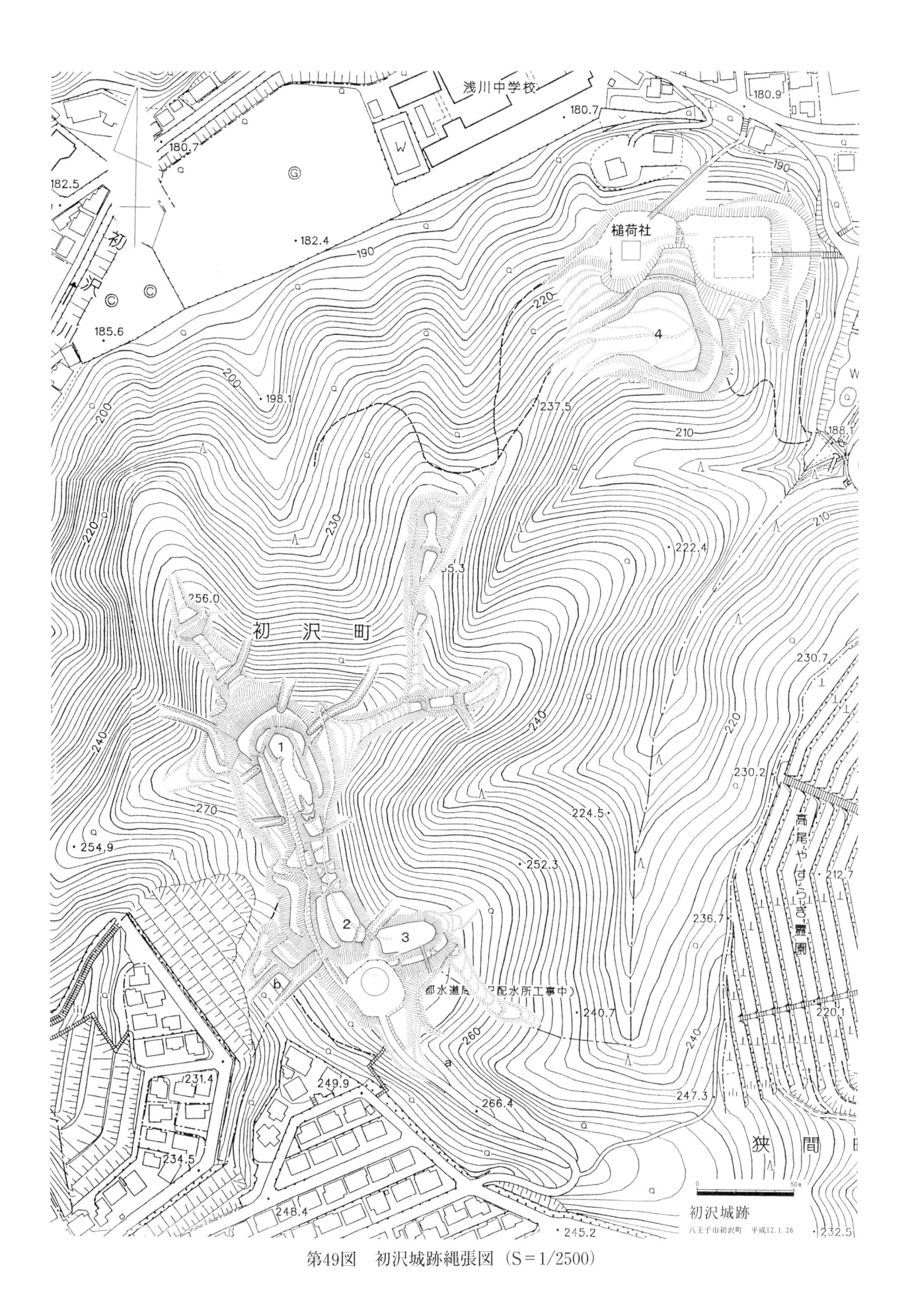

第49図　初沢城跡縄張図（S＝1/2500）

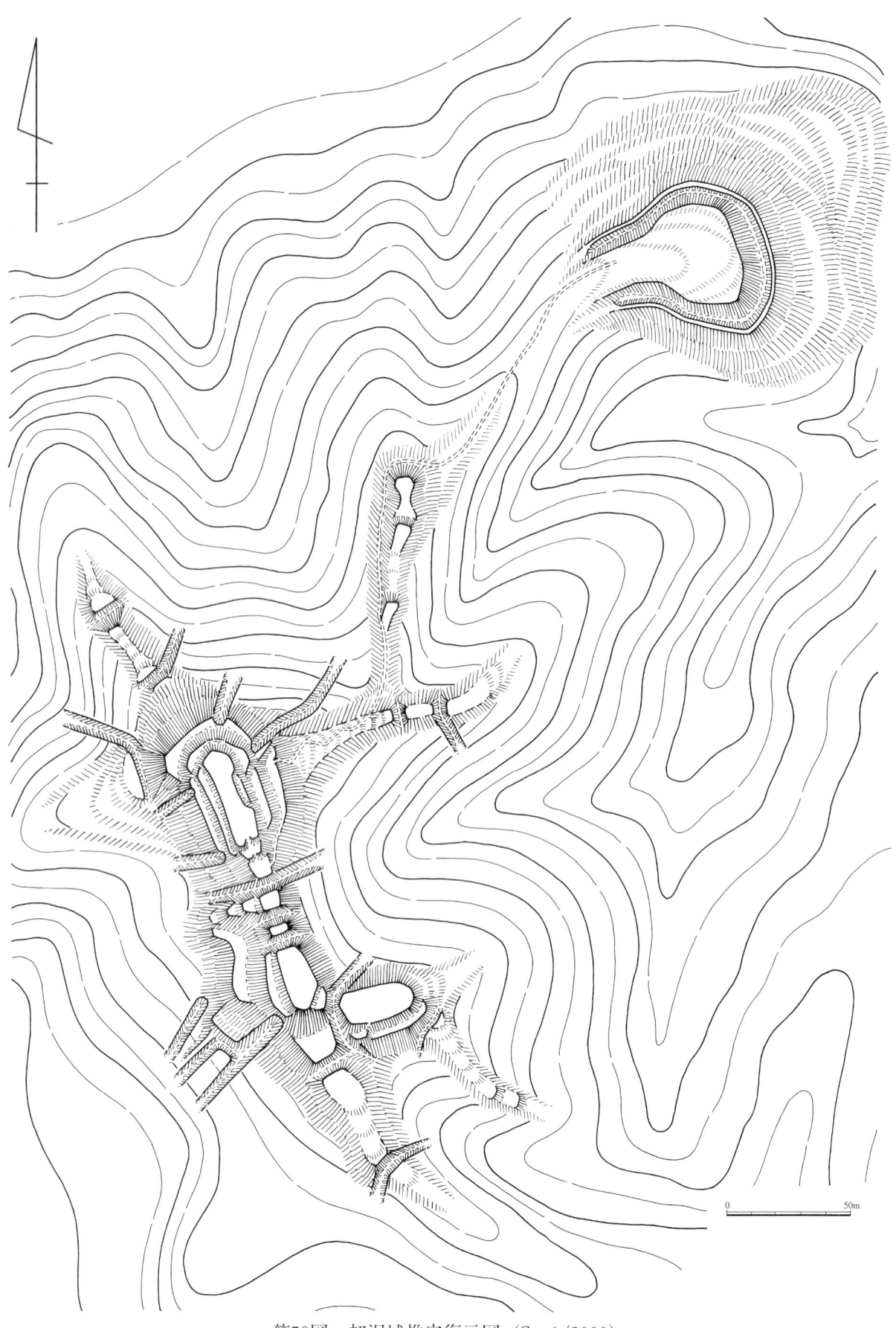

第50図　初沢城推定復元図（S＝1/2000）

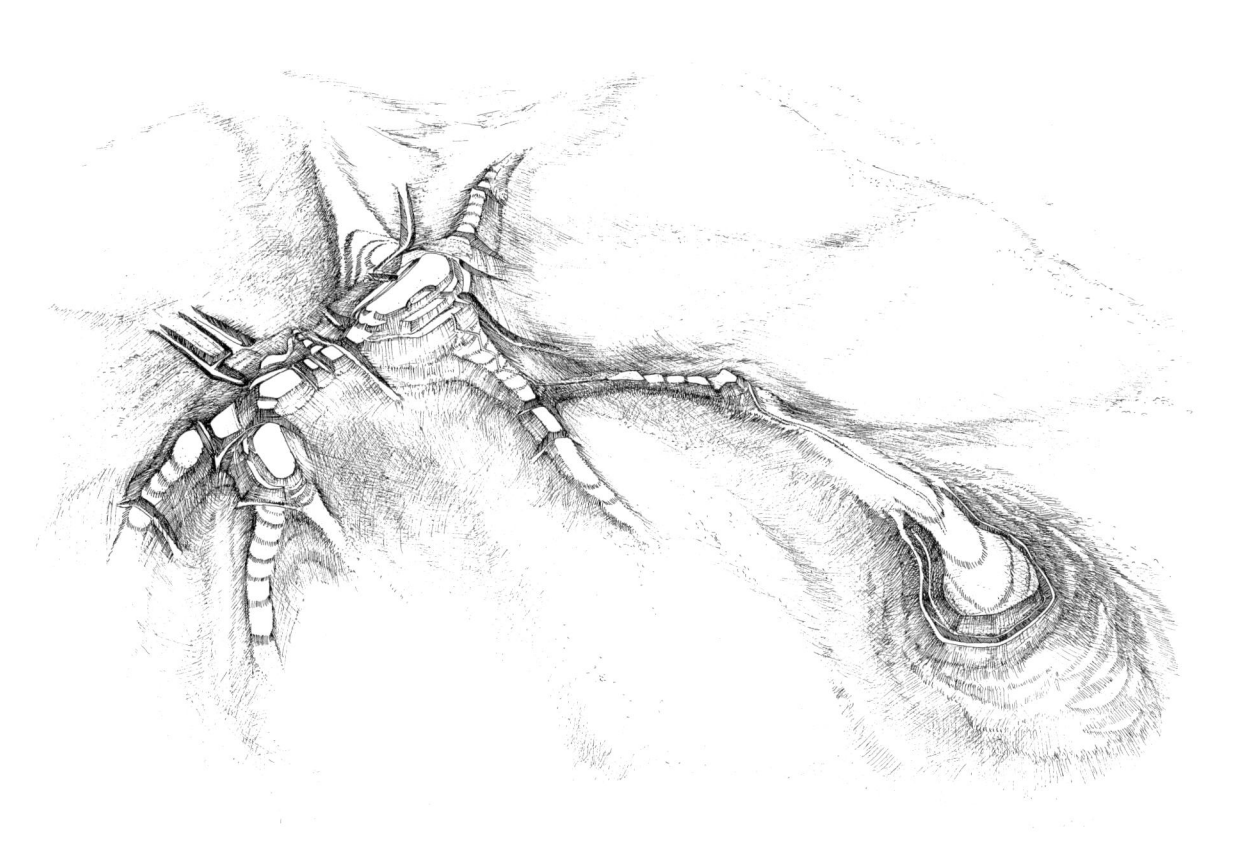

第51図　初沢城推定復元俯瞰図（八王子市初沢町）東から

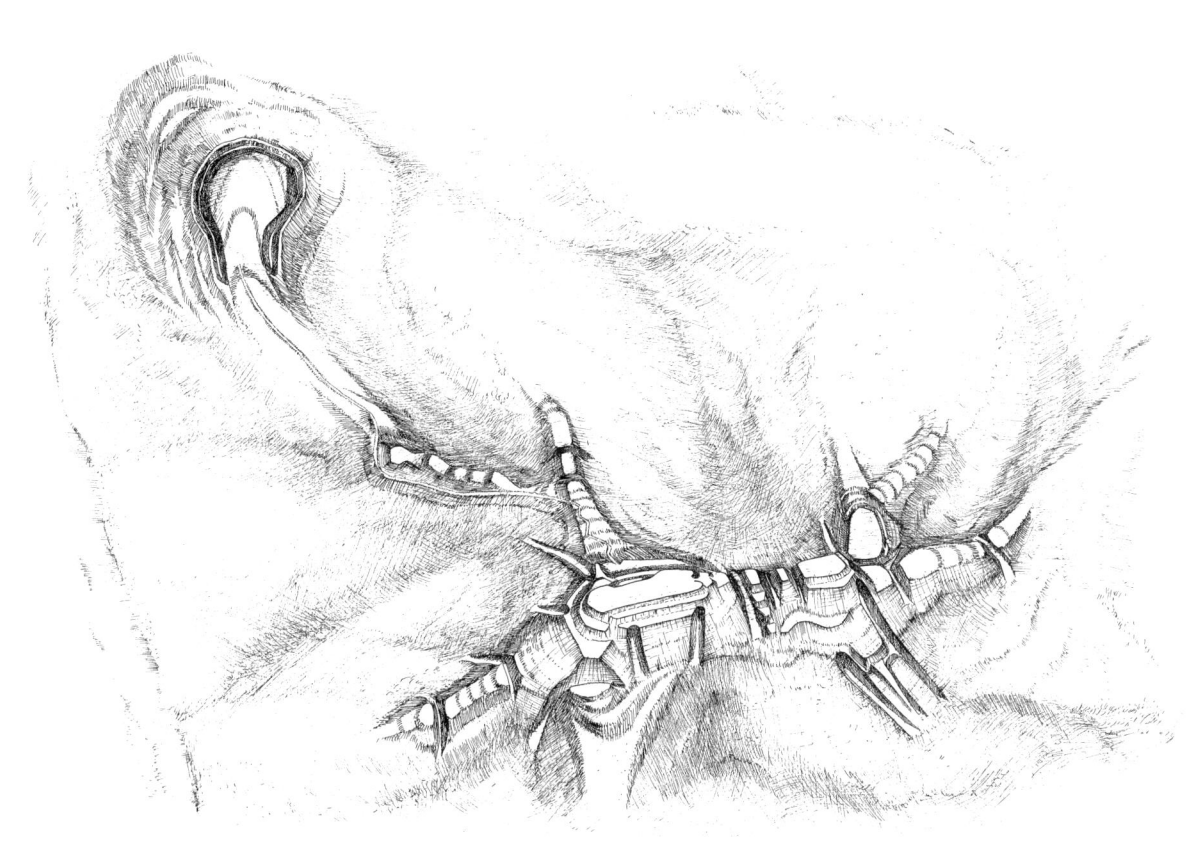

第52図　初沢城推定復元俯瞰図（八王子市初沢町）西から

24-27　松木屋敷跡（八王子市松木205他）

地図11

別　　名　多摩ニュータウンNo.125遺跡

沿革・伝承　本居館に関する文献はない。ただし『風土記稿』には松木屋敷の館主である松木七郎師澄について記されている。昭和49年版の『東京都遺跡地図』や『大系』では、本遺跡が「松木屋敷」として館跡で登録され、周知されている。

昭和60年度に実施された発掘調査において、中世の居館跡と思われる有力な手掛りとなる遺構群が発見された。

遺構・考察　「松木屋敷」とされる多摩ニュータウンNo.125遺跡は、多摩丘陵内を東流する大栗川と大田川の合流する南西側にあり、北向きの緩斜面上に位置する。本遺跡の対岸には、北条氏照の家臣小田野（小田）氏が居住していたとされる「小田屋敷跡」（多摩ニュータウンNo.287遺跡）や、伝大石信濃守屋敷（多摩ニュータウンNo.107遺跡）が所在している。

なお、本遺跡の総面積は28,600㎡に及び、現在この地には松木七郎と思われる墓がある。

発掘調査は4回にわたって行われ、居館に関係すると思われる遺構が発見されたのは、昭和60年度調査で、建物跡・大形竪穴跡・井戸跡・土坑など多数検出されている。特に大形竪穴跡は注目され、この周辺地域では町田市小山田No.1遺跡に次いで2例目であり、報告では南多摩地域における中世居館跡の一形態として捉えている。

出土遺物は舶載磁器・国産陶器・土師質土器など器種が豊富である。特に食膳具・調理具・貯蔵具は、舶載磁器や東海系諸窯の国産陶器に依存していたことが窺える。

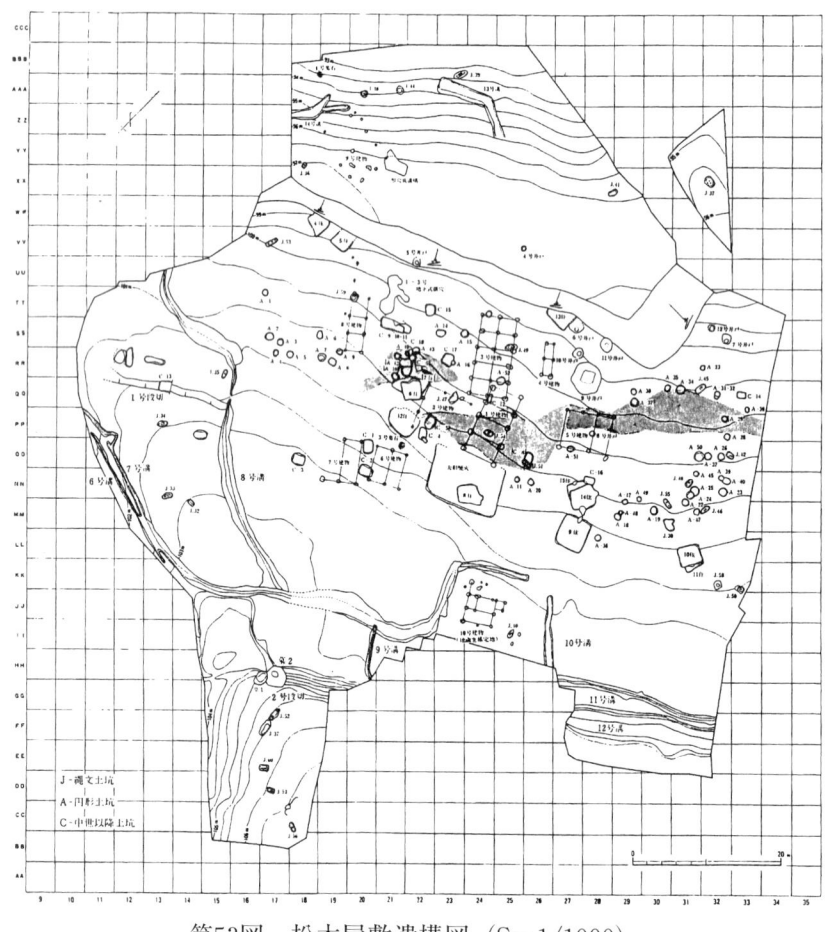

第53図　松木屋敷遺構図（S＝1/1000）

25－1　伝立川氏館 （立川市柴崎町4丁目）

地図10

沿革・伝承　立川氏は武蔵西党日奉氏の支族で、多摩川中流の北東岸の中世立川郷を中心に活躍した在地の領主と考えられている。立川氏に関する資料は鎌倉時代から江戸時代にかけて残された断片的な記事のみで、その系譜や動向、居館に関する詳細は明らかではない。

過去の研究によると、立川氏は鎌倉時代『吾妻鏡』暦仁元年（1238）に「立河三郎兵衛尉基泰」の名が見られること等から幕府の御家人と考えられている。南北朝期の元徳3年（1331）、室町期の応永24年（1417）には日野土渕郷の土地の取得に関する史料（「立川氏文書」「水府志料」）が現存し、本地域との関わりを示す立川氏の資料として注目されている。中世以降立川氏は戦国時代に小田原北条氏に仕え、後北条氏滅亡後水戸藩徳川家に仕官し、常陸国へと転移する記録が残されている。

立川氏館跡は多摩川を見渡す高台にそびえる臨済宗建長寺派普済寺境内が推定地とされている。普済寺の寺伝及び『風土記稿』等の古地誌によると、普済寺は文和2年（1353）、「立河宮内少輔宗恒」によって鎌倉建長寺から高僧物外可什禅師を招き開山したと伝えられる。

普済寺の境内には現在も居館の防禦を想わせる土塁が残るほか、立川氏に関わる多くの文化財が残されている。中でも境内「首塚」からは、文永12年（1275）から応永25年（1418）にかけての記年入り板碑60数枚が発見されている。これらの資料から、立川氏の居館は鎌倉時代に築かれ、南北朝期には屋敷内に堂宇を建立し普済寺を開き、戦国時代立川氏の滅亡後、居館に代わり普済寺の境内伽藍として現在に至ると推測されてきた。

遺構・考察　段丘崖の縁辺に立地する普済寺境内には現在も堂宇を取り囲むように居館の区画が確認できる。切り立つ段丘崖に直交する東西2本の土塁列と土塁の脇には堀割を想像させる道路が通る。古地図や遺構の配置状況から居館は、南側の崖線と東西二本の土塁列、寺院の北側敷地境の道路を取囲む長方形の区画が推定範囲と認識されている。

平成7年、普済寺の本堂等の焼失後、寺院堂宇の再建に伴う発掘調査及び居館の範囲確認調査が実施され、東側土塁の脇から区画を示すV字形の堀跡（上幅4.4m、下幅1m、深さ2.2m）が発見され、土塁列に沿っての延伸が確認された。一方、西側土塁は近世期に築造された盛土と分かり、その他寺域各所で行った発掘調査では区画に関係する堀跡等の遺構は検出されず、区画が現寺域を超えて広範に展開することが明らかになっている。なお、主郭部分で行った発掘調査では、15世紀前半から16世紀前半期にかけての屋敷に伴う建物、井戸、門、柵列等が検出され、堀、土塁についても同時期に築かれた遺構と推察している。

この発掘調査の成果から、伝承の年代と異なる中世後期の居館跡であることが判明した。

レーダー探査の結果では、東側で検出された堀跡の延伸は寺域を大きく超え、居館推定範囲の北・西側区画ラインよりも外に拡がり、一辺200mを超える大規模な区画となるデータが示されている。また、北側区画ラインの外側には副郭と捉えるデータも認められる。

このレーダー探査で提示されたデータの検証を図るべく発掘調査等の実施により、居館の正確な区画、位置範囲の確認及び把握を進めていくことが今後の課題とである。

発掘調査報告書

立川氏館跡遺跡調査会 2000『立川氏館跡』立川市埋蔵文化財調査報告5

立川市教育委員会 他 2001『立川氏館跡Ⅱ』立川市埋蔵文化財調査報告6

玉川文化財研究所 2002『立川氏館跡Ⅲ』立川市埋蔵文化財調査報告10

立川市教育委員会 他 2002『立川氏館跡Ⅳ』立川市埋蔵文化財調査報告13

玉川文化財研究所 2003『立川氏館跡Ⅴ』立川市埋蔵文化財調査報告14

第54図　伝立川氏館縄張図（S＝1/2000）

27－1　島屋敷（三鷹市新川4・5丁目）

地図8

沿革・伝承　『風土記稿』多磨郡之六・府中領上仙川村の条に「旧蹟　嶋屋敷」として「往古金子時光の館跡にして、天正の頃まで金子弾正といふもの棲たりといへり」とあるが、伝承の域をでない。なお、大阪夏の陣後の元和元年（1615）に柴田勝家の孫の勝重が3500石どりの旗本として、この地に陣屋を築いている。

遺跡は公団団地建設により破壊が進んでいたが、平成4年から15年にかけて、三鷹市遺跡調査会及び東京都埋蔵文化財センターにより、広範囲にわたって発掘調査が実施された。

遺構・考察　多摩川の支流である仙川中流域に所在しており、138,100㎡もの範囲に遺構が展開している。『風土記稿』に「今に地形高うして四方に田圃を繞らし、もとより要害の地と見えたり、平地に突出して、あたかも孤嶼に似たり、是嶋屋敷と呼べるゆへんか」とあるように、周囲を低地に囲繞された島状の丘陵に立地しているが、後述するように戦術的優位性を求めてこの地に占地しているかという点については疑問が残る。

発掘調査では13世紀から16世紀に渡る中世遺構・遺物が検出されており、出土遺物の年代観から遺構の中心時期は15世紀後半代になると考えられている。複数の掘立柱建物跡や井戸、区画・排水溝等を含む集落跡・屋敷地群が検出されているが、特に丘陵中央に存在する建物群は、伝承による金子氏の屋敷跡である可能性が最も高いと推定されている（東京都埋蔵文化財センター　2002　図中番号a付近）。ただし、この建物群は近世の柴田陣屋遺構と重複する部分が多く、また、団地造成時の破壊が著しい区域に位置するので、遺存状況は余りよくない。

また、調査対象地域の各所で断続的に検出している大型の溝は、他の中世遺構より一段階古いことが確実であることから、中世遺構群が形成されるごく初期の段階で掘削されたとされている（三鷹市遺跡調査会　2003　図中番号b・c・d）。ただし、この溝は土塁を伴わないことに加え、防御用としては幅・深さともに小さく、また、内部に通水した形跡もないことから、ある一定の地域を区画するために設けられたものと考えられる。

その他には、旧地形の等高線に沿った配置を持つ地下式坑・方形土坑群や焼土土坑の存在から、丘陵斜面に分布する墓壙群の存在が推定されている（東京都埋蔵文化財センター　2002　図中番号e付近）。なお、近世陣屋遺構に属する池跡から15世紀代の青磁酒会壺片が出土しているが、これは当初この墓壙群に骨壺として埋設されていたものが、池を埋める際に充填土とともに混入したと考えられる。通常の村落遺跡から出土する類より上手の品であり、金子氏かどうかはともかく、この地にある程度以上の経済力を持つ築造主体が存在したことの証左にはなろう。

多数の遺構が確認されている本遺跡ではあるが、堀・土塁といった防御施設は確認されていない。また、周囲が低地ではあるものの、数百人単位の人数で防御するには島屋敷の台地はやや広すぎて纏まりがない。丘の全縁辺に防御用の人数を配置するのはあまりに不自然であるし、戦闘の発生した地点に適宜兵員を集中させるにしても、丘陵の規模はより小さなほうが機能的である。したがって、この地に占地した理由としては軍事機能以外の条件が関わると考えたほうが良い。

そこで、遺跡内における屋敷地以外の遺構や周辺の地形を観察すると、遺跡周辺には仙川の水源地である丸池を始めとする大小の湧水池群が点在しており、また、遺跡内の低地部においても水田遺構に隣接した村落遺構と考えられる多数の建物跡が確認されている（図中番号f・g付近）。これらのことから、館がこの地を占地したのは水源地確保を優先したためと考えたほうが妥当であろう。『風土記稿』や小室栄一が指摘するように（小室　1968）、自然地形の要害性を利用した可能性も未だ残ってはいるものの、それはあくまで結果であって、本来の屋敷における軍事的な機能は薄かったものと思われる。あるいは本遺跡と仙川を挟んで対峙する天神山城が、本遺跡の詰城的な存在であり、本遺跡の軍事的機能の一切を担っていたのかもしれない。

第55図　島屋敷遺構図（S＝1/1500）

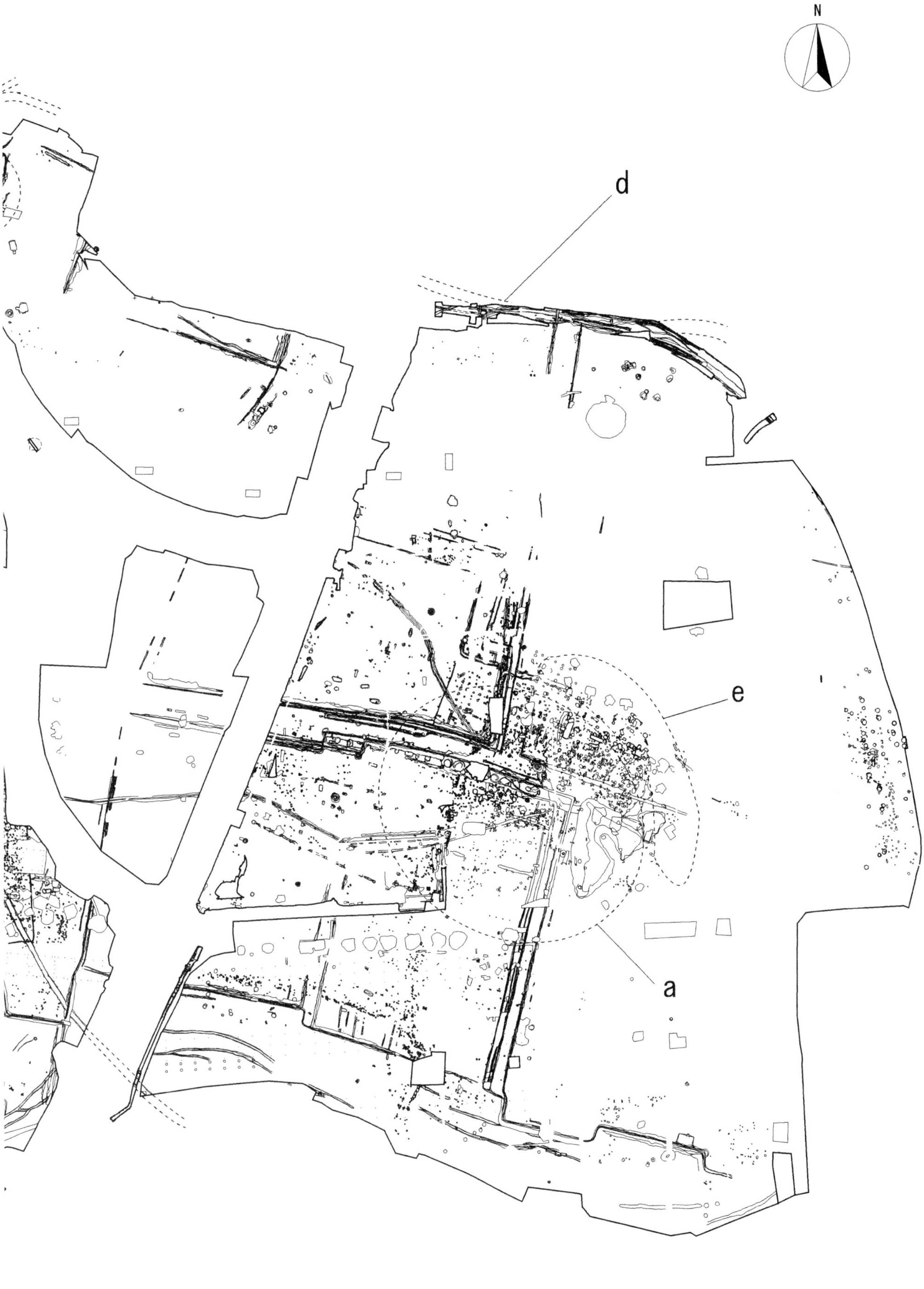
N
d
e
a

27－2　天神山城 （三鷹市新川1丁目）

地図8

沿革・伝承　『武蔵図会』多摩郡之部四・府中領の条に「天神山」として「又云東西に堀切の空湟あり」との記述があるものの、それ以外の伝承はなく、来歴は不明。平成7年に公園整備に伴う小規模な確認調査が実施されている。

遺構・考察　多摩川の支流である仙川中流域に在し、島屋敷とは仙川をはさんで東側に対峙する位置にある。北方から伸びる舌状台地の先端を占地しており、関東平野における小規模城館の立地としては至極普遍的である。

地表面観察では堀切と土塁によって構成された塁線に横矢掛かりの折れを確認することができ、その戦術的意図を明瞭に看取できる。しかし曲輪内部では削平の痕跡が認められない。段切り状になってはいるものの、これは島屋敷と当城跡の間にある京王住宅団地建設の際に改変された地形であって、城館機能時は自然地形のままであったものと思われる。

発掘調査では図中に示した3箇所のトレンチのうち、aトレンチでは近世の用水路とそれに伴う人工斜面を確認できたのみであり、また、bトレンチにおける斜面も切岸ではなく、全くの自然地形であった。cトレンチは土塁と堀切を横断する形で設定され、調査の結果、土塁は版築を伴わない極めて粗雑なもので、堀切内部に多量の土塁崩落土が短時間で堆積していることが判明した。ちなみに堀切の断面形態は逆台形の箱堀タイプで、堀内部における敵兵の移動を制限するのに適した薬研堀タイプではないことから、ある程度の通路機能を持っていた可能性がある。

以上のことから、当城は極めて簡素な、かつ臨時的色彩の強い城館として評価されている。その年代及び築城主体としては、15世紀代後半の擂鉢片が出土していることや、堀の形状等から、大永4年（1524）の深大寺城に関わる攻防のなかで、後北条氏か扇谷上杉氏の何れかによって築城されたと推定されている（三鷹市遺跡調査会　1997）。しかし、あまりにも島屋敷に近いことを考慮すれば、上記戦時において島屋敷在住の勢力により築城された可能性も否定できない。

第56図　天神山城縄張図（S＝1/2500）

28-1　今井城跡（青梅市今井1丁目）

地図13

沿革・伝承　『武蔵図会』は土豪・今井氏の城と伝えているが、『風土記稿』多磨郡之三十・三田領今井村の条には特に記載がなく、来歴は必ずしも明らかではない。

遺構・考察　七国峠から南東にのびる丘陵の先端に位置している。城地は霞川北岸の低地に面していて、支流の小河川が北裾を開析している。城のすぐ南を東西に走る道は現在「山根通」と呼称されているが、東は入間郡方面に通じ、西は勝沼城の直下に達する。西南西1.4kmには藤橋城が、県境を越えた入間市側（旧入間郡）の北東700mには金子氏館跡と伝承される木蓮寺が位置している。また西方500mの丘陵上には医王山薬王寺があり、その南には「鍛冶屋」の地名が伝わっている。市の史跡に指定されている主城部は、雑木林の中に塁壕等の遺構を良好にとどめており、下草も刈られて良好な保存状態にある。

台地先端の主郭を中心に北と西にそれぞれ曲輪を配しているが、規模は非常に小さい。主郭1は直線的な平面形を呈し、崖面（東面）を除く三方を土塁が囲んでいる。三面とも土塁の中程が途切れたようになっており、その外側に土橋状のものが存在するが、注意深く観察すると虎口としては切れ方がやや不自然で、土橋も主郭側から土を押し出したように堆積しており、後世に開口されたものと判断するのが妥当であろう。本来の主郭虎口は、東面の南端(a)に存在した可能性があり、この場合、曲輪2からは南側の帯曲輪（空堀対岸の塁上）を通り、木橋で連絡していたことになる。主郭東面北隅の突出部にも崖下から登ってくる道が認められるが、この道は山麓や曲輪3との連絡路だった可能性がある。

曲輪2は主郭の西にあって堀に囲まれているが、土塁はなく内部もほとんど未整形で自然地形に近い。堀の外側にも土塁を盛り、北から土橋でこの土塁と連絡している。主郭の北を防護する曲輪3は東西に細長く、北面と南面（主郭側）の両方に土塁を築いているため、曲輪内部は堀底状を呈する。西側に虎口があって土橋で外と連絡する。

上述の主城部の他に、曲輪2の西方150mほどの所で、台地を南北に横断する堀らしい遺構(b)が発掘調査によって確認されており、外郭が存在したようである。ただし、曲輪2からこの外郭線までの間は削平されない自然地形で、南側は急崖となっているものの、北は川の所まで緩傾斜で下っている。この外郭部は近年急速に宅地化が進み、それにともなう数次の発掘調査が実施されて、中世の遺構・遺物も散発的に検出されてはいるが、調査範囲が限定されているため今井城との関係については不明である。

なお、昭和42年（1967）に奥田直栄氏と学習院大学史学部が実施した発掘調査では、主郭北西隅の土塁中から17基の破損した板碑が、石塔・蔵骨器・火葬骨片とともに散乱した状態で出土しており、16世紀代に墓域を破壊する形で築城が行われたものと判断されている（註）。同調査では柱穴や土坑等の遺構も多数検出されているが、それらのすべてが今井城に付随する遺構として位置付けられるか否かについては、慎重な検討が必要だろう。

城の縄張を全体としてみた場合、丘陵の先端という要害地形を選択してはいるものの比高差が小さく、東方や南方からの攻撃には脆弱である。七国峠などの、飯能方面（旧高麗郡）から丘陵越の攻撃を想定して築城したものと推察することができる。曲輪2内部が平坦化されていないこと、曲輪2や曲輪3と主郭との連絡路が大きく迂回すること等を考え合わせると、平時における利用の便よりも戦闘時の防禦力発揮を前提とした構造と評価できる。ただし、外郭を除いた主城部は非常に小さく、大規模な敵の攻撃に長期間耐え抜くことは困難である。主城部の規模と構造をみるかぎり、小規模ながら実戦を念頭に置いた縄張と評価するのが妥当であり、安易に「土豪の居城」に比定することはできない。

（註）学習院大学輔仁会史学部 1967 『今井城址』

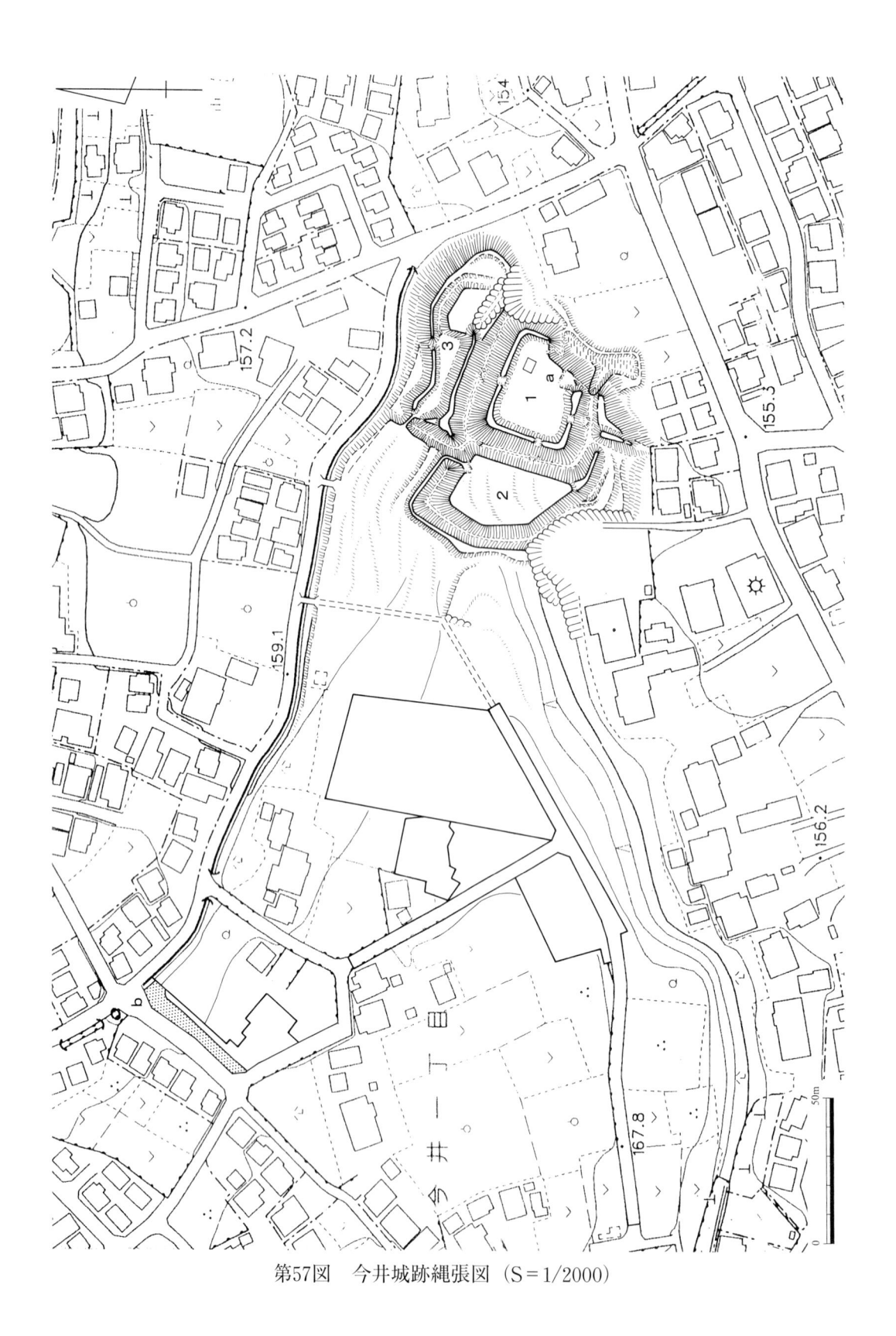

第57図　今井城跡縄張図（S＝1/2000）

28―3　勝沼城跡（青梅市東青梅6丁目）

地図13

別　　　名　師岡城

沿革・伝承　『風土記稿』多磨郡之三十・三田領下師岡村の条では「塁蹟・城山」として、三田氏の居城で勝沼城と呼ばれていたこと、三田氏が没落した後に後北条氏の家臣師岡山城守が派遣されて居城としたことなどを記している。

　三田谷（青梅地方）を勢力範囲とした三田氏は、自らを平将門の後裔と称していたが、出自については実質的には不明である。三田谷は中世には「杣保」とも呼ばれていたから、一説には山林の用益権を元に勢力を培ったものともいわれている。応永年間（1394～1428）には武州南一揆の指導的立場にあったらしく、それ以降は多摩地方の有力領主として台頭してくる。室町後期には管領上杉氏の配下となっていたが、戦国時代に後北条氏の勢力が武蔵に伸長してくると後北条氏寄りの立場をとらざるをえなくなる。永禄2年（1559）成立の『所領役帳』には、三田弾正小弼（綱秀）は「他国衆」として507貫900文の知行高が記載されている。

　永禄4年（1561）3月に、上杉謙信（長尾景虎）が越山して関東を席巻すると、三田氏をはじめとしてかつて管領上杉氏の勢力下にあった諸勢力は、一斉に後北条氏の下を離れて謙信の旗下に参じた。しかし謙信が帰国すると、後北条氏側はただちに報復戦を開始する。北条氏照の勢力圏に隣接する三田氏が最初の攻撃対象となるのは明らかだったため、三田氏は勝沼城から西の天嶮の山城である辛垣城へと、本拠を移したとされている。

　氏照の三田領侵攻については、永禄6年といわれてきたが、最近では永禄4年の謙信帰国直後とする説が有力である。三田氏の滅亡により、三田谷は氏照の支配下に入った。勝沼城について城郭研究者の多くは、氏照による大改修の可能性を指摘しており、『事典』『青梅の城館』『多摩古城』等いずれもこの見解にしたがっている。ただし、後北条氏が当城を改修ないし使用したことを明証する史料は知られていない。

　なお、推定大永4年11月23日付「北条氏綱書状」（『戦・北』65号）には、江戸城を発した氏綱が北武蔵方面で作戦する途中、上杉方と和談の折衝をするために「勝沼」に滞在したことが記されている。

遺構・考察　霞川上流部に臨む丘陵の東端に位置しており、主郭面の標高は215m、南麓からの比高は約30mである。さほど高い山ではないが、その位置ゆえに眺望はよく、また城地の南方250mほどを霞川が東流して前衛をなし、北側の谷戸は湿地であるため、要害性にすぐれている。現状では、一部が墓地の造成等により変形しているものの、城地の大半は山林となっており、塁壕等の遺存がよく、遺構を容易に視認できる。

　東西に並ぶ三つの曲輪を中心に遺構は展開するが、全体を横堀が囲繞している。導入系の配置からみて、中央の曲輪が主郭1であるとみてよい。三つの曲輪とも、基本的には自然地形に従った平面形をなしているが、全体に直線に整形しようとする意図が看取できる。曲輪の周囲は横堀で防禦するが、必要に応じてその外側に腰曲輪や段築を展開させ、要所には竪堀を落とすなど、弱点が生じないように配慮している。

　各曲輪には虎口も認められるが、興味深いことに、前面に土橋を伴う虎口には全て横矢がかけられており、堀対岸の土塁上と連絡している。また、主郭の南西下には堀底道に入る外枡形状の虎口aが、曲輪2の東面には馬出ないし外枡形状の遺構bも存在している。東郭南面の虎口前面も、帯曲輪の幅が広いため原初的な馬出dといってよい形態となっている。ただし、主郭から曲輪2への連絡をみると、虎口から土橋を渡った対岸部分は馬出となっておらず、そこからやや北に進んだところで帯曲輪cが肥厚している。この部分は実質的には馬出に近い機能を果たすものであろうが、定型的な馬出形態になっていない。

　西の曲輪3から北西にのびる尾根は、背後の丘陵と接続しているため、横堀の外側にさらに二重の堀切を設けて遮断を徹底している。ちなみに、この尾根上を500mほど北西に辿ると、三田氏の菩提寺として知られる名刹天寧寺に至る。

　また、尾根の東側の谷に下る斜面に、段築状の人工地形が展開している。これらは畠の耕作に伴うものである可能性も否定しきれないが、平坦面を造り出すことなく基本的には小尾根の縁辺を削り落としており、削り落としは城の壁のラインと

連続しているなど、耕作に伴う造作としてはやや不自然で、防禦施設である可能性もある。同様に、曲輪を構成しない曖昧な段築状地形は、2の東方（妙光院の墓地となってやや判然としない）や3の西南斜面にも認めることができる。なお妙光院墓地の東方には、切通しの道が通過しているが、これは昭和初期に開削されたもので堀切跡ではない。

　縄張を通観すると、横堀を主体とした遮断線の構築が徹底しており、投入された土木量が大きいことを理解できる。虎口を中心とした導入系の技法や横矢のかけ方などをみると、築城者は一貫した防禦理論に基づいて縄張を施していることが理解できる。ただし細部をみると、馬出の技法が未確立である。歴史的には、氏照の三田谷占領政策および北武蔵進出の中で、勝沼城の再築城が行われた可能性が高く、現在残る勝沼城の縄張は、永禄年間（1558～1570）における後北条氏の築城技法を示しているものと考えてよいだろう。ただし、氏照が勝沼城をいつまで使用したかについては不明である。

　昭和45年（1970）に奥田直栄氏の指導により、学習院大学史学部が主郭周辺の一部を発掘調査しており、その成果も公表されている（註1）。ただし古い時期の調査であるため、成果の利用には慎重な検討が必要である。

　また平成12年には、城地と道を挟んだ東側の丘陵先端部が宅地開発に伴って発掘調査され、溝によって区画された掘立柱建物が検出されている（註2）。この建物遺構群は、概ね中世後半から近世初頭のものと判断できるけれども、出土遺物が僅少であるため帰属時期の確定は難しい。また、勝沼城が「城」として存続した期間も考古学的には特定されていないため、勝沼城と同時期に存続した可能性についても、検証を必要とする。当該屋敷遺構が、勝沼城に関連する遺構である可能性については、保留すべきではあろうが、塁壕等の明確な築城遺構も伴っておらず、城域に含まれるとの即断は避けるべきであろう。

（註1）大橋康二・福島宗人 1989「青梅地方の中世城郭」『奥田直栄先生追悼集』学習院大学輔仁会史学部
（註2）株式会社新日本建物・加藤建設株式会社 2001『K-5遺跡』

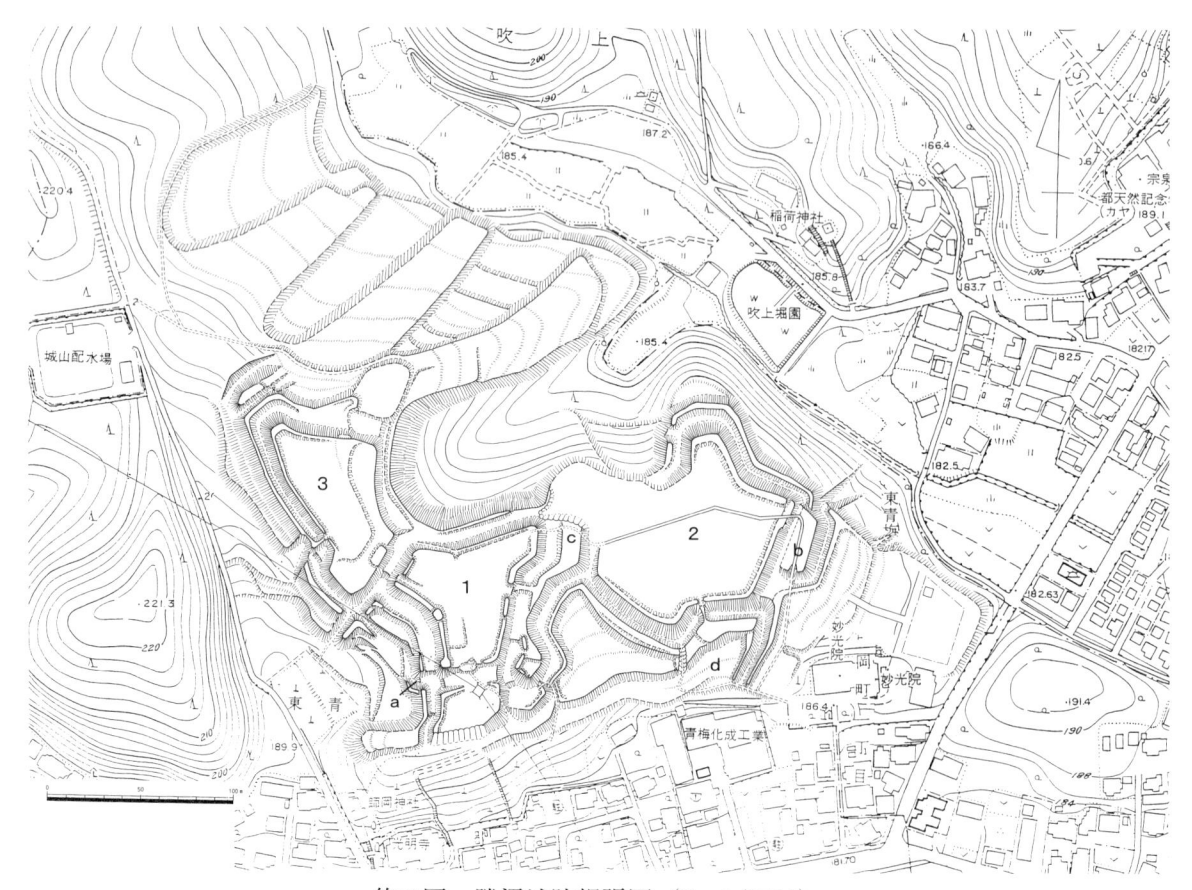

第58図　勝沼城跡縄張図（S=1/3500）

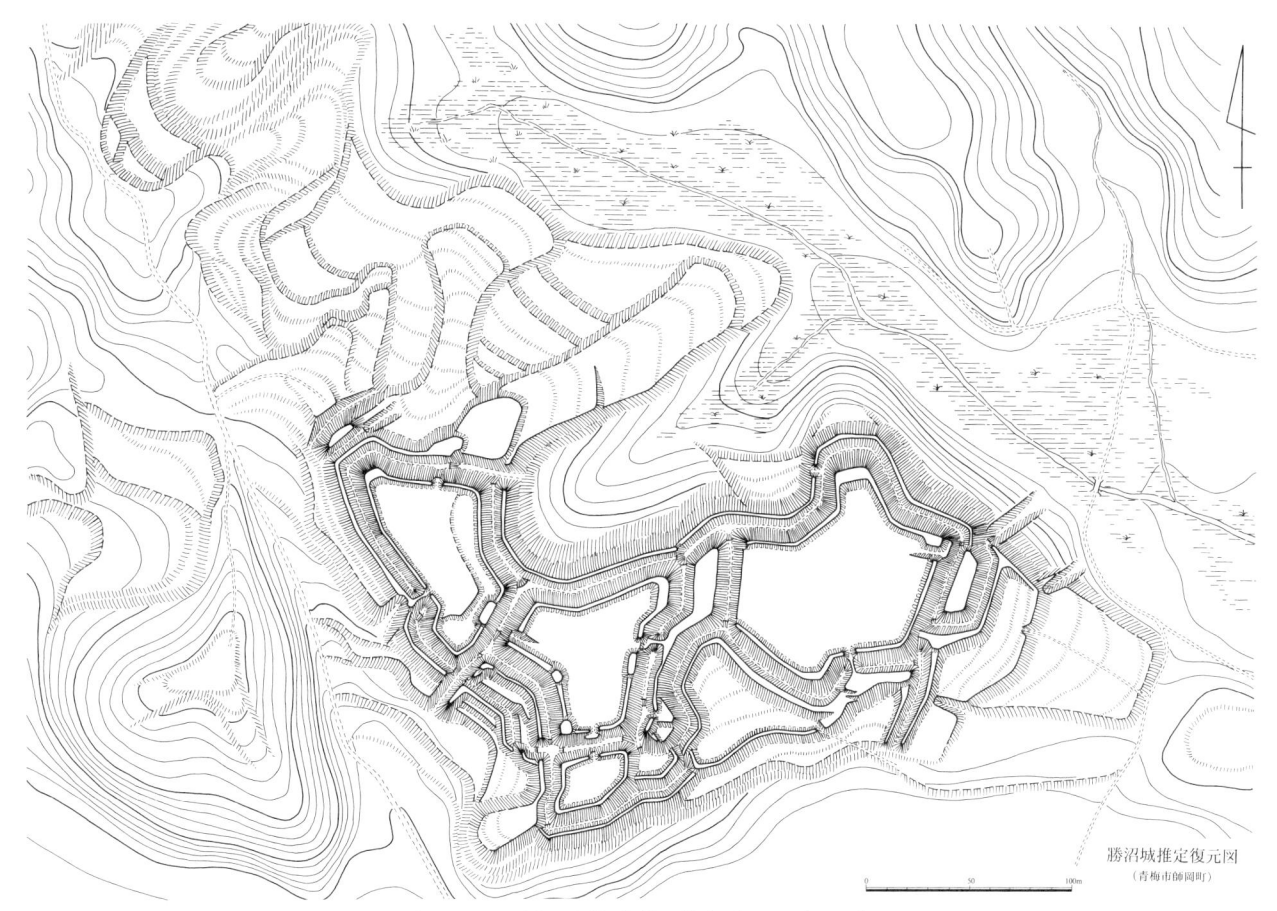

第59図　勝沼城推定復元図（S＝1/3500）

第60図　勝沼城推定復元俯瞰図（南東から）

28−4　辛垣城跡（青梅市二俣尾4丁目・成木8丁目）　　地図17

別　　名　西城

沿革・伝承　後北条氏の攻撃が予想される中で、三田綱秀が築城したものと伝承されている（28−3勝沼城の項参照）。三田氏の旧臣であった谷合久信が慶長17年（1612）に記したとされる「日記」という史料によれば、氏照の率いる後北条軍は、永禄6年（1559）柚谷に侵攻し三田氏側も防戦に努めたが、内通していた塚田又八という者が城に火を放ったため、辛垣城も陥落したと伝えている。

ただし、推定永禄4年（1561）9月11日付北条氏政書状（太田康資宛）には、「唐貝山責落、則当地高坂ヘ寄陣」とある（『戦・北』716号）。年次比定が正しければ、後北条氏側は上杉謙信の帰国直後から、武蔵国内で大規模な報復攻撃に出たことになる。谷合家「日記」の史料的価値については検討が必要だろう。

『風土記稿』多磨郡之二十八・三田領二俣尾村の条では「旧蹟・古城蹟」として、かつては辛垣城と呼ばれて三田氏代々の居城であったこと、山上に堀切や馬場跡が残っていること、城主居館のあった場所を西城と呼ぶことなどを伝えている。

遺構・考察　標高494mの雷電山から南東にのびる尾根を「雷電尾根」と呼んでいるが、辛垣城はこの尾根上の一頂部を利用して築かれている。城地の標高は457.7mで、南麓の二俣尾集落からの比高220mに達する天嶮である。雷電山から辛垣城周辺にかけては、江戸時代以降の石灰岩の採掘による人工改変地形が各所にあり、曲輪や堀のように見える箇所もあってまぎらわしい。今次調査では、石灰採掘関係の資料を参照しながら、城郭遺構の可能性がたかいもののみ作図した。

山頂の主郭1は石灰採掘により大きくえぐられてしまっているが、南北70m、東西40mほどの規模だったようだ。三角点が所在する南側には堀切状の地形が存在するが、本来の城の遺構かどうか判然としない。三角点から北に続く稜線に対しては、大きく壁を削り落として堀切とする一方で、主郭から北東に下る尾根には遮断線を設けていない。主郭南東下には腰曲輪と短い竪堀を組み合わせた遺構があって、この方面に導入路が設定されていたことを推測させるものの、付近は石灰採掘による変形が著しく、旧状を復元できない。

主郭から、ハイキングコースの通る雷電尾根までは、50mを超す比高差があるものの、その間はほとんど自然地形のままである。ただし、ハイキングコースから下る西および南西の尾根には、それぞれ数段の曲輪と堀切を設けて防備を固めている。南西尾根上の曲輪には、四角い大きな窪みが二箇所あって、一見虎口のような遺構であるが、石灰採掘施設にともなうものである。東方にのびる稜線上の頂部にも曲輪らしい場所が2ヶ所ほどあって、先端には堀切を入れるが、中間の鞍部は掘り切っていない。

これらの遺構群は南北300m、東西400mの範囲に展開しているものの、縄張としては散漫・粗放な印象を拭えない。集約的な籠城戦を行う拠点というよりは、むしろ野戦陣地の中枢部のような備えとみることができる。雷電山から枡形山城、矢倉台にいたる山稜全体を機動的な防禦戦を展開するための野戦陣地帯と捉え、その指揮所兼最終防禦拠点として辛垣城が存在したと捉えたほうが、後北条氏の攻撃に備えた永禄年間における三田氏の防衛体制を理解しやすいのではないだろうか。

なお、『風土記稿』が「西城」と伝えるのは、二俣尾駅南西側の河岸段丘の張り出し部分で、200m×150mほどの規模をもつ。現状では農地や宅地となっていて、塁壕等の遺構は確認できないが、充分な面積と要害性を兼ね備えた居館の好適地である。「西城」とは、東方の勝沼城に対するもので、三田綱秀は後北条氏の侵攻に備えて勝沼から居館をこの地に移し、背後の山上に辛垣城を築いて防備を固めたものと推察できる。

二俣尾集落にある海禅寺は三田氏の菩提寺で、境内の一隅にある一群の苔むした五輪塔は、三田氏一族の供養墓と伝えられている。

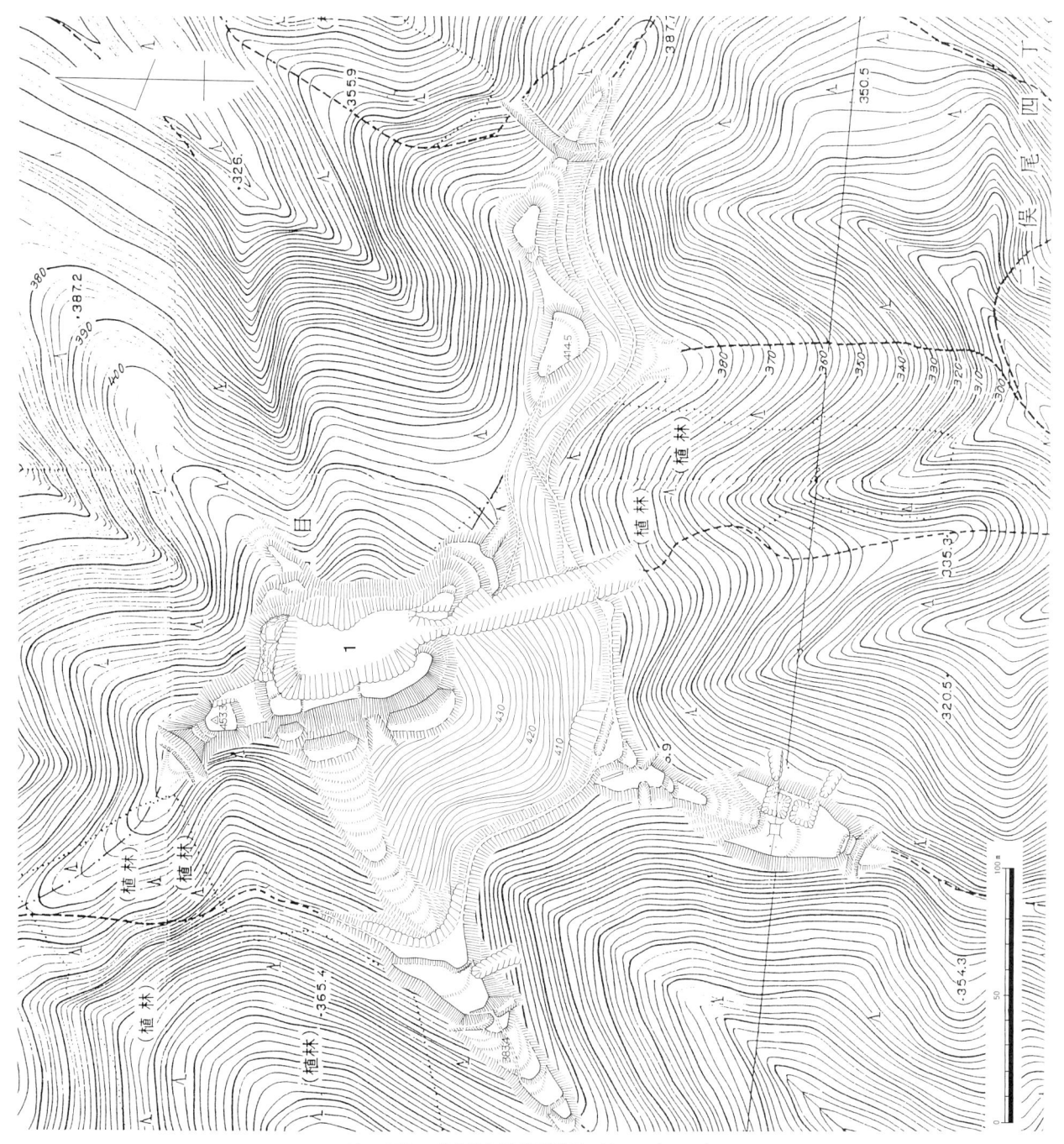

第61図　辛垣城跡縄張図（S＝1/2500）

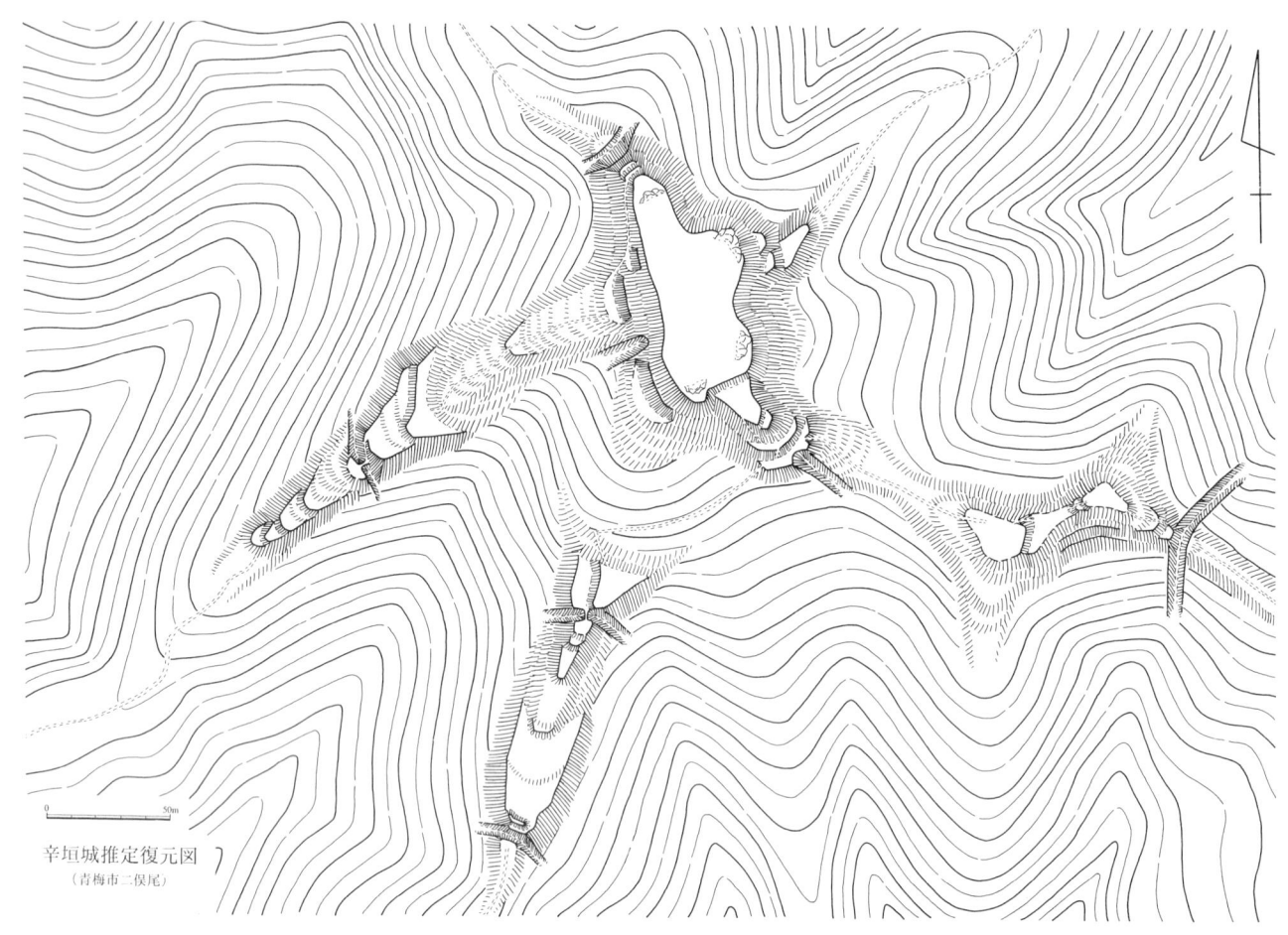

第62図　辛垣城推定復元図（S＝1/3000）

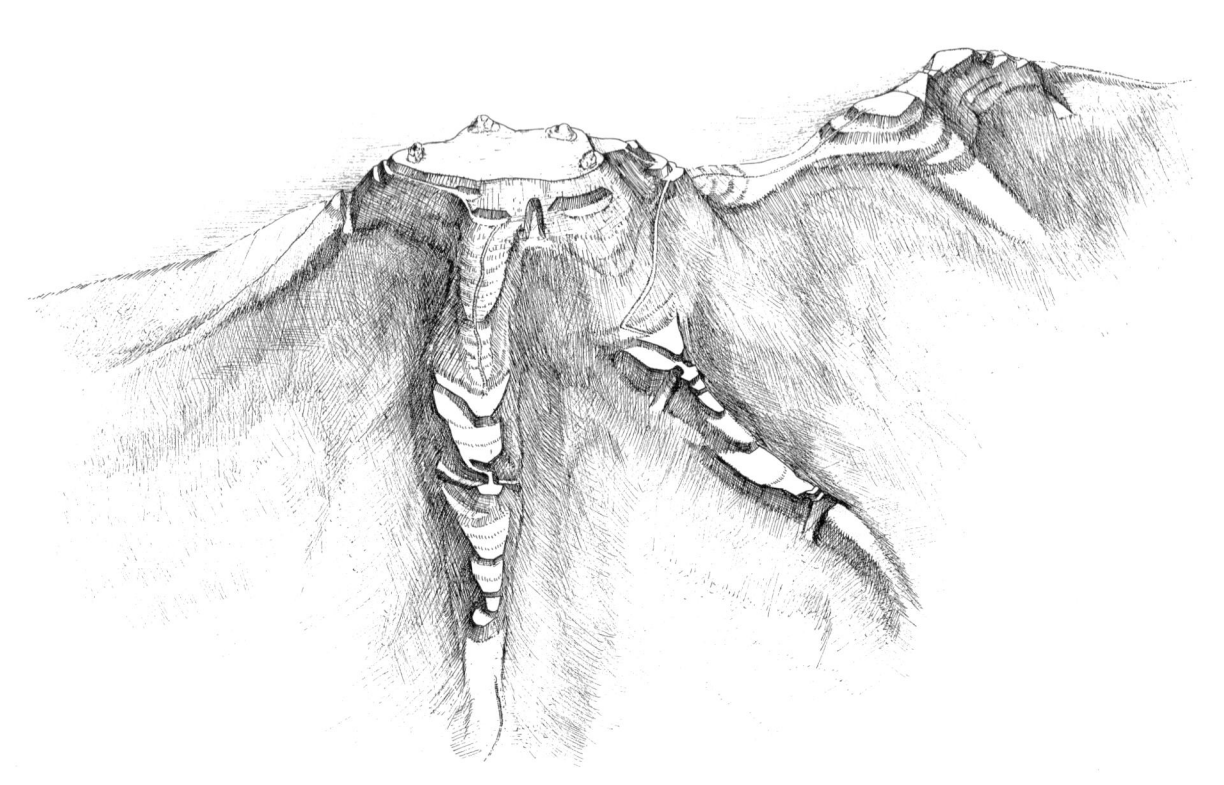

第63図　辛垣城推定復元俯瞰図（青梅市二俣尾）南西から

28—10 館の城（青梅市日向和田1丁目）

地図17

別　　名　東木戸、楯の城、楯の沢砦、楯の柵跡

沿革・伝承　『風土記稿』多磨郡之二十八・三田領日向和田村の条には、「旧蹟・屋敷蹟」として盾沢にあり、戦国期に田辺清右衛門とその子孫が住んだ場所と伝えている。『武蔵名勝図会』は、天正10年（1582）に武田氏が滅亡した後、旧臣の田辺清右衛門尉惟良が氏照に臣従して当地に土着し、居住したものと伝える。また『皇国地誌』は、三田氏の滅亡後氏照の家臣が守り、元和・寛永頃になって田辺清右衛門が移り住んだとする。地誌類の記述は、田辺氏移住の時期や契機について齟齬が多く、伝承は混乱しているようである。

遺構・考察　雷電尾根から青梅市街に向かって走る稜線から南にのびる支脈の先端が、多摩川に臨む段丘面の手前で扇状に広がった緩斜面地に築かれている。城地の東西には深く沢が下刻しており、要害地形を形成している。

　城は南北30m・東西40mの曲輪を、一条の堀切と土塁によって背後の尾根から切り離した単純な縄張である。中程に虎口と土橋があり、その西側では塁壕が折れ曲がり、横矢掛りを形成する。

　一方、曲輪内部は削平が不充分で、自然地形に近い緩斜面となっている。曲輪の三方を画する壁も概して甘く、特に南面では低い。ここから南側は平坦面ないし緩斜面の段丘面となり、井戸跡などもあるが、現状ではJR青梅線・国道411号線（青梅街道）等が貫通している上、民家も建て込んでおり、旧状は不明である。なお、背後の標高383mの頂部は「矢倉台」または「物見櫓」と呼ばれているが、特に城郭遺構は見当たらない。

　館ノ城は城館としては極小の部類に属するが、現在みる遺構から判断する限り居住性は低く、城館というより小規模な砦・阻塞の印象が強い。ただ地形自体の要害性が高いので、青梅街道に対する防禦陣地としては一定の有効性をもつ。背後の「矢倉台」を含め、辛垣城を中心とする三田氏の広域防衛態勢の中で位置付けることも可能である。

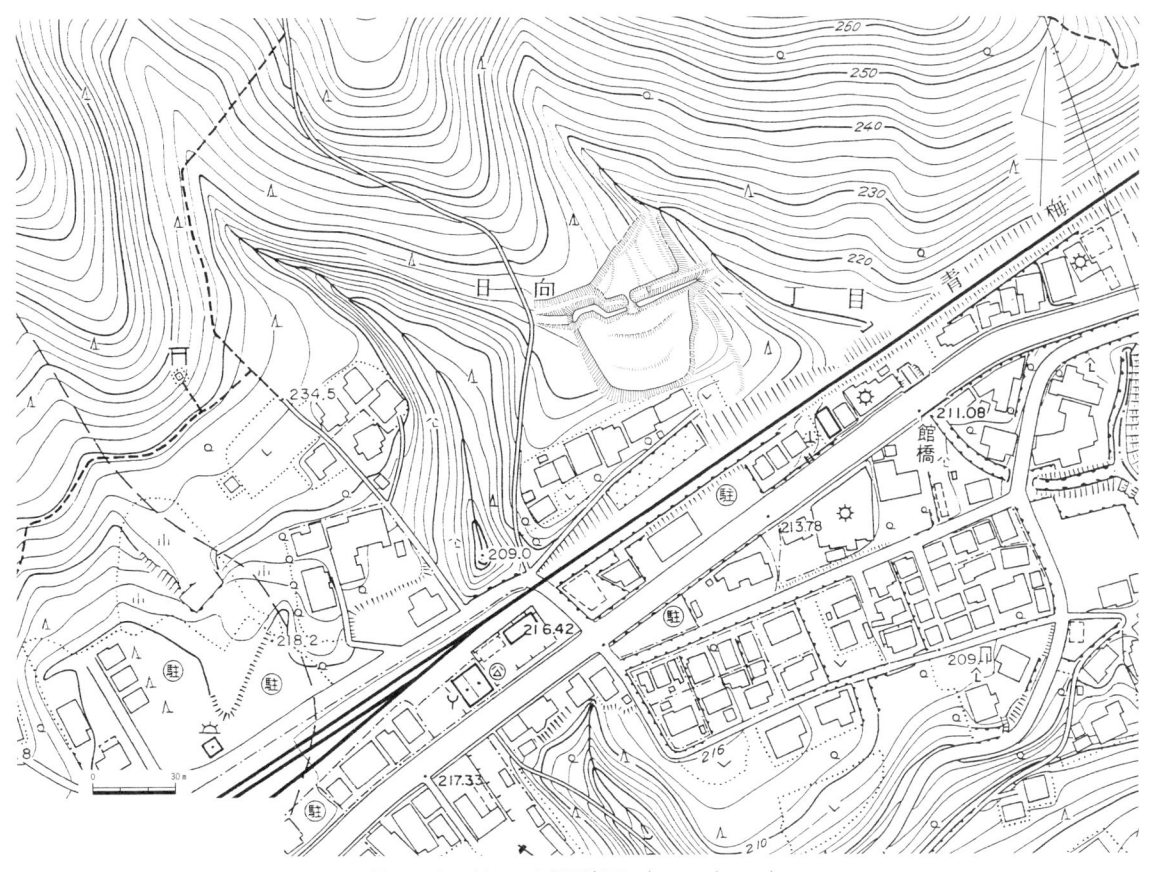

第64図　館の城縄張図（S＝1/2500）

28―14　藤橋城跡 (青梅市藤橋2丁目)

地図13

沿革・伝承　『風土記稿』多磨郡之三十・三田領藤橋村の条には、「塁蹟・古城蹟」として「(前略)往昔平山越前守といふ者住居せしと云つとふ、その事跡をつまびらかにせず」とあって、藤橋城の居住者を「平山越前守」と伝えている。その一方、藤橋村の領有関係について、正保年間以前は不明としている。『武蔵図会』や『皇国地誌・西多摩郡村誌』も平山越前守を居住者と伝えている。

戦国期の西多摩地方で土豪の平山氏が活動していたことは、『所領役帳』や「関東幕注文」等の史料から明らかであり、いずれも三田氏と関係の深い青梅地方の領主であることがわかる(35－7平山城・52－3檜原城の項参照)。ただし、地誌類の記載を信ずるならば、平山氏は藤橋城に在城したものの、藤橋村の領主ではなかったことになる。

一方、清戸三番衆に交代を命じた永禄7年(1564)5月23日付の著名な「北条氏照朱印状」(『戦・北』854号)には、三田治部少輔配下の武士中第二位として、藤橋小三郎の名が見える。推定永禄12年7月5日付「北条氏照朱印状写」(『戦・北』1278号)にも、治部少輔(三田氏)とともに藤橋某が「御嶽御番」に当たっていたことが記されている。平山氏と藤橋氏の関係は不明であるが、『所領役帳』や「関東幕注文」には藤橋氏の名は見えず、勝沼衆として三田氏配下に包摂されていたと推測することも可能と考える。

遺構・考察　霞川右岸の台地が張り出した地点に築かれており、周囲の低地は現在一面の水田となっている。主郭面の標高は166mで、周囲からの比高差は5mほどしかないが、北側が低湿地であるためこの方面からの侵攻は容易ではなかったろう。城地からは西南西2.5kmに勝沼城を見通し、北には笹仁田峠・七国峠を望見できる。

遺構は、現在公園となっている主郭を中心に遺存している。主郭は全周に土塁を廻らすが、東面から南面側は道路の拡幅で改変されている。台地縁となる北面から西面では外側に空堀が廻っており、住宅地となっている東面から南面にも続いていたものであろう。堀はかなり埋没しているらしいが、遺存のよい北側では幅が15m近くある。主郭土塁の北西隅と南西隅は一段高く櫓台となっている。北西隅の櫓台は遺存状態がよく、眺望がすぐれている上に、主郭の北面と西面に対する横矢掛りとなっている。

虎口については、後世の進入路にまぎれて確定できないけれども、南側の現在の公園入口附近と考えて大過なかろう。『武蔵図会』は南向きに「城戸門跡」らしき場所が、『皇国地誌』も南東側に「柵間ノ跡ト覚シキ所一ヶ所」があると記している。

主郭の南西には現在民家数軒が建てられているが、学習院大学の調査報告ではこの地区を曲輪と認識している。西側の崖面下に横堀の痕跡が残っていて、南側の切通し状の道も堀切と見なしうる。西側崖面下の横堀をたどっていくと、主郭横堀下の平坦面に続くことから、二つの曲輪を一体に包み込む堀であった可能性もある。その場合、主郭は二重の横堀で囲繞した堅固な構えということになる。

北東に突き出した細長い台地も、出丸だった可能性がある。また『青梅の城館』は、これら三つの曲輪群全体を台地続きから分離するような、外郭の堀を想定している。二郭南側の切通道(堀切痕)からそのまま東に続く道や、北郭(出丸)の東側付け根に入り込んでいる谷の存在を考えれば、外郭の想定には一定の妥当性がある。

青梅－飯能方面を結ぶ岩蔵街道と、青梅－入間市方面を結ぶ豊岡街道とが交わるあたりに、『風土記稿』の記す「七日市場」の地名が現在も残っている。ただし、笹仁田峠を越える現在の岩蔵街道が、三田領と高麗郡(青梅－飯能方面)とを結ぶ幹線として、どこまで遡りうるのかについては疑問がある。

中世には七国峠越の尾根道が使用されていた可能性がつよく、軍事にも七国峠越ルートの方が重要であろう。いずれにせよ藤橋城が、入間・高麗郡方面から三田領への入口を扼する位置にあることは重要である。

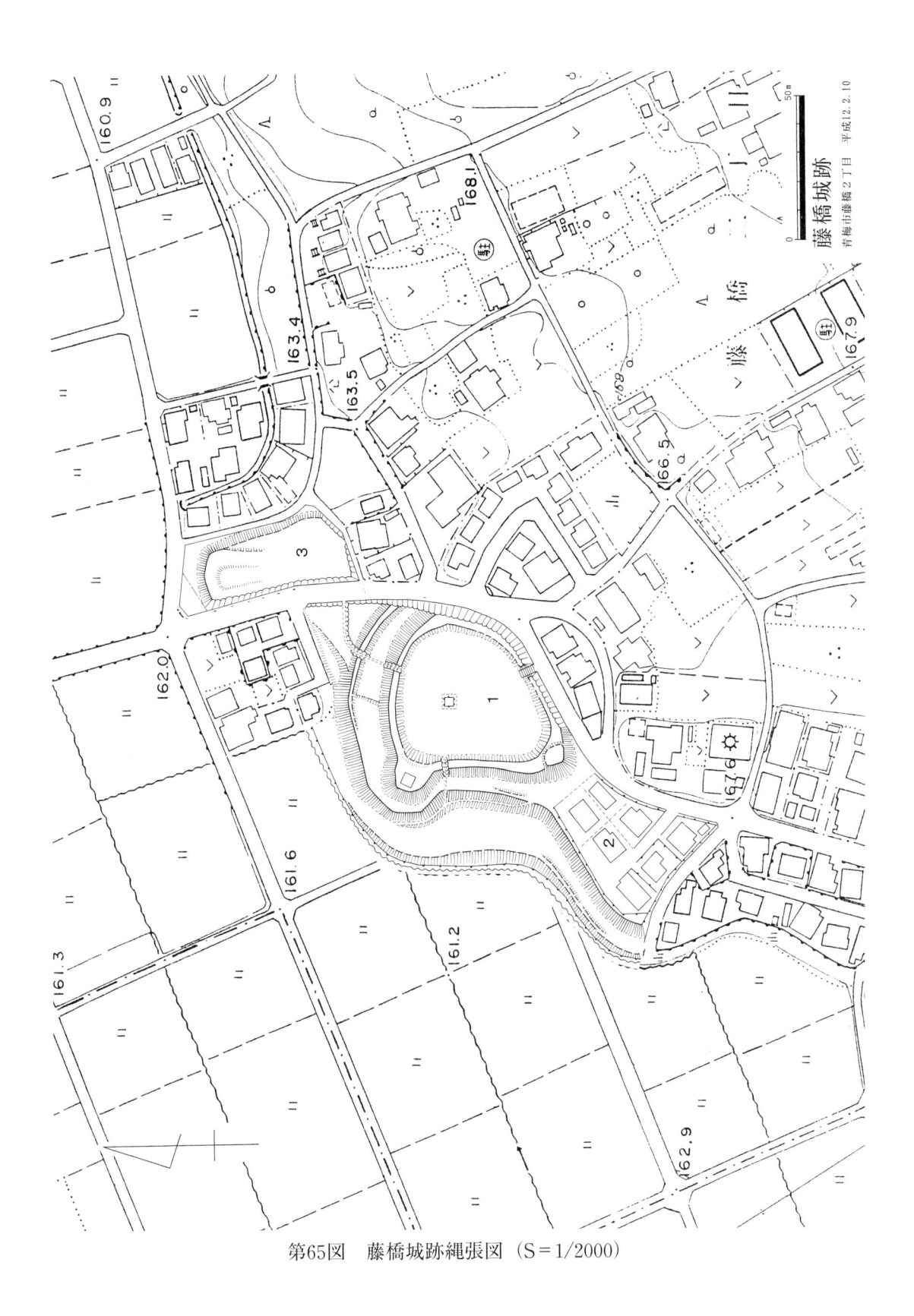

第65図　藤橋城跡縄張図（S＝1/2000）

28-17　枡形山城跡（青梅市二俣尾4丁目）

地図17

沿革・伝承　地誌類には一切記載が見えず、来歴は不詳とされてきた。ただし、辛垣城と至近の距離にあるため、両城の関係については何らかの説明が必要となる。こうした観点から、後述するように、これまで様々な説が提起されてきている。なお地誌類は、山麓に「殿入」という地名を伝えている。

遺構・考察　辛垣城の南東700mの位置する山城で、雷電尾根の南に派生する尾根の一弧峰に築かれている。主郭の標高は386.1m、二俣尾集落からの比高は約150mを測る。城地は全体に杉が植林されていて、主郭を中心として南北の尾根上に細長く展開する遺構が良好に保たれている。ただし、後世の山仕事の道が城の縄張とは無関係につけられているので、導入系遺構の観察にはやや注意が必要である。

主郭1は南北38m、東西30mほどの楕円形で土塁はない。北東隅に祠が祀られており、その背面には石積みがあるが、祠の造営にともなう後世のものであろう。主郭の南西面に観察できる石積みについても、城本来のものかどうか即断はできない。

主郭背後の堀aは、堀切というよりむしろ片側のみに落とした竪堀の形状をもち、東側を土橋状に掘り残している。曲輪3の先にある堀切bは両側を竪堀とし、中央を土橋として残す。その北は約100mの間やせ尾根がつづき、一段削り落として土橋状の細尾根となる。主郭の北西にも尾根が派出しているが、若干の削り落としと小さな削平地を設けただけで終っている。なお、堀aが片側のみの竪堀となっているのは、主郭背後の完全な遮断よりもこの北西尾根への回り込みを警戒したものと理解できる。

主郭から南にも堀切と曲輪2が連続するが、こちらの堀切には土橋が設けられていない。南端の頂部周辺にも普請の形跡があり(f)、一種の前衛陣地と判断できる。現在の道は堀切底から曲輪の西面下を迂回するように設けられているが、これは後世の山仕事の道であり、本来は曲輪間を木橋で堀切を渡ったものと考えるべきであろう。

以上のように考えるならば、主郭直下のdおよび曲輪2先端のeは、同形の虎口として認識できる。張り出し状の土塁をともなう四角い小空間は、橋台の機能をもつ施設であり、この地点から土塁上に登って曲輪内に入ったものであろう。『青梅の城館』は、曲輪3先端部のcを枡形虎口としている。しかし、上記のように導入路の設定を考えると、これは後世の道による改変部を誤認した可能性が高く、cもd・eと同様の構造をもった虎口と考えたほうが整合性がある。

枡形山城の性格について『多摩古城』は、辛垣城攻略のために後北条氏が築いたものと推定しているが、三田氏勢力圏の真っ只中に攻略拠点を設けたとは考えにくい。次に『青梅の城館』は、狼煙等による連絡を前提とした支城網として、後北条氏によって築かれたものと推定している。後北条氏の築城とする最大の根拠は枡形虎口の存在であるが、上述したようにこれは誤認である可能性が高い。

推定永禄4年（1561）7月3日付で那須資胤宛に出された「上杉政虎（謙信）書状」（註）には、「就勝沼口之義、示給候、（中略）、彼口構地平備等堅固ニ申付候、可御心安候」との文言が見える。この年、三田氏は関東に侵攻した謙信に従ったため、上杉軍の帰国後は後北条氏側の報復攻撃が懸念される状態になっており、謙信は三田氏に防衛態勢を強化するよう指示していたことがわかる。枡形山城もこの折に構築されたのではあるまいか。虎口形態から築城時期の新旧を推断するよりも、三田氏の防衛態勢全体の中で個々の城が担った役割が、縄張の違いを生みだした可能性を考慮すべきであろう。

(註)上越市 2003『上越市史』別編1上杉氏文書集279号

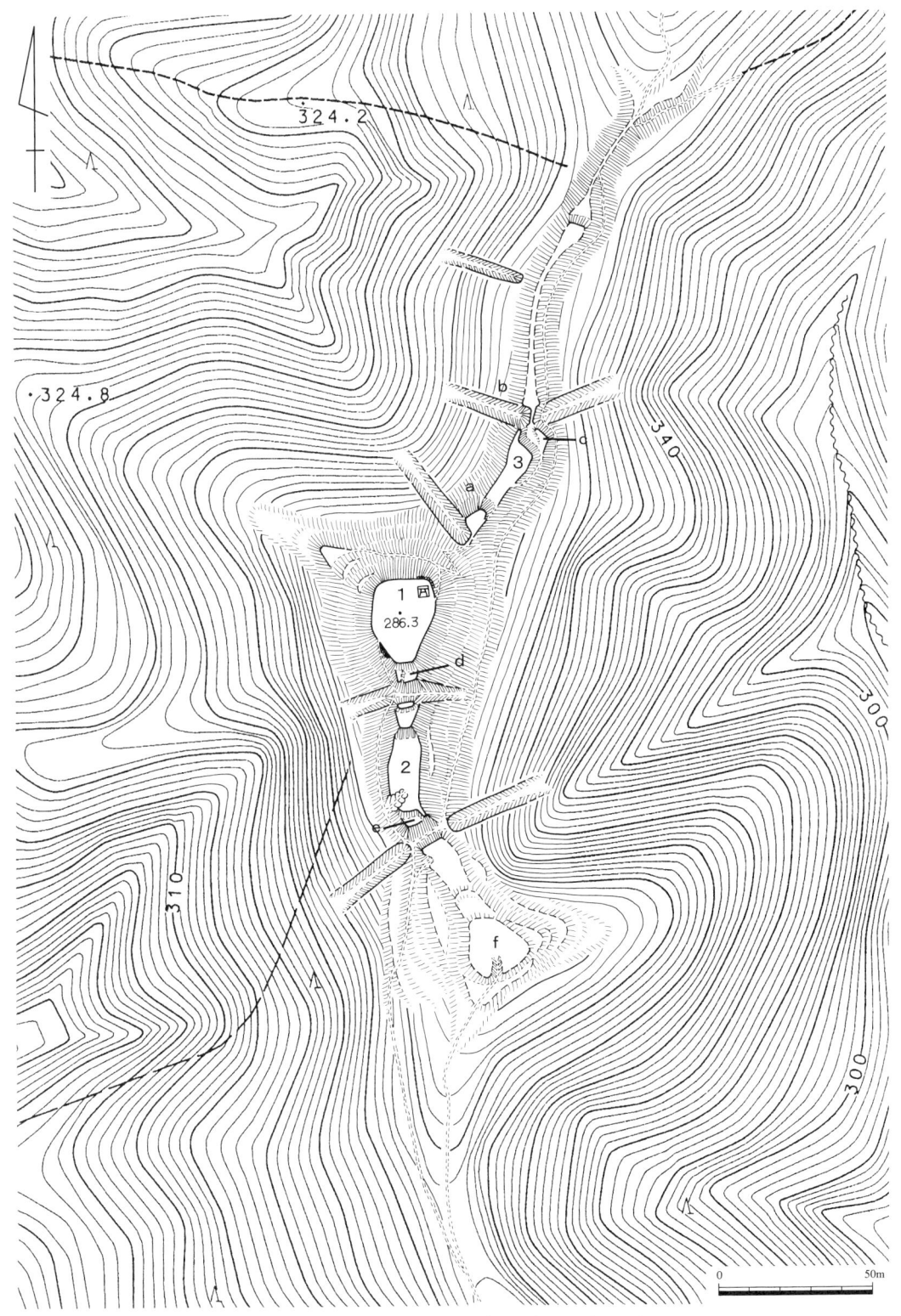

第66図　枡形山城跡縄張図（S＝1/2000）

第67図　枡形山城推定復元図（S＝1/2000）

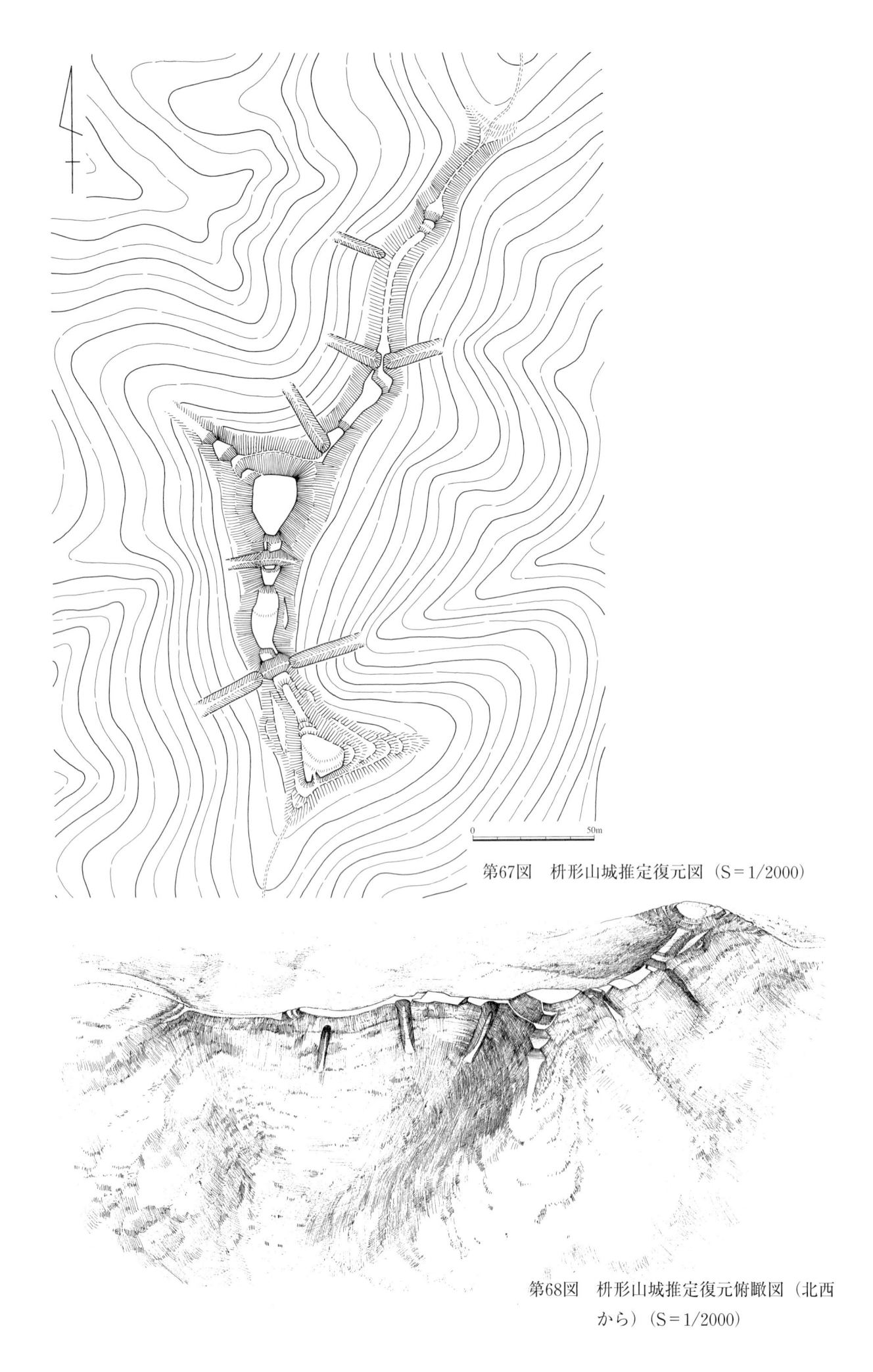

第68図　枡形山城推定復元俯瞰図（北西から）（S＝1/2000）

28−18　御岳山城（青梅市御岳山）

地図17

沿革・伝承　武蔵御嶽神社は、山岳信仰の霊場として古くから関東一円で信仰を集めており、畠山重忠奉納と伝わる国宝の赤糸威鎧を所蔵することでも知られている。

　『風土記稿』多磨郡之二十六・三田領御嶽村の条では、御嶽神社の来歴について述べる中で、畠山重忠が奥州合戦の勲功として杣郡を与えられ、当山に築城して居住したとの伝承を載せている。また応永年間に上杉禅秀の乱が起きた際、管領上杉憲基が陣をとり、社家が軍役に従って戦功を得たことを記している。重忠伝承については鵜呑みにはできないが、上杉憲基の伝承と併せて考えるならば、この地が中世にあっては甲武国境地帯の要衝として認識されていたこと、御嶽社が独自の武力を保持する勢力であったことを反映しているようでもある。こうした地誌の記載にも関わらず、『青梅の城館』の調査が行われるまで、御岳山は城郭として認識されていなかった。

　推定永禄12年（1569）7月5日付「北条氏照朱印状写」（『戦・北』1278号）には、「御嶽御番」の文言が見え、三田治部少輔以下の土豪等が、敵の侵攻に備えて「御嶽」を守備していたことがわかる。この「御嶽」は、従来埼玉県児玉郡にある金讃御嶽城のことと考えられてきたが、埼玉の御嶽城は北条氏邦の勢力下にあって氏照が文書を発給するのは不自然であること、守備を命じられているのが三田氏・藤橋氏といった青梅地方の土豪と考えられること等を勘案すると、文書に見える「御嶽」は青梅市の御岳山に比定するべきである。同文書では年紀記載が「巳」のみとなっているが、これを永禄12年とすれば、武田信玄が後北条領国に侵攻した年にあたり、甲斐との国境に近い御岳山を防備する必然性が理解できる。

　また、推定天正8年（1580）12月28日付「北条氏照判物」（『戦・北』2213号）は、野口刑部丞（照房）が師岡氏と共に「御嶽山」に籠城し戦功を立てた事を賞する内容であるが、この時期は甲武国境が緊張状態にあり、武田勢がしばしば侵入していたことを確認できる。

遺構・考察　御岳山は標高930.4m、山麓からの比高は700m近くに達する高所である。山上には、武蔵御嶽神社を中心として御師の家屋や宿坊・土産物店等が立ち並んで、集落を形成しており、集落北方の頂部（富士峰）にケーブルの御岳山駅がある。

　城郭遺構は御嶽神社社殿の建つ山頂(1)を中心に残り、富士峰から御岳集落へ向かう途中の尾根上にも、堀切などが観察できる。社殿背後から南西と北に下る尾根にも、曲輪や堀切・竪堀が設けられており、北に下る尾根の先には枡形状の虎口aが観察できる。

　神社のある頂部と富士峰との間の稜線上を中心として集落が形成されており、その内部はいくつもの平坦地に区画されているが、全てを城の曲輪と考えることはできない。集落の北寄りに鞍部があって、西麓の海沢集落から登ってくる道がこの地点に達している。集落から東にのびる尾根の付根、国民宿舎山楽荘の西側に堀切が存在したが、現在は埋没が進んでいる(b)。この尾根を東進すると、日の出山（902m）を経て梅郷の集落へと下る。ビジターセンター（旧分校跡）の背後にも曲輪群と堀切c・竪堀があるが、北端の堀切dが鞍部ではなく、頂部を断ち割るように掘られていることに注意したい。

　縄張全体についてみると、富士峰側を無理に城域に取り込まず、御嶽神社を中心として山上集落を防禦する構造となっていることがわかる。城域は一見広大であるが、守備上のポイントは明快に絞られており、要所に比較的少数の兵を配置すれば、相応の防衛態勢を整えることが可能であろう。氏照の派遣した部隊と、山上集落の住民・御嶽神社関係者らが一体となって、国境警備と自衛に当たっていたものであろう。

　ちなみに『風土記稿』は御嶽村の「旧蹟」として、「長者屋舗跡」「馬場跡」「柵跡」を伝えている。「長者屋舗跡」は来歴不詳となっているが、現在の大塚山（富士峰北西の920.3m地点）に比定できる。「馬場跡」も来歴不詳だが、現在の山楽荘付近に比定できる。「柵跡」は畠山重忠が陣営を構えた所との伝承を載せるが、ただちに首肯することはできない。その位置については、本社の西南で十段ばかりの平地としている。

第69図　御岳山城縄張図（S＝1/4500）

29－1　高安寺塁（府中市片町2丁目）

地図11

別　　　名　高安寺館

沿革・伝承　高安寺は、寺伝によれば、もと藤原秀郷の館であったところに、鎌倉時代に市川山見性寺という寺が建てられ、それを足利尊氏が竜門山高安護国禅寺に改めたとされているが、資料的には確認されていない。

14世紀後半から15世紀前半にかけて、鎌倉公方が数度にわたり高安寺に本陣を置いていることが記録されている。

遺構・考察　『武蔵図会』の高安寺の項には、「鎌倉公方御陣所」を説明して、湟塁や柵が構築されたであろうことが述べられ、「いまにこの寺を囲繞せる空湟はそのときの旧址なり」と記されている。『武蔵図会』に記された空湟については定かでなく、『風土記稿』にも「四方に小渠を穿ち堤坊を繞らせり」と記されるが、併せて載せられた俯瞰図には、土塁状の高まりはあるが、堀は描かれていない。あるいは、高安寺西側の立川段丘に刻まれた開析谷を指している可能性が考えられる。もっとも、自然地形であれ、高安寺の西を画すように急崖が存在することに変わりはなく、同様に南側にも府中崖線の急崖が存在している。

東側は旧国鉄下河川原線敷設のための地形の改変で明確でないが、開析谷等は存在しないものと考えられる。北側は、現在は確認できないが、『風土記稿』に甲州街道の南側に土塁状の高まりが描かれており、それに伴うものか明らかではないが、発掘調査では、旧甲州街道の南側、現高安寺敷地との間に位置する西から771次調査（整理中）、907次調査（『概報26』）で、規模は検出面での最大幅4.2m、深さ2.1mを計る、東西方向の薬研堀状の溝（溝A）が検出されている。また、高安寺敷地内北西部に位置する9次調査（『報告2』）西端においては、南北方向の土塁の基部の可能性が考えられる遺構（M64－SX2）が検出されている。

なお、高安寺からはやや離れているが、高安寺を中心とするように、府中・分倍河原周辺の段丘上で、東西方向、南北方向の薬研堀状の溝が検出されている。溝B（第70図参照）は、溝Aの北東約200mに位置し、溝Aとは100m強離れた平行関係にある。西から54次調査（『概報7』）、559・584次調査（『概報31』）で検出されており、検出面での最大幅3.0m、深さ1.3mを計る。

溝Cは、溝Aの北約400mに位置し、溝Aとほぼ平行関係にある。西から744次調査（整理中）、268次調査（『概報23』）、618次調査（『概報32』）、495次調査（『概報29』）、668次調査（『概報32』）、381次調査（『概報28』）、429次調査（『概報27』）、1142次調査（整理中）、490次調査（『概報22』）、日鋼地区南端（『報告日鋼地区』）で検出されており、検出面での最大幅4.0m、深さ2.2mを計るもので、全長約290mと、東西方向の溝の中では、最も長く検出されている。

溝Dは、溝Aの西北西約800mに位置している。西から685次調査（整理中）、572次調査（『概報31』）で検出されており、検出面での最大幅4.0m、深さ1.1mを計るものである。

溝Eは、高安寺の本堂から東約600mに位置し、溝Aとは直交関係にある、南北方向の薬研堀状の溝である。南から、18次調査（『報告3』）、1255次調査（整理中）、1118次調査（『概報30』）、553次調査（『概報31』）、984次調査（『概報22』）、332次調査（『概報24』）、123次調査（『概報16』）、34次調査（『報告5』）、660次調査（『概報32』）、927次調査（『概報26』）、277次調査（『概報33』）で検出されている。検出面での最大幅3.1m、深さ1.3mを計るもので、全長約660mと、薬研堀状の溝の中では、最も長く検出されている。

溝Fは、高安寺本堂から西約700mに位置し、溝Aとは直交関係にある。南北方向の薬研堀状の溝で、溝Eとは約1300m離れて平行関係にある。現在のところ、785次調査（整理中）で検出されているのみで、検出面での最大幅4.0m、深さ1.2mを計るものである。

これらの溝は、多くで一度の掘り直しが確認されている。また、現在のところ出土遺物が少なく、時期が明確でないが、少量出土する遺物からは、室町期の所産と想定される。

また、溝B・Cについては、南側からの流れ込

みによって埋没したことから、溝の南に土塁状のものが存在していた可能性が指摘できる。

次に、高安寺周辺の中世の交通路を、既存道路と発掘調査で見つかった道路跡から復元してみたい。関戸から北上してくる鎌倉街道上道は、分倍河原の立川段丘崖線下で二分し、一つは府中崖線を上がり、八雲神社の板碑の前から、東芝府中工場南門の真下を通り、武蔵国分尼寺の西辺から、黒鐘谷東側の切り通しを通過し、恋ヶ窪方面へ向かっている。これについては、武蔵国府関連遺跡部分だけでも、南から709・788次調査（整理中）、851・853次調査（『概報25』）、526次調査（『概報29』）、409次調査（『報告21』）、183次調査（『報告7』）、929次調査（『概報26』）、643次調査（『報告24』）、878次調査（『概報25』）で道路跡が検出されている。もう一つは、府中崖線下で東に折れ、高安寺の南の沖積低地上を進み、JR南武線・武蔵野線府中本町駅北側で段丘上に上がる。そこで北に折れ、武蔵国分僧寺の西側を通過して、恋ヶ窪方面へ向かう現在鎌倉街道と呼ばれている道路とほぼ一致するものである。これについては、沖積低地を通過する東西部分では、602次調査（『概報32』）1箇所で検出されているのみで、立川段丘上の南北部分（府中街道と呼ばれている）でも1箇所1115次調査（『報告35』）しか検出されていない。しかし、府中街道に沿って、崖線内部（称名寺周辺）まで仏具の埋納（879次調査、『報告32』）や、大量出土銭の埋納（1115次調査、『報告32』）、土坑墓群の形成（603次調査、『概報32』）がみられることから、府中街道は中世まで遡ると想定している。

まとめ　高安寺周辺では、鎌倉街道上道は後者の府中を通過する道と、前者の府中を通過しない直線的な、バイパスとも言える道に分かれている。高安寺は、この二つの道の中央とも言えるところに位置し、溝B・Cは、北から高安寺へ向かう際、二つの道以外用いることを阻むかのように設けられており、溝E・Fについても、高安寺に対し東西方向からの進入を阻むかのように設けられていることが指摘できる。

写真1　高安寺全景（南西から）

写真2　溝B（54次調査、西から）

写真3　溝C（381次調査、西から）

写真4　溝C（495次調査、東から）

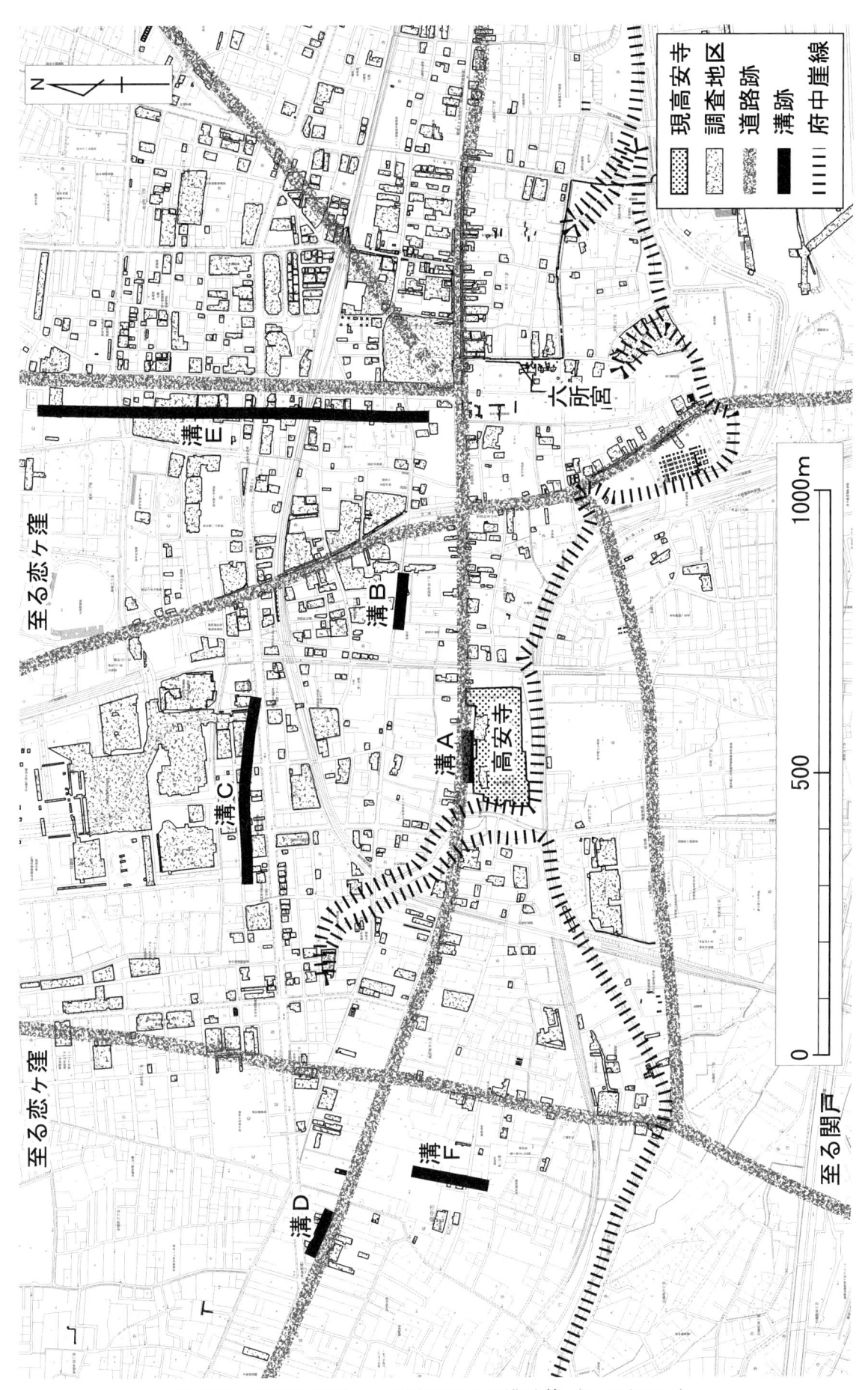

第70図　高安寺周辺の中世道路跡及び溝跡等（S＝1/10000）

29－2　伝浅野長政屋敷 (府中市白糸台5丁目12～14)　　地図9

沿革・伝承　『関東軍記大成』によると、豊臣家五奉行の一人であった浅野長政は、大坂城内での家康暗殺未遂事件発覚をうけ、五奉行の立場から「領地を差上げ、嫡子左京大夫に養われまかり度し」と詫び、これに対し家康は領地甲州で閑居させるよう計らった。しかし、長政は領地に引きこもるより、家康の領地で、江戸に近い府中にいることが、より家康に従う意を示せると考えたのか、府中に蟄居したと伝えられている。

府中市白糸台5丁目の現在都旧跡『浅野長政隠棲の跡』に指定されている地が、それにあたると考えられているが、長政が蟄居の地としての確実な資料はない。

遺構・考察　多摩川を望む立川段丘縁辺部に位置している。現在土塁が、白糸台幼稚園園舎南側（平田家西側）にのみ遺存しているが、以前は北側の園舎部分まで延びていたようである。また、諏訪神社北側の駐車場部分には東西方向の高まりが、諏訪神社南西側の崖線際の宅地内にも高まりが見られたとのことであり、崖線際の土塁の有無は明らかでないが、西・北・東の3方向に土塁が廻っていたと考えられる。

西側の土塁から、想定される東側の土塁までの東西距離は約100m、想定される北側の土塁から、崖線までの南北距離は約110mを計り、正方形に近い囲繞施設の存在が想定される。なお、諏訪神社西側の溝状の窪みは、性格が明らかでない。

現存する土塁については、一部が途切れているが、現在通路として用いられており、元々は一連のものであった可能性が考えられる。

至近における発掘調査としては、1119次調査（『概報30』）、1209.T1・1228.T次調査（整理中）があるが、当該期の遺構・遺物は検出されていない。特に、土塁の西（外）側に位置する1207.T1次調査でも、土塁からやや離れていることもあり、堀等は検出されなかった。また、北側の東西方向の高まりがあったと考えられる場所（1228.T次調査）でも、旧園舎解体後の立ち会い調査では、当該期の遺構・遺物は検出されなかった。

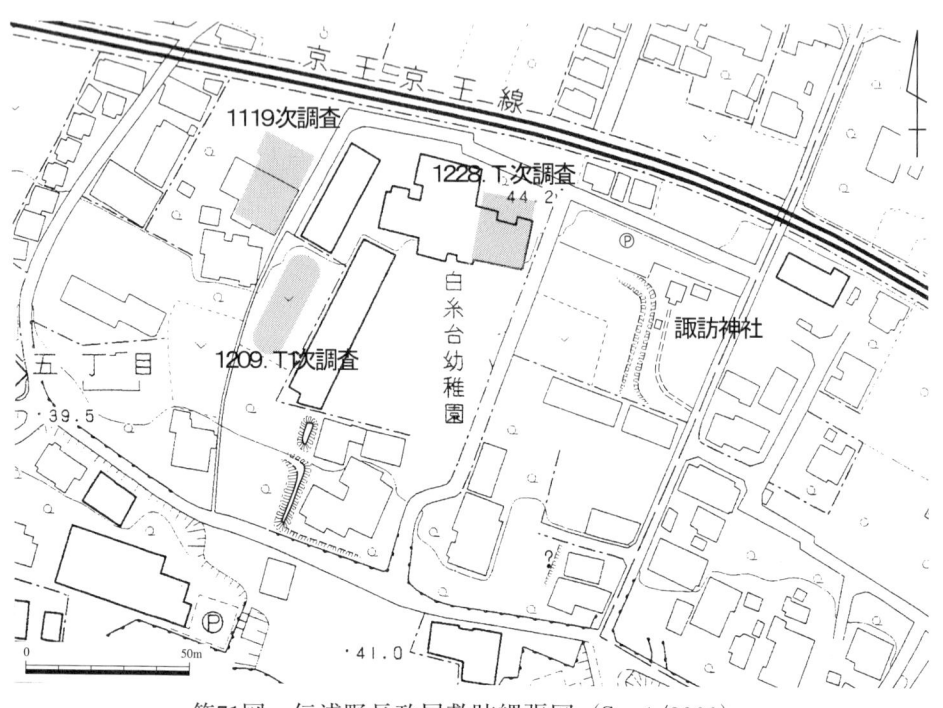

第71図　伝浅野長政屋敷跡縄張図（S=1/2000）

31－3　深大寺城跡 (調布市深大寺元町2丁目)　　地図9

沿革・伝承　『風土記稿』多磨郡之六・府中領深大寺村の条では、「旧蹟・古城趾」として堀跡が残っていることを記し、天文6年（1537）に扇谷上杉氏の武将・難波田弾正が築城したことが『小田原記』『鎌倉九代後記』以下の諸書に見える。『江戸図会』は「難波田弾正城址」を「深大寺大門松列樹の東の方の岡」、「深大寺の城跡」を「深大寺仏堂の後ろの方の山続き」として別項を立てている。しかし、由緒については『北条五代記』の同一個所を引いており、編纂上の混乱によって別項となった印象を受ける。

大永4年（1524）、北条氏綱によって最重要拠点である江戸城を奪取された後も、扇谷上杉氏の当主朝興は氏綱と一進一退の攻防を続けるが、天文6年4月に河越城で病没してしまう。『異本小田原記』『鎌倉九代後記』によれば、家督を継いだ朝定は直ちに江戸城奪回の兵を起こし、難波田弾正（善銀か）に命じて深大寺の「古要害」に築城して後北条氏への反攻の機をうかがった。この時期、氏綱は房総方面において、小弓公方・足利義明や里見氏に対して劣勢を余儀なくされていたため、扇谷上杉氏側も機に乗じて巻き返しを図ったのであろう。

深大寺城は、河越から鎌倉街道を南下して多摩川を渡る直前の段丘縁にあり、ここからまっすぐに南下して多摩川を渡河したあたりは、享禄3年（1530）に上杉朝興と北条氏康とが激戦を交えた「小沢原」である。当城は、扇谷上杉氏の後北条氏との攻防線上に位置する戦略的要衝であり、後北条軍を迎撃するポイントとして有効であるうえ、扇谷上杉軍が江戸城奪回に動く際には旋回点となるべき位置にあった。

しかし同年7月に、氏綱は直接河越城に攻め寄せて上杉軍を撃破し、朝定は松山城への後退を余儀なくされる。難波田はこの退却戦に際しての活躍が伝えられているので、城兵も急報に接して河越へ撤退したものと推測する。なお『大系』は、深大寺築城が天文5年であった可能性を指摘している。このことが事実とすれば、難波田弾正の派遣と築城自体は朝興の指示であり、朝定はその遺志を継いで作戦を継続したことになる。

氏綱の河越城に対する迅速果断な機動により、深大寺城は一夜にして戦略的価値を喪失した。その後、後北条氏が深大寺城を利用したことを示す史料は確認できない。なお、「古要害」が具体的にいつの時期の築城を意味するのか史料には記されていないが、長尾景春の乱や長享の乱に際して使用された陣や城郭であった可能性を指摘しておきたい。

遺構・考察　深大寺城は、武蔵野台地の南縁が支谷によって開析されてできた、舌状台地に占地しており、曲輪面の標高は約50mを測る。

城地南側の台地縁辺は比高15mほどの急斜面となっており、直下には野川が東流している。城跡から多摩川の現河道までは約2.8kmの距離があり、その間の低い河岸段丘面と多摩川の沖積地は、基本的に低平地であるため、城跡から南方の多摩川方面への視界を遮るものがない。多摩川対岸の動静をうかがい、南から攻め寄せる敵を迎え撃つには、絶好の占地といってよい。また、城地を舌状台地たらしめている北方の支谷内には古刹深大寺があるが、一帯は湧水が豊富である。城地の東方直下は現在、神代植物公園水生植物園となっているが、ここは本来、支谷内からの湧水に起因する湿地であり、東からの侵攻は難しい。

このように深大寺城は、舌状台地のもつ要害性を有効に活用した城郭の典型例であり、その意味において、武蔵野台地に築かれた中世城郭を代表する存在と言ってもよい。

現在、主郭周辺は神代植物公園城山地区として整備されているが、西側はテニスコートとして造成され、塁壕も失われている。一方、城地北方の支谷内には深大寺があって、深大寺背面の台地上は神代植物公園として、武蔵野の面影を伝える雑木林の景観も残されている。

縄張の基本は、舌状台地を複数の堀切で遮断した直線連郭式で、台地先端部に主郭1をおく。主郭は全周を土塁が囲んでおり、北面(a)・北東隅(b)・南面(c)の3箇所に開口部があり、北東隅・南面のものは東下の腰曲輪に通じている。このうち

北面と南面については本来の虎口とみてよいだろう。北東隅の開口部付近は、後世の改変の形跡が観察できるが、後述する1958年の測量図にも開口部自体は描かれている。他にも西面の中ほどに土塁が一段低くなった箇所が視認できるが、虎口かどうかは判断できない。

主郭と曲輪2との間には堀が存在すが、外側（2側）には土塁が存在する。なお、主郭の北西隅は、櫓台となって大きく張出している。この櫓台は一見すると、虎口aに対する横矢掛りとなっていないように思えるが、実際には主郭西面の堀をこえようとする敵を狙撃できるうえ、a前面の土橋に侵入する敵に対しても射線を集中できる。限られた数の弓矢を、効果的に運用できる位置に築かれているといってよいだろう。

曲輪2はテニスコートの造成による改変が進んでいるが、本来は曲輪3に面して土塁と堀を有していた。現在北からテニスコートに登ってくる切通し状の道が、この堀を踏襲している可能性があるが、その場合、堀は台地の北寄りで大きく折れ曲っていたことになる。曲輪3は早くから耕地化が進んだうえに、テニスコートが造成されて、現況では明確な遺構は視認できない。この他、主郭や曲輪2の南側にも堀や腰曲輪の様な地形が存在するが、変形が進んでおりそのまま城郭の遺構とみなすことはできず、今後再検証が必要である。

次に、深大寺城の考古学的な調査履歴について概述する。まず、昭和33年から41年（1958～66）にかけて、青木一美・榊原松司を中心とした深大寺城跡調査団によって、断続的に測量調査と発掘調査が行われている。この発掘調査は曲輪2を中心としたトレンチ調査であったが、曲輪内部からは数棟の掘立柱建物とともに、現在見る深大寺城とはまったく異なったプランを呈するらしい堀が発見されており、この堀は記録に見える「古要害」のものと推定された。同様にトレンチ調査ではあるが、曲輪2西方の農道付近で当時は完全に埋没していた堀が新たに発見され、曲輪3の存在が明らかとなった。その後、曲輪3を中心にテニスコートが造成されて、曲輪2の土塁も大きく失われてしまった。

平成7年には、神代植物公園城山地区の公園整備にともなう城郭遺構の確認調査が実施され、埋没していた主郭北・西面の堀、曲輪2西面の堀等が検出されたほか、主郭北西隅の櫓台にも調査区が設定された。調査結果によれば、主郭をめぐる堀は掘削上面で幅7m、深さ4m内外を測る薬研堀で、土塁上面との高低差は8mほどであった。一方、曲輪2西面の堀は底面が平坦な箱堀で、上面幅9m、深さ3.5mをはかる。この調査では、主郭北西隅櫓台において数基の柱穴が検出され、櫓状の構造物が存在した可能性が想定されている。なお、主郭北から西面の一部にかけての堀と、曲輪2南面から西面の土塁は、この時の公園整備で復元されたものであるが、後者の土塁についてはテニスコート敷地境との関係から、本来とは若干内側の位置に再元されているようである。

平成17年には曲輪3の南西隅付近で、道路の整備にともなう発掘調査が実施され、曲輪3西面の堀が台地南縁付近で大きく折れ曲る様子が、断続的に確認された。この堀は台地を南北に横断する農道にほぼ沿って走行するものと推定され、検出された幅は約5mで主郭及び曲輪2の堀よりも小規模で、内側に土塁をともなっていたことを明示する調査所見を得ることができなかった。

以上のように深大寺城は、築城主体・時期が特定できる事例として貴重である。武蔵・相模地域に残存する戦国期城郭のうち、技巧的な縄張をもつ事例は、これまで後北条氏の築城ないし改修とみなされることが多かったが、深大寺城は天文年間に扇谷上杉氏が一定水準の築城技術を保有していたことを示しており、戦国期城郭の発展過程を研究していく上で指標となりうる城郭といえる。

また、急速に都市化が進む多摩地区東部にあって明瞭な城郭遺構を残し、古刹深大寺や武蔵野の面影を残す雑木林、水生植物園付近の湿地等とともに、歴史的景観を構成している意味でも貴重な遺跡といえる。

第72図　深大寺城跡縄張図（S＝1/1500）

32—5　小野路城跡（町田市小野路町字城山・奈良ばい他）　　地図11

別　　名　結道城

沿革・伝承　『風土記稿』多磨郡之八・柚木領小野路村・上図師村の条共に、城に関する記載は見られない。ただ小野路村については、相州矢倉沢から上州へ通ずる往還（鎌倉街道）が通っていたため、正保頃までは小野路宿と称していたことを伝えている。当地は、戦国期には交通の要衝であったとみてよいだろう。

　小野路城について直接言及した史料はないが、『太田道灌状』には、文明9年（1477）の3月頃、長尾景春の乱に際して扇谷上杉方が「小山田」に拠点を構えていたことが記されている。「小山田」は小山田城を指すものと考えられることが多いが、小野路城を指している可能性もある。この時期、景春の蜂起によって扇谷上杉軍の主力は北武蔵から上野方面で苦戦を強いられており、太田道灌は江戸城を中心として相模・南武蔵方面の景春方鎮圧に奔走していたから、「小山田」の拠点は江戸城と相模方面の扇谷上杉軍との連携を確保するために築かれた城砦と推測できる。しかし、相模方面への後詰に南下してきた景春方の軍勢により、「小山田」の拠点は「相散」らされてしまった。

　ちなみに永禄2年（1559）成立の『所領役帳』では、「小野地」は「小山田之内四ヶ村」と共に他国衆の「油井領」の中に見え、大石氏領であったことがわかる。

遺構・考察　多摩ニュータウンをはじめとする開発が進む多摩地区の丘陵地帯にあって、小野路城の周囲は雑木林と農地が展開する景観を保っており、城郭の遺構も比較的良好に遺存している。城の東側、万松寺谷と呼ばれる谷戸は中世以来の寺院として著名であり、西方1.5kmには小山田城がある。城地周辺の丘陵上には尾根道が四通八達しているものの、小河川によって開析された支谷と尾根が複雑に交錯する丘陵地特有の自然景観が卓越する地域である。

　この城の特徴として第一に、堀・土塁・壁によって明確に形成された曲輪の周囲に、加工度の低い自然地形に近い外郭が広がっていることである。第二には、周辺の丘陵に接続する尾根や谷戸に下る支尾根について、それぞれ異なった対応をしていることである。

　主郭1は横堀に囲まれており、土塁も2面以上に存在したようである。しかし、西隣の曲輪2は上段部分のみ明確な壁で画されているが、下段部分は加工度が低い。曲輪2の北西には、堀切と小平坦地を隔てて曲輪3があり、3の北に続く尾根は明確な堀切で遮断されているけれども、西側尾根の処理は壁のみである。曲輪2から西・南西・南に下る支脈の尾根についても、それぞれ異なった処理を施しているが、いずれも堀切は入れていない。主郭の北に続く尾根については鞍部に堀切を入れているが、万松寺に下る東側の支脈の尾根には明確な遮断線は形成していない。また、主郭の南側には広大な自然地形の緩斜面が広がっているが、南東に続く尾根の鞍部は堀切で明確に遮断している。なお、主郭の北東下には「小町井戸」と呼ばれる井戸があって、小野小町の伝説を伝えている。小野小町云々は附会であろうが、井戸自体は小野路城の水の手として重要である。

　縄張の技法について見ると、全体に地形に逆らわないプランニングで横矢掛りの屈曲等はない。主郭や曲輪2には虎口のように見える部分もあるが、現状ではそれと断定できず、少なくとも枡形や馬出のような技巧的な虎口は認めることができない。全般には技巧に乏しく、比較的古相を留める縄張と評価してもよいであろう。また、尾根によりそれぞれ対応を変えている点から見て、築城者は敵の攻撃が予想される方向と、連絡線を確保する方向を明確に意識して使い分けていたものと考えてよい。

　小野路村が中世には鎌倉街道の宿であったと考えられること、および小野路城が尾根道の結節点を扼していること等を考え合わせると、景春の乱に際して扇谷上杉氏が取り立てた「小山田」の要害としては、小野路城が該当する可能性は否定できないものといえる。

第73図　小野路城跡縄張図（S＝1/2000）

第74図　小野路城推定復元図（S＝1/3000）

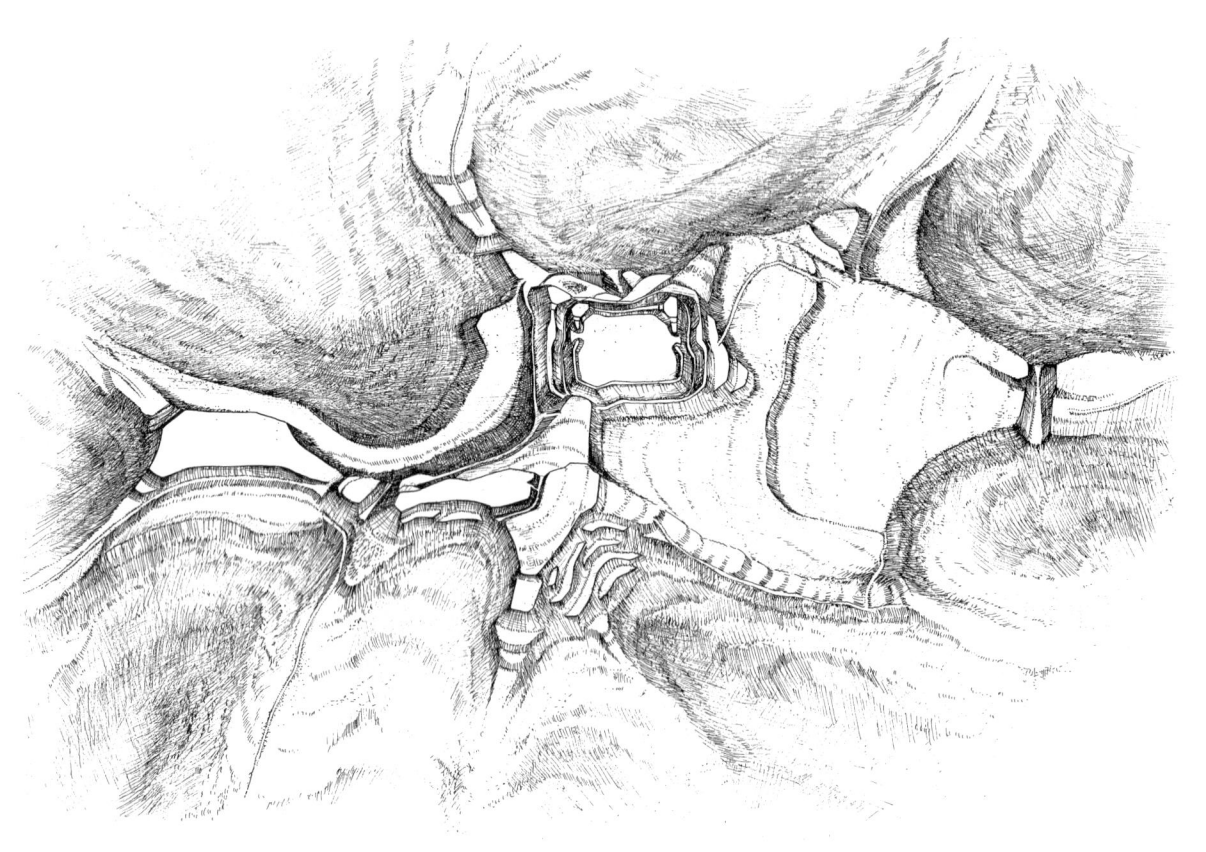

第75図　小野路城推定復元俯瞰図

32-6 小野路関屋城 (町田市小野路町)

地図11

沿革・伝承 多摩歴史街道研究会が近年発見した城郭遺構で、記録・伝承ともなく、築城主体・時代等は一切不明である。

遺構・考察 小野路宿背後の丘陵上にあり、小野路城の東方1kmに位置する。城地は標高106m、小野路宿からの比高は約30mを測り、現状は山林である。

稜線を遮断する小規模な二重堀切と、それに面した削り落としの壁面が遺構のすべてで、明瞭な曲輪は存在しない。二重堀切の南東60mほどのところにも、浅い切通し状の地形が観察できるが、堀ではなく道の跡であろう。周囲の広い範囲にわたって曲輪や塁壕が展開しているかのように描かれた縄張図が一部で発表されているけれども、今回踏査した限りでは下図に示した以上の明確な築城遺構は確認できなかった。

小野路関屋城は、尾根道の遮断を目的として、ごく少人数の部隊によって築かれた臨時性の強い阻塞であろう。城郭遺構としては極小規模の事例であるが、通路遮断のための阻塞として貴重な遺構である。長尾景春の乱に際して扇谷上杉軍が使用した「小山田」の拠点が、仮に小野路城を指すのであれば、関屋城はこれを攻略した景春方軍勢によって築かれた城砦として考慮する必要も生ずることとなる。なお、小野路地区の丘陵上には他にも何ヶ所か、堀や塁壁・段築状の人工地形が観察されるが、それらが阻塞遺構であるのか否かについては、現段階では判断が難しい。

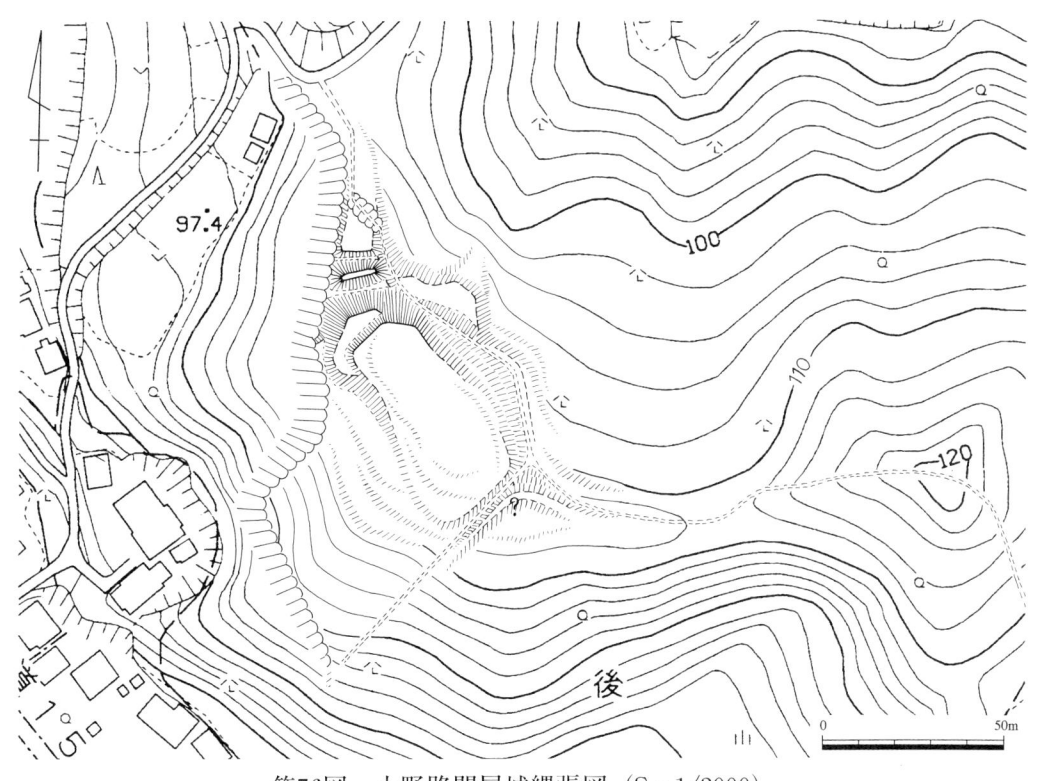

第76図 小野路関屋城縄張図 (S=1/2000)

32—8　小山田城跡（町田市下小山田町大久保・岡村他）　　地図11

別　　名　扇谷の要害、小山田の要害

沿革・伝承　一般には、鎌倉時代の御家人小山田氏の居城とされている。『風土記稿』多磨郡之八・柚木領下小山田村の条では、大泉寺について小山田別当有重の開基として詳細な由緒を載せているが、寺の背後にある城郭遺構については何も触れていない。小山田城を鎌倉期小山田氏の居城とするのは、大泉寺が有重の居館跡に建立されたことに基づく付会であろう。

一方、長尾景春の乱に際して扇谷上杉方が取り立てた「小山田」の要害が、当城に該当するとも言われている。ただし当時の地名呼称は概して広い地域を曖昧に指している場合が多く、検討を要する。「小山田」が「小山田地域の軍事拠点」といった意味であれば、実際には小野路城が該当する可能性も否定できない。なお『所領役帳』では、他国衆の「油井領」の中に「小山田之内四ヶ村」と見え、上・下小山田村は大石氏領であったことがわかる（32—5小野路城の項参照）。

遺構・考察　小山田城は、複雑に開析された丘陵の一画にあり、大泉寺の背後に南北100m、東西170mほどの範囲で塁壕等の遺構が確認できる。城内最高所であるｂ地点の標高は100mで、大泉寺境内との比高差は約30mを測る。現状では城地には篠竹が密生しており、遺構の細部を観察できない所もある。また城の北東側は、ゴルフ場による造成で旧地形を失っている。

現存する城郭遺構は東西二つの曲輪を中心に展開するが、堀切が比較的明瞭であるのに比べ、曲輪の形成は総じて不充分であり、多分に自然地形を残している。両曲輪の内部にも段築や土塁があって、何らかの区画がなされていたようであるが、区画の意図は判然としない。東西二つの曲輪は並立的ではあるが、導入路のあり方から見て西の曲輪１が主郭であろう。城内最高所を占めるのは櫓台状に整形された区画ｂで、大泉寺から登ってくる道を制圧する位置にある。現状では、この道は東西の曲輪を隔てる堀切ｃの中に入るようになっている。

注目すべきは西の曲輪１西端の虎口ａで、土橋を渡った対岸が四角く整形されて小区画となり、通路は小区画の両側から外部に通ずるようになっている。小区画の外側は耕作によって大きく削平されているので、前面に堀が存在したかどうかは判断できないが、堀の有無にかかわらず機能上は馬出と評価してよい構造である。また、東の曲輪２東端の虎口ｄは、やや不明瞭な堀状の窪みが喰違いに入っている。この浅い窪みが堀であれば、この箇所も堀切ｅに面した一種の馬出を形成していると考えることができる。この他、周辺域を踏査してみたが、図示した範囲以外では、明確に城郭遺構と評価できる人工的な改変地形は発見できなかった。

以上のように小山田城の縄張は簡素なものであり、原地形への加工度が著しく低い。しかし曲輪を画する堀切は明瞭で、虎口を形成しようとする意図も看取できる。そうした意味ではけっして粗雑な構造ではなく、最小限の土木量で効率的に築城を計った城郭と評価してよいであろう。ただし曲輪内の状態から見て、本格的な建築物が存在した可能性は薄く、居住性は低かったはずである。縄張面から見ても、強固な防禦は予想される接敵正面に限定されており、曲輪の側面や支脈の尾根等は未処理のままである。包囲を伴う長期間の戦闘に耐えられる構造ではなく、全体として臨時的な築城の様相が強い城といってよい。

小山田城が長尾景春の乱に際して築かれたものであるならば、馬出の遺構は関東地方では、これまで知られている限りもっとも古い事例になりうる。ただし上述したように、史料上の「小山田」が当城に該当するか否かについては、慎重な検討が必要である。この地域に城が築かれる契機としては、武蔵南部に進出しようとする北条氏綱と扇谷上杉氏の勢力がぶつかりあった、大永から享禄年間についても候補として挙げることができる。

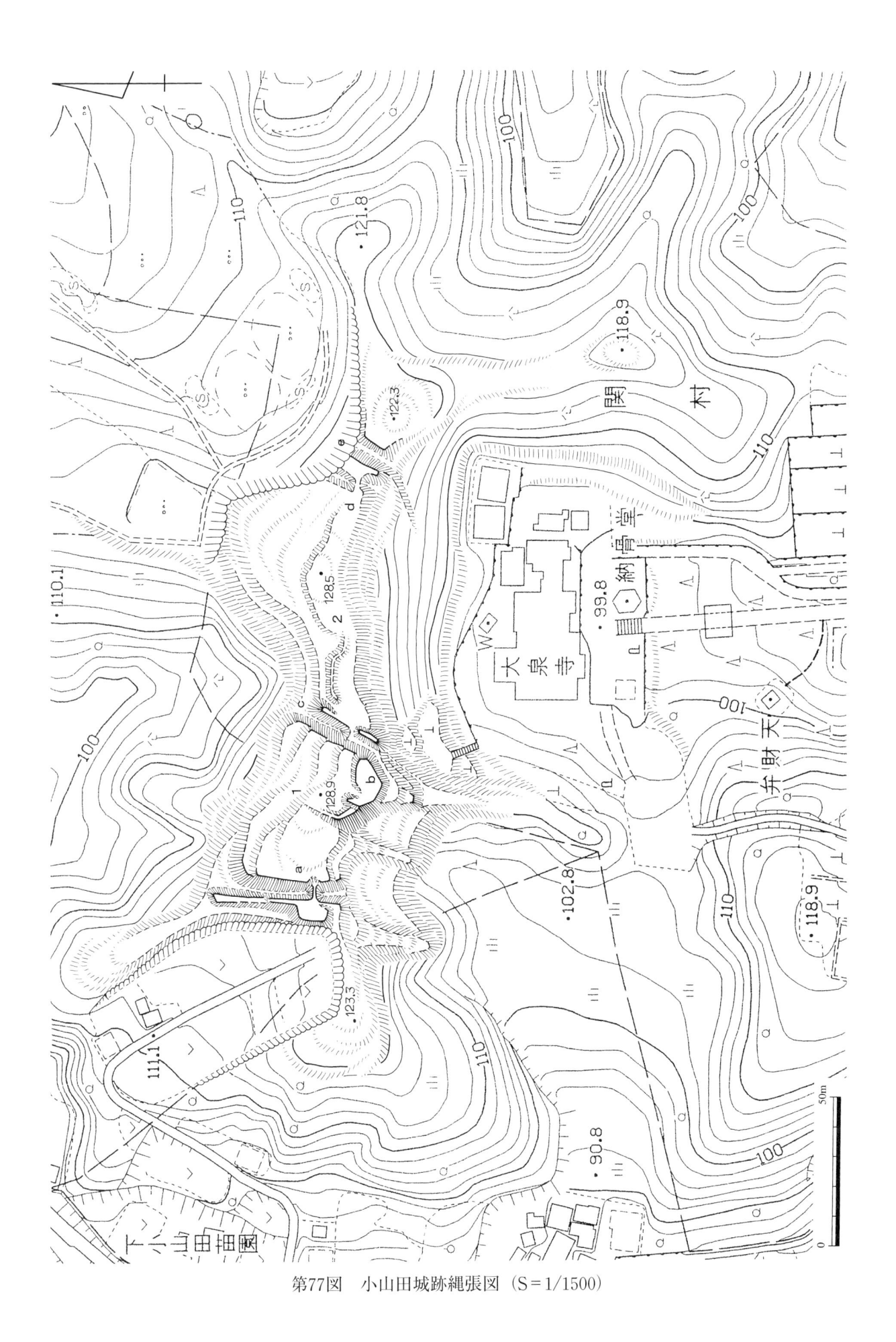

第77図　小山田城跡縄張図（S＝1/1500）

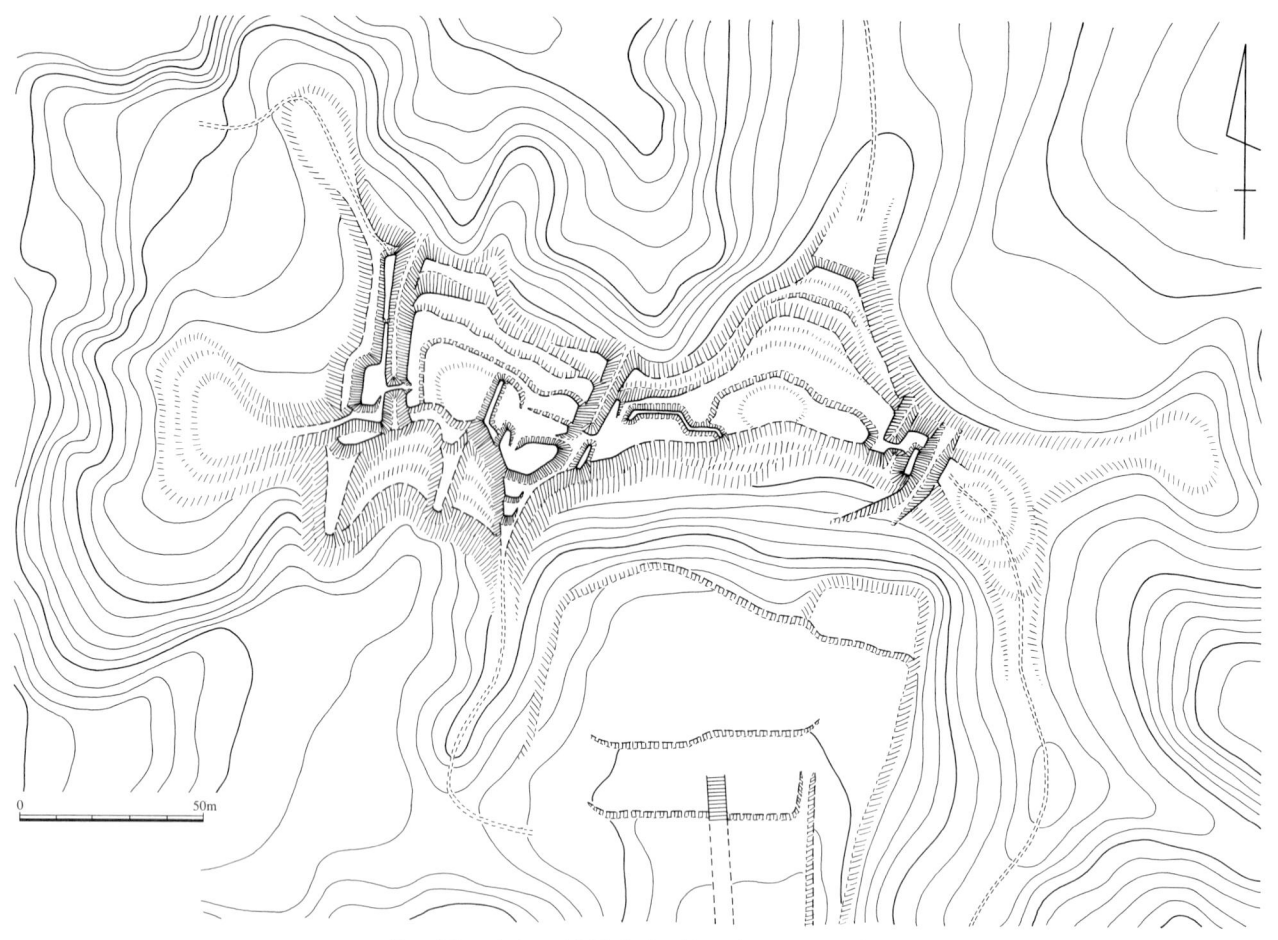

第78図　小山田城推定復元図（S＝1/2000）

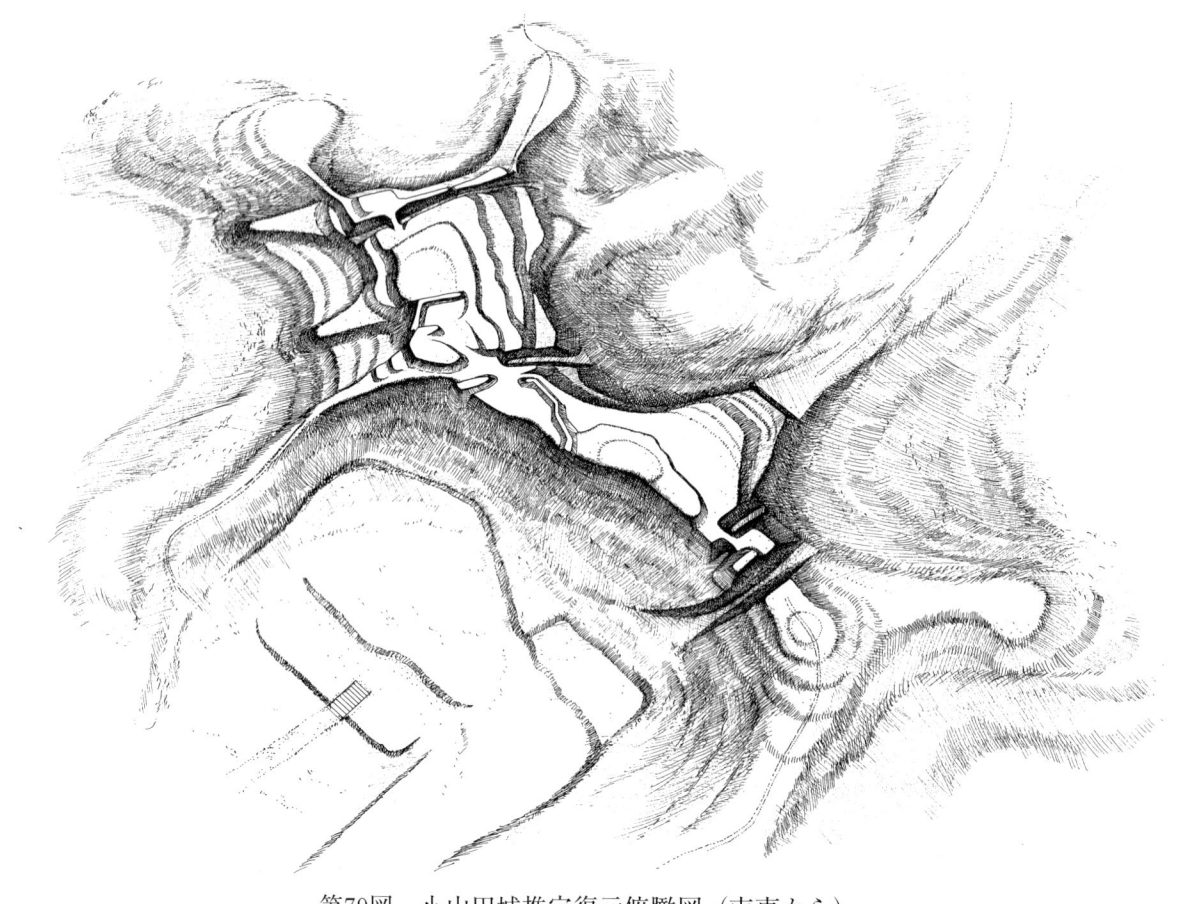

第79図　小山田城推定復元俯瞰図（南東から）

32-11　沢山城跡（町田市三輪町）

地図12

別　　　名　三輪城

沿革・伝承　『風土記稿』多磨郡之八・柚木領三輪村の条には「寺院」七面堂として、地主荻野氏の先祖の居跡に七面堂を造り、その地名として城山と載せている。また三輪村の条の冒頭で北条家被官市川加賀の三輪の領有を記している。『武蔵図絵』では小名を城山とし、由木氏一族の居城を想定している。『武蔵国南多摩郡三輪村誌』では「古跡沢山城墟」とし、城主を三輪三郎某としている。

市内の旧家に伝存する年号を欠く北条氏照印判状は三輪から城米を江ノ島に運搬することを命じたもので、ここでいう三輪とは沢山城と考えられる。

遺構・考察　沢山城は鶴見川上流域の南岸丘陵の一角に立地している。丘陵北端を鶴見川が東流し、東・西側は小支谷が南北に入り込んでいる。南側は東側の小支谷が入り込み、西南部で尾根奥に連なる。東側の支谷との比高差は30mあまりで峻険な地形上に4つの曲輪とそれを取りまく腰曲輪を中心に城郭が形成されている。

曲輪1と2が本城跡の主郭に相当するであろう。曲輪1は本城跡の最高所で標高75mを測り、櫓台としての機能が想定できる。山頂部を削平し、四囲を削り落とし130㎡の狭い平坦部を造成し、現在三間×二間の七面堂が建っている。この周囲に、幅1～2m、高さ50cmほどの土塁状のものが認められる。曲輪1の西側にはこの曲輪を取り囲むように空堀aがめぐる。比高差は5mほどで堀底幅は4～7mである。曲輪2は南西端で曲輪1に接し、北西は空堀aにつながる南北にのびる空堀bに続く。現在、この堀跡は一連のものに見えるが、最近まで鍵方に屈曲する部分に土塁状の障壁が存在したという。

空堀a・bを隔てて曲輪3が存在する。曲輪3の西側から南側にかけて土塁が残る。北東隅でも土塁状の痕跡が残る。曲輪3の北側は5m前後の急崖で、崖の直下には幅10mの堀cがみられ、曲輪4に連なる。曲輪3の中央部分でトレンチ調査が行われ、常滑系陶器片一点が出土している。

曲輪4は南北約32m、東西約85m、約2700㎡の規模をもつ本城跡でもっとも大きな曲輪である。市史編纂時に数箇所のトレンチ調査が実施された。堀cの一部も調査が実施され、地表下3mまで掘り下げられている。その結果、湧水が激しく、青緑色の粘土層の堆積が確認され、粘土層上層からは常滑系陶器片一点が出土している。

曲輪4の東北隅で、耕作の都合により掘削した溝から大量の焼米が発見されている。これは、北条氏照印判状の城米に相当するものであろうか。また、この曲輪の北端には現在は涸れているが井戸跡がある。ここが居館跡であろうか。曲輪4の北側に舌状の張り出し部分があり、大手とも考えられる。搦手は曲輪3の南西、土塁状の高まりがあるdの部分といわれている。南西にのびる尾根筋からdを通り曲輪1・2・3を取り囲む腰曲輪に入る。腰曲輪は屏風状の屈曲と竪堀を多用し、堅固な防御となっている。

さらに、北側の現在高蔵寺や住宅地となっている台地上には、部分的ではあるが城郭遺構とも考えられる堀や土塁状のものが部分的に認められる。かつては台地全体が城郭として利用されていたのであろう。また、東方の現熊野神社には約20m四方の区画が確認でき、「宿の内」の字名が残っている。

本城跡は曲輪1～4を中心に堅牢な築城技術が認められ、在地土豪層ではなく後北条氏関連の築城と考えられる。出土した常滑系陶器片の年代や北条氏照文書の存在がそれを裏づけるのではないだろうか。

本城跡は廃城後、七面堂が建立され地主荻野氏や三輪地区の人々の信仰のもと手厚く保護され、開発著しいこの地区の中にあって中世城郭の主要部分を今に伝えている。今後も地域に根ざした保護が望まれる。

参考文献

小川信・小出義沼 1972「沢山城址調査報告」『町田市史史料集』第六集 中世編（続）

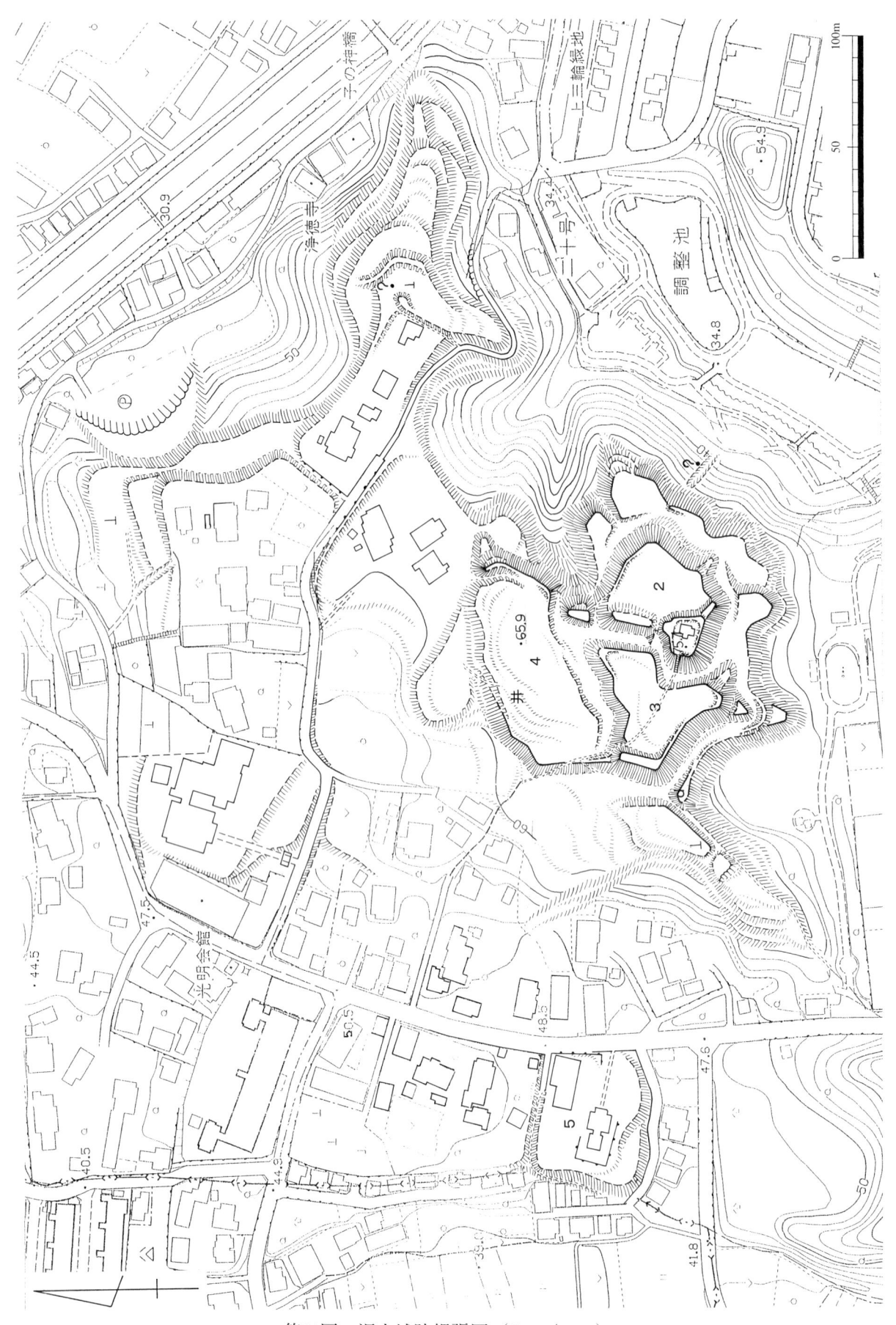

第80図　沢山城跡縄張図（S＝1/2500）

32-14　成瀬城跡（町田市南成瀬）

地図12

別　　　名　鳴瀬城

沿革・伝承　『郷土町田町の歴史』では中里伊賀守の居城の伝承を紹介している。『町田市史』では成瀬城の南西数百メートルの経塚出土経筒の銘文から四条彦次郎の成瀬城との関連を想定している。また、『所領役帳』では成瀬は他国衆小山田弥三郎（小山田信茂？）の領地となっている。小山田氏は甲斐国郡内地方を根拠地としている。前述の四条彦次郎銘経筒とともに出土した甲州祐順銘経筒との関連も興味深い。

遺構・考察　恩田川南岸、河岸に向かって延びる舌状台地の突端に位置する。周辺の開発で昔日の面影は認められないが、河川改修工事以前の河岸との比高差は約12mを測り、台地の西側には幅50m前後、長さ300mほどの緩傾斜の支谷が、東側には長さ100mに満たない小支谷が入り込んでいた。市史編纂時（昭和48年）に実測調査・試掘調査が実施されている。

その際の実測図によると、台地上は南東にやや高く北西に低い比高差3mほどの傾斜をもつ平坦地をなし、単一の曲輪を形成している。台端から約55m南には空堀の跡と認められる幅3～5m、深さ1m未満の溝(a)が東西に走って、この曲輪の南限となっている。曲輪の面積は2600㎡である。空堀は40mほどで、その西端は直角に北向してそのまま北西の支谷に向かって斜面を削り落とした縦堀に連なっていた。空堀の東端は東側の斜面に連続せず、以前は北東に折れて東側斜面の端まで達していたと言われている。このことは平成元年の調査で空堀(b)が確認され、証明されている。この曲輪の南西部、縦堀より5mほど東は大門跡(c)といい、城門の存在が伝えられている。

また、曲輪の中央からやや南東よりには近年まで古井戸があったと言う。曲輪の西側から北側には土塁をめぐらしていたが、関東大震災で一部が崩落し、残りも耕作の都合上、削り落としたと言う。なお、北東隅付近は櫓台跡といわれている。

空堀の南約50mは現在住宅地になっているが、もう1条東西に走る空堀があり、その西側には南北に走る土塁があったと言われている。これが事実とすれば、成瀬城は2つの曲輪をもつ複郭式の城郭であった可能性がある。

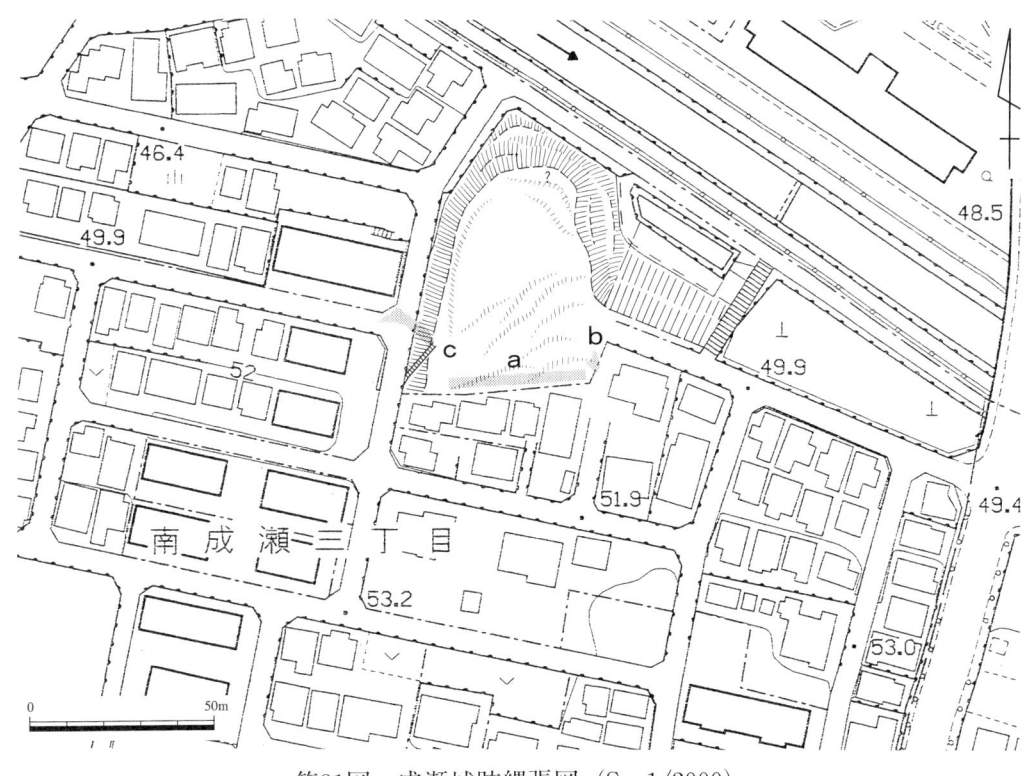

第81図　成瀬城跡縄張図（S＝1/2000）

32－17　多摩ニュータウン No.211遺跡 （町田市小山町20号－2、305他）　　地図15

沿革・伝承　本城郭に関しての文献上の記録及び地元に伝わる伝承などはなく、平成元年～平成3年に実施され発掘調査により発見された城郭跡であり、後北条時代の城跡と推定されている。

遺構・考察　発掘調査で明らかになった遺構の特徴は、

1. 内郭とも言うべき平坦面は、二重の堀や急崖により守られている。
2. 1号郭・2号郭を含め、建物跡・柵列などの遺構は検出されなかった。
3. 堀は、屈曲しながら連続し、周辺に造られた平坦面とともに有機的に連携し、敵の直線的侵入を防ぐとともに、横方向からの攻撃を意図した構造になっている。
4. 堀を渡る施設として、掘残しの土橋が造られているが、堀の屈曲と連携し、敵の直進的な進入を防ぐ位置に造られている。
5. 堀底には、段差を造っている箇所がある。
6. 斜面を廻る堀は、箱薬研堀に分類される。狭い尾根上に占地したため、平坦面を最大限に利用でき、急峻な斜面地に最も適した堀として採用されたと考えられる。
7. 郭は、痩せた尾根上に構築されている。少しでも平坦面を確保するため、背の部分を削平し、その土を斜面部に盛土することにより造成されている。
8. 2号郭北辺には、土塁状の高まりが認められるが、板築等はなされていない。

である。

次に、本城跡の縄張りについては、

1. 1号郭の北側には、さらに高い尾根が伸びている。調査範囲を拡張するとともに、現地表面で、堀や土塁などの有無を確認したが、何ら城跡的施設の痕跡は発見できなかった。（急崖については、急峻な尾根に位置するため、人為的なものか、自然のものかは判然とせず、城跡的施設とは判断しなかった）
2. 2号郭の南側は、堀が一重であり、さらに尾根は台地状に広がっている。現地表の観察からは、堀状の窪みや土塁状の高まりが南側台地状部分にも認めることができ、城郭は、2号郭の南側にも展開していると考えられる。
3. 南北に走る尾根の斜面は急峻であり、その東西の裾には自然の湧水がある天然の要害になっている。

である。

したがって、本城は、急峻で湧水に囲まれた自然の地形を利用し、丘陵の先端部から少なくても1号郭までの範囲に構築されていたと考えられている。

本城の発掘調査では、当該期の遺物は出土していないが、後北条時代（戦国期後半）の城跡ではないかと推定されている。戦国期の城跡であることを前提として、上記の遺構の特徴及び縄張りから、本城の性格は、

後北条時代の城郭において、本城と同程度の規模を持つ城としては、八王子城の支城とされる小田野城（東京都八王子市）や松田城（神奈川県松田町）などがある。本城は、津久井城と八王子城を結ぶ、交通の要所を占めており、津久井城の支城的城郭と考えることが可能であろう。

とされている。

本城は、以上のように八王子・町田・城山の三方を繋ぐ交通の要所にある。築城に際しては、急峻な尾根上に占地し、尾根の下には湧水がある自然の要害を巧みに取り入れた城郭で、堀や急崖に守られていたとみることができる。しかし、本城については、以下の疑問点が示されている。

1. 郭部を含め、建物跡等の遺構がない。
2. 土塁の痕跡は認められるが、版築が成されていないなど不完全である。
3. 1号郭の北側には、郭部より高い尾根が延びるが、堀等の要害の施設がなく、尾根筋の押さえができていない。
4. 発掘調査で、当該期の遺物が出土していない。
5. 文献上の記録、地元の伝承等がまったく残っていない。

である。

　この疑問点を要約すると、本城は戦国期の城郭としての基本的な押さえである、尾根の上位がまったく無防備であること。建物跡等の遺構が検出されていないこと。遺物が出土していないことなどである。

　このことにより、本城は、完成を待たずに廃棄された、未完成の城跡と考えられている。このような背景があって、本城に関する文献上の記録、伝承等がまったく残っていないのではないかとされている。

　本城は、発掘調査による記録保存の後、造成工事により、煙滅している。

第82図　多摩ニュータウンNo.211遺跡遺構図（S=1/1500）

35−2　川辺堀之内城（日野市川辺堀之内）

地図11

沿革・伝承　『風土記稿』多磨郡之十一・日野領川辺堀之内村の条には記載がない。その他、一切の記録・伝承を欠いており来歴不詳の城跡であったが、郷土史家らによって塁壕の存在が指摘されて知られるようになった城館跡である。

遺構・考察　浅川北岸の河岸段丘縁が舌状に突出した箇所に占地し、曲輪面の標高は84mで、南側の低地からは9mほどの比高差を測る。

　河岸段丘の突出部を切り離すように堀と土塁が存在しているが、現状では塁壕の中央部分が大きく失われている。ただし残存部分から、塁壕がクランクして横矢掛りを形成していたものと判断される。虎口については、塁壕の喪失のため位置・形状を特定できない。注意すべき点として、塁壕によって区画された内部は特に平坦化されておらず、縁辺部の壁面も未整形で、ほとんど自然地形のままである。また、現存する塁壕の東方60mの位置で、個人宅造にともなう緊急調査により、幅約5mの薬研堀が確認されている。この堀は段丘縁に沿って東西に走行しており、外郭を区画する堀とはなりえない。段丘縁突端の曲輪を中心として、両翼に堀のラインを伴う平面形を構成していた可能性が高い。

　『風土記稿』は近世以前の川辺堀之内村について何も伝えていないが、城址の東直下にある延命寺には文明2年（1470）銘の板碑が現存していることから、当地域には室町から戦国期にも集落が存在していたはずである。ただし、そうした寺院や集落と当城が何らかの関係を有していたと即断することは避けたい。当城の東南東1.4kmには浅川をはさんで高幡城が位置しており、第一次・第二次立河原合戦等の戦乱に際して、当城が陣城のような軍事施設として構築された可能性について考慮する必要がある。

　また、占地形態や縄張については、三鷹市の天神山城（27−2）や、国立市の谷保の城山（38−1）等との類似性を検討すべきである。

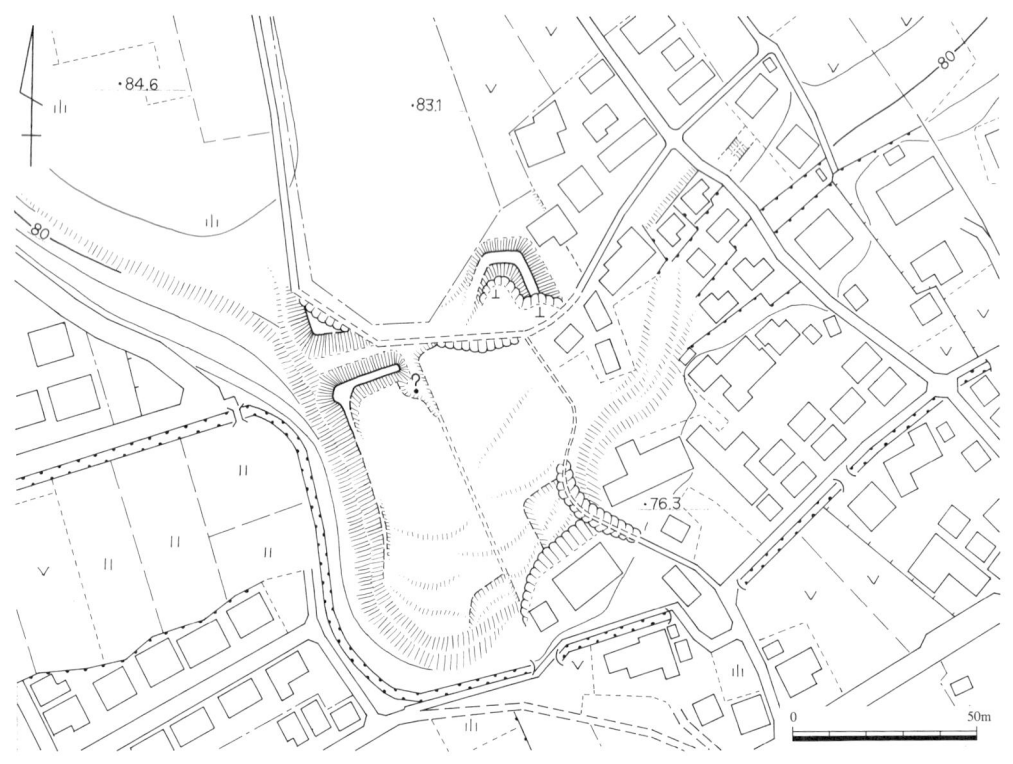

第83図　川辺堀之内城縄張図（S＝1/2000）

35－3　高幡城跡（日野市高幡）

地図11

沿革・伝承　『風土記稿』多磨郡之十八・小宮領高幡村の条には、高幡山明王院金剛寺に関する詳細な記述はあるが、その背後の城跡については特に記載がない。ただし、村内の小名として「根小屋　金剛寺の山根の通りなり」とある。また小宮領の由来として、寛正の頃、上杉憲明が当地に来て小宮氏を称したが、子孫は天文年間に後北条氏によって滅ぼされたと記している。また『江戸図会』には、高幡山金剛寺境内の様子を描いた挿絵が付され、背景に城跡の山容もよく描かれてはいるが、当城に関する記載はない。

　享徳4年（1455）正月、古河公方成氏と管領上杉氏の軍勢は分倍河原から立河原一帯で激突し、成氏軍の勝利となったが（第一次立河原合戦）、『鎌倉大草紙』によれば、このとき負傷した管領方の武将上杉憲顕が、「高旗寺」に逃れて自決している。『風土記稿』の記す上杉憲明なる人物は、あるいはこの憲顕に関わる誤伝であろうか。また永正元年（1504）9月には、山内・扇谷領上杉氏の間で第二次立河原合戦がおき、古河公方成氏が山内方の、今川氏親と伊勢宗瑞が扇谷方の援軍として、それぞれ加わっている。

遺構・考察　高幡山明王院金剛寺背後の丘陵上にあって、主郭の標高は125m、境内からの比高は56mを測り、地理学的には丘陵であるが、城郭としての形態は山城に近い。現在は金剛寺の敷地となっていて、巡拝用の遊歩道が整備されているものの、塁壕等の遺構を観察することは可能である。

　縄張は、最高所の主郭1を中心として、稜線上に堀切と曲輪を連鎖させている。主郭は規模が小さく、実際には見張所的な使われ方をしたものであろう。主郭と曲輪2の間は、かなり埋没しているが堀切によって隔てられている。曲輪2の北側も遊歩道によりかなり変形しているが堀切とみることができる。この地点から北に向かって、尾根上に数段の曲輪や腰曲輪が形成されているが、全体として地形に逆らわない造りである。これらの曲輪群の東側斜面には、何箇所か竪堀状の地形が見られるが、砂礫層の崩壊によるもので城郭遺構とは認めがたい。

　主郭の南側にも数段の曲輪があり、そこから東へ下る支尾根に道がついている。

　上記曲輪群の西側には北から谷が入り込み、支谷内に大きな平坦地があるが、戦後になって園地として造成されているため、そのまま曲輪として認めることはできない。主郭と園地の平坦面との間にも、数段の平坦面があるが、これらの平坦面もそのまま城の遺構とは認めがたい。

　また、園地の平坦面を馬蹄形に囲むように、主郭の直下から尾根がのびており、その西側の頂部は見張り場として使われた可能性が高いものの、明瞭な遺構は存在しない。馬蹄形の尾根上も遊歩道による変形が進んでおり、現状を観察するかぎりでは堀切等は確認できない。

　このように高幡城の縄張は、総じて原地形に従ったものであり、遺構の規模も小さく、土木量は大きくないことが看取される。また虎口や横矢掛り等の技法も確認できず、素朴な構造を見せている。

　現段階で、縄張の特徴から築城の年代・主体を特定することは避けるが、前述した歴史的背景や地政的状況を考慮すると、享徳4年（1455）の第一次立河原合戦や、永正元年（1504）の第二次立河原合戦の際には、金剛寺も陣所として利用されたはずで、これに伴って背後の山上に城砦が構えられた可能性は否定できない。両合戦の舞台となった多摩川両岸域、すなわち現在の日野・立川・国立市域に分布する城館群と、併せて考察するべきであろう。

　なお、寺院の陣所としての利用や城郭化の事例は、中世ではきわめて普遍的であり、大きな寺院ほど軍事施設として利用される可能性も高くなる。したがって、高幡山明王院金剛寺が中世に存在していたことをもって、高幡城の存在を否定することは困難である。

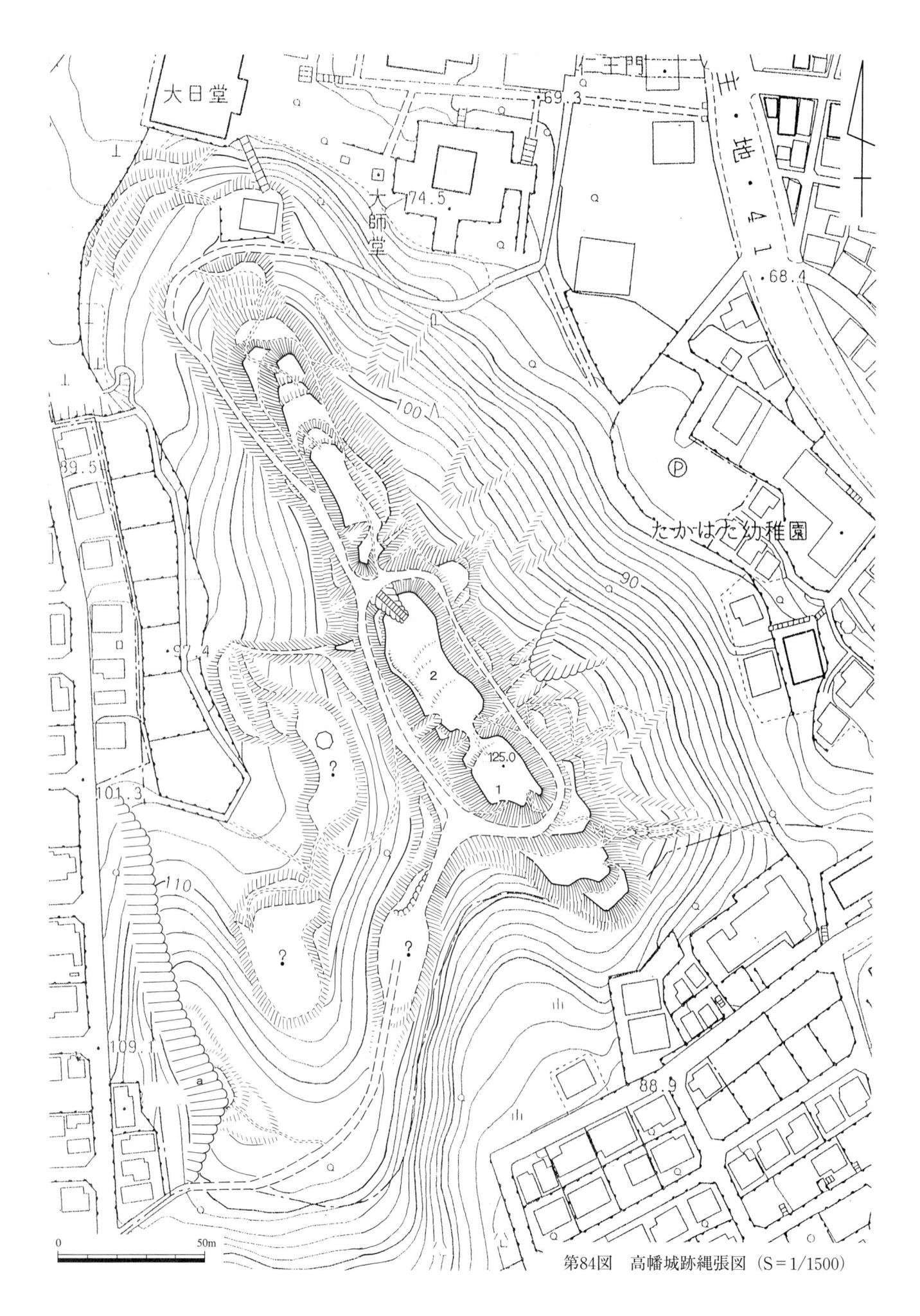

第84図　高幡城跡縄張図（S=1/1500）

35－7　平山城跡（日野市平山6丁目）

地図11

沿革・伝承　鎌倉時代の御家人、平山武者所季重の居城と伝承されているが、信憑性に乏しい。『風土記稿』多磨郡之十八・小宮領平山村の条は、季重の伝承を各種載せているが、山城については記載がない。日奉明神社については、村の南の山上にある小社で季重の霊を祀ったものと伝えているが、この小社は現在の城跡に鎮座する季重神社である。同社の項によれば、天正17年（1589）に平山右衛門大夫なる人物が奉納した絵馬が、近隣の引田村日吉社に所蔵され、当村も平山右衛門大夫の所領かとしている。

また「旧蹟・館跡」として、館主は不明だが村人は季重の館と称しており、引田村日吉社の絵馬の存在と合せて、天正年間まで季重の子孫が居住したものか、と推測しているが、季重の館という里伝については懐疑的である。

この館跡は、平山城址公園駅前に残る土塁の一部に比定できる（城館一覧35－6伝平山氏館）。ちなみに、戦国期に平山氏という土豪が存在し、北条氏照の被官となっていたことは史料で確認でき、天正年間には平山右衛門大夫なる人物が檜原城の守備に当たっている（52－3檜原城の項参照）。

遺構・考察　京王線平山城址公園駅南方の丘陵縁辺に占地し、季重神社の鎮座する場所が主郭とされる。主郭面の標高は170.7mで、北麓低からの比高は56mに達し、地理学的には丘陵ではあるが、城郭としての占地形態は山城に近い。駅名ともなっている「平山城址公園」は、城跡の南側の丘陵地で、城跡自体は雑木林となっている。

図示したごとく、縄張はごく簡素で人工的要素に乏しい。主郭の南側は道路の通過によって旧状を失っており、堀切等が存在していたか否かは不明である。ただし、主郭に至る進入路には片側を土塁で押さえた虎口らしい施設が、二ヶ所確認できる。なお、上記の城郭遺構が確認されたのは、1970年代の後半である。

当城を平山武者所季重の居城とするのは付会であり、戦国期の土豪・平山氏との関係についても慎重に検証する必要がある。城の性格については、村の城や純軍事的臨時築城などの可能性も考慮すべきであろう。

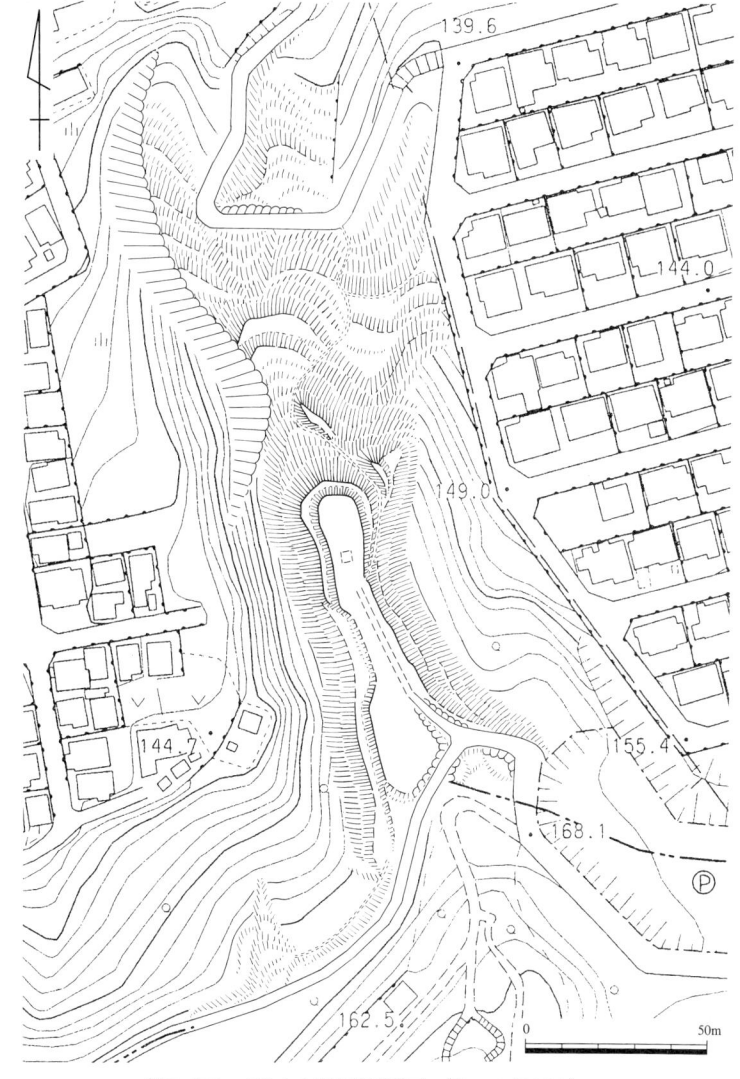

第85図　平山城跡縄張図（S＝1/2000）

35−8　百草城（日野市百草）

地図11

沿革・伝承　百草園の地には、鎌倉時代には真慈悲寺という寺院が建立されていたが、室町時代以降しだいに荒廃し、跡地は松蓮寺の境内となったとされている。百草園内の部分的な発掘調査や表採によって、東京都内では珍しい中世の寺院瓦が得られており、真慈悲寺跡が当所に比定できることは確実視されている。

近年、郷土史家らが百草園一帯に塁壕遺構が存在していることを指摘し、城郭として認識されるようになったが、城郭に関しては一切の記録・伝承を欠いており、来歴は不明である。

『江戸図会』慈岳山松蓮寿昌禅寺の項には、東から松蓮寺境内を見た挿絵が掲載されており、地形を巧みにとらえたものであるが、城郭を想起させる描写・記載は一切ない。

『風土記稿』多磨郡之十一・日野領百草村の条では、「神社・八幡社」として源頼義・義家が前九年の役に際して戦勝を祈願し、凱旋の際に社殿を再建したこと、源頼朝が法華経を埋納したこと等の伝承を詳述している。

これに続いて「別当松蓮寺」の項があって、新田義貞が国分寺を焼いた時に当寺も兵火に罹って焼失・衰亡したことを伝え、また『吾妻鏡』に見える真慈悲寺は当地であろうかとしている。『風土記稿』には、城郭に関する記述はないが、「小名」として陣屋山（村の東）、下屋舗（村の南）等の地名を伝えている。

遺構・考察　百草城は、多摩川と浅川の合流点をひかえた多摩丘陵の縁辺に位置しており、城内最高所の標高は143.8mで、北麓低地からの比高は80mをはかる。北方の低地には、中世の集落遺跡として著名な落川遺跡があり、多摩川の対岸には府中・分倍河原方面を眺望することができる。

城地自体は一見するとさほどの要害とも思われないが、多摩丘陵地帯から府中・分倍河原方面への渡河点をひかえた要衝の地である。一帯は現在、梅の名所として知られる百草園の園地や、百草八幡宮の社地となっている。

城郭の遺構は、松蓮寺と百草八幡宮の背後の尾根上に確認できる。中心となるのは三箇所の櫓台状の遺構であるが、それらは本来、城郭の施設として造られたものではなく、真慈悲寺の堂跡であろう。この櫓台状の遺構を中心として、稜線を堀切で切断しており、一部に虎口らしい構造を認めることもできるが、大きな面積をもつ曲輪は存在しない。中央の櫓台状遺構から西にのびる尾根の先端にも、堀切と櫓台状の施設がある。

これら尾根上の遺構群の周囲には、いくつもの削平地や緩斜面が展開しているが、それらは城の曲輪として造成されたものというより、真慈悲寺や百草八幡宮にともなうものであろう。真慈悲寺が荒廃したのち、堂宇や坊舎の跡地を軍勢や兵站の集結・収容のために利用したものである可能性がつよい。

以上のように、百草城は中世城郭としては特異な縄張を有している。尾根上は狭小で、明確に主郭とみなしうるような場所は見当たらない。一方、周囲の平坦面は相応の軍勢や物資を収容するだけの面積を持っているが、塁壕や虎口によって防禦される構造にはなっていない。全体として、この城を防衛拠点として守り抜く縄張にはなっておらず、尾根上の櫓台状遺構や平坦面は物見や指揮所として使用し、小規模な奇襲を防ぐために堀切を設けたことが窺える。全体的な構造としては、稲城市の小沢城（46−3）との類似を指摘できる。

次に、当地の地理的・歴史的環境を前提に考えるならば、府中・分倍河原方面への軍事行動をとる勢力が、真慈悲寺の跡地を軍事利用し、一種の陣城として評価するのが妥当であろう。蓋然性のたかい築城の契機としては、古河公方と管領上杉氏の軍勢が衝突した享徳4年（1455）の第一次立河原合戦や、山内・扇谷両上杉氏の軍勢が衝突した永正元年（1504）の第二次立河原合戦などがあげられよう。特に後者の合戦の折には、古河公方成氏が山内方の今川氏親と伊勢宗瑞が扇谷方の援軍として参加している。

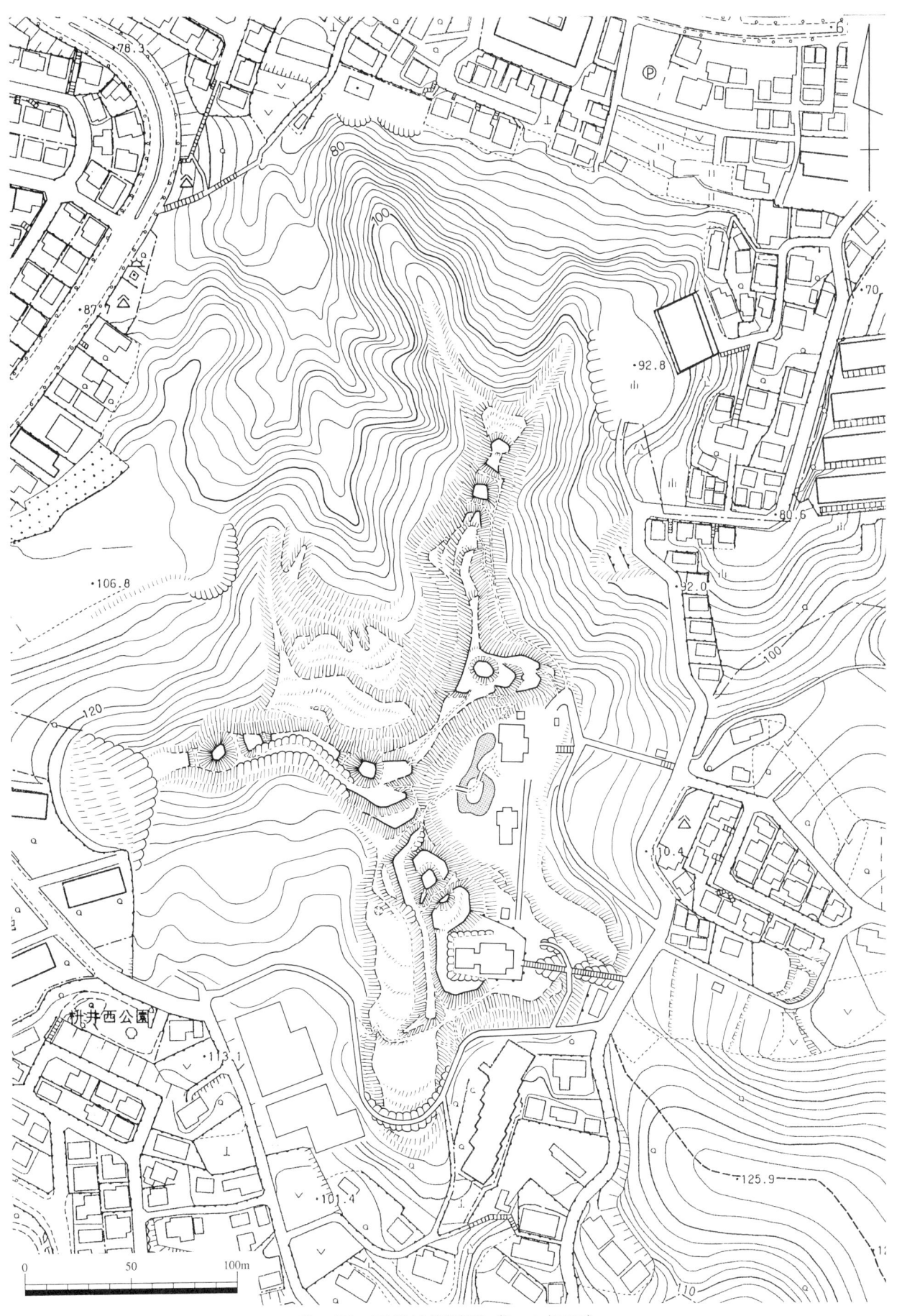

第86図　百草城縄張図（S＝1/2500）

38−1　谷保の城山（国立市谷保）

地図10

別　　名　三田城跡、三田氏館、伝津戸三郎館

沿革・伝承　『江戸図会』では「菅原道武朝臣旧館の地」として、道武がこの地に居住して平貞盛の娘を娶り、それより六代目の子孫が津戸三郎為守であるとの伝承を載せ、地元では三郎殿屋敷跡と称すると記している。『風土記稿』多磨郡之三・府中領上谷保村の条では「旧蹟・城跡」として、津戸三郎住居の跡との伝承を載せ、三丁ほど離れた場所にも塁跡らしきものが残るとする。

　このように、江戸時代後期には津戸三郎為守の館として認識されていたが、至近にある谷保天満宮が津戸三郎為守の由緒を伝えていたため、付会されたのであろう。

遺構・考察　城地は、南武線谷保駅の西方800mの河岸段丘縁に位置し、標高は67m、南側の低地からは7mほどの比高差があり、東側には幅約20mの谷堀が入りこんでいる。城跡の主要部は現在三田氏の私有地となっており、同氏が所有する万治2年（1659）と天保11年（1840）作成の絵図にも、現状とほぼ一致する遺構が描かれている。

　城は三つの曲輪1・2・3から構成されており、三田氏宅の建つ一画が主郭となる。主郭の東面や曲輪2の南面には土塁がないが、本来は全周していたと推定される。主郭西面の中ほどには、2の虎口に対する横矢掛りの折れaが加えられている。主郭の北面から西面につづく堀はa付近で消失しているが、曲輪2の南側にも堀の痕跡があるので、本来はここに連続していたのであろう。曲輪3も南面と西面に低い土塁が断続的に追跡でき、南面には落差の大きい空堀がある。また、谷堀対岸の崖面にも土塁bが確認できる。

　総じて小規模ながら実戦的な縄張を有しており、居館ではなく戦闘拠点ないしは陣城として評価すべきであろう。土塁bも、曲輪1・2を核とした左翼防禦陣地の可能性が高い。『風土記稿』が伝える三丁ほど離れた塁跡（現在消滅）も、上記の推測を裏付ける。

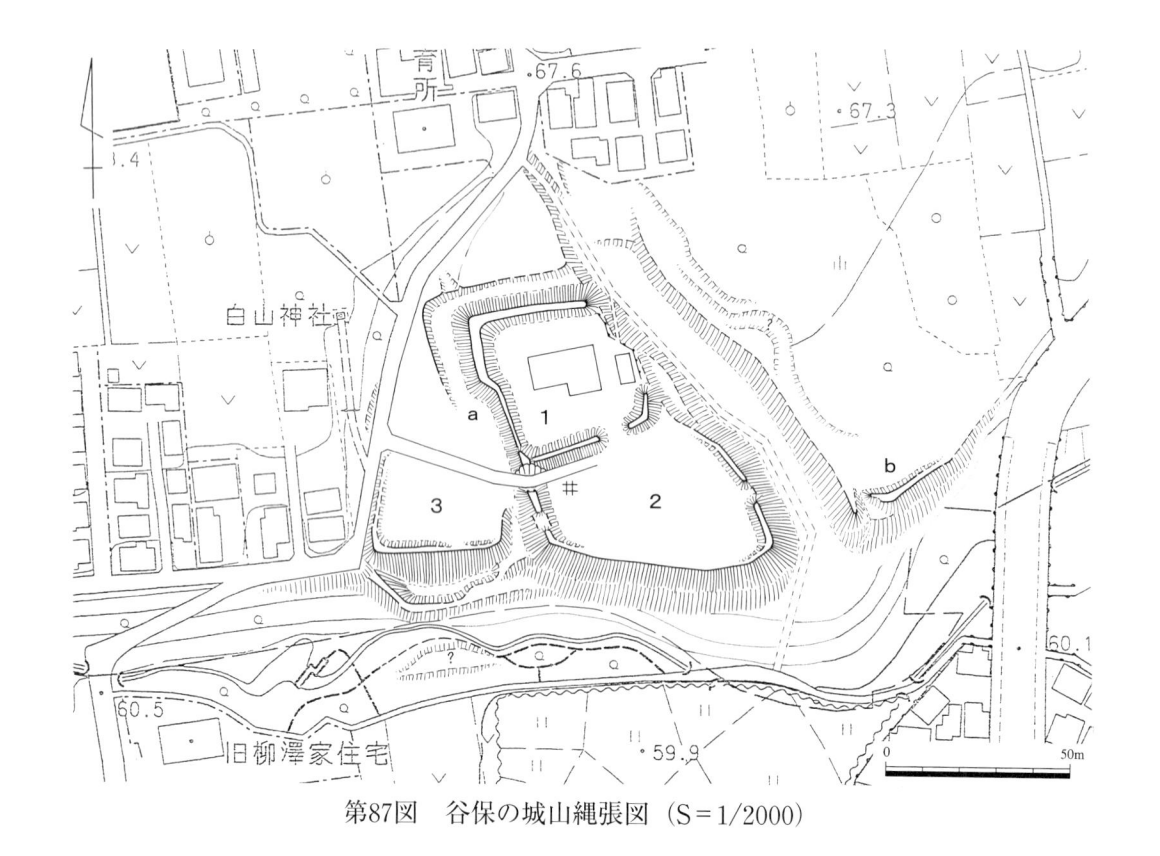

第87図　谷保の城山縄張図（S＝1/2000）

45−5　諏訪坂館（多摩市連光寺諏訪坂、貝取南田）　　地図11

別　　　名　多摩ニュータウンNo.22・519遺跡

沿革・伝承　本遺跡に直接的に係わる文書・伝承などはないが、本遺跡の西側には、鎌倉街道上ツ道が南北に走っている。この鎌倉街道の多摩川の南岸を押さえている「霞の関」が、本遺跡の約800m南方にある。また、本遺跡の南方には、「真悲寺」に比定されている多摩ニュウータウンNo.52遺跡がある。

　昭和49・53・54年に発掘調査が実施されている。

遺構・考察　本遺跡は、多摩川の支流である乞田川によって形成された、舌状に張りだす小丘陵の平坦面に立地している。遺跡の標高は約68mで、沖積面との比高差は7mほどである。

　西面する緩斜面地を、段切りにより削平し、平坦面を造成している。この造成面には、掘立柱建物などを伴う3群の遺構群が検出されている。北側・東側などの周辺は、溝により区画されており、何らかの屋敷地を形成していたものと考えられる。検出された遺構は、掘立柱建物跡13棟以上、竪穴状遺構1基、井戸3基、溝状遺構1条以上、土坑などである。

　第1遺構群では、5棟の掘立柱建物跡と井戸が1基検出されている。建物の規模は、2間×5間で、南側に1面ないし北側を省く3面に半間の庇（縁）が付属するものがあり、本遺跡では大型の建物に分類できる。床面積は、庇（縁）部分を除き約53㎡である。

　第2遺構群は、第1遺構群の南側で検出された。遺構密度は薄く、1間×1間の小形の掘立柱建物跡が2棟と柵列が3列確認されている。

　第3遺構群は、第2遺構群の西側にやや距離を置いて検出された。第1遺構群とは、軸が異なる南北に長い掘立柱建物跡が確認されている。

　規模は、1間×3間ないし2間×3間で、1柱間の間隔が長い特徴を持っている。庇（縁）は付属しない。

　第1～第3遺構群の掘立柱建物跡について、若干の検討をする。第1遺構群の掘立柱建物跡は、大型で南面ないし北側を省く3面に半間の庇（縁）を持つもので、主体的建物（母屋）と考えられる。第2遺構群の掘立柱建物跡は、小形で、第1遺構群の掘立柱建物跡に近接することから、付属的建物と考えられるものであろう。第3遺構群の掘立柱建物跡は、第1・第2遺構群の掘立柱建物跡とは、やや距離をおいて位置すること、建物の主軸の違い、柱間間隔の違いなどがあり、独立した別途目的の建物跡と考えられ、馬屋とする考え方も示されているものである。これらの建物跡の内、第1遺構群の掘立柱建物跡に注目したい。多摩ニュウータウン地域（以下、当地域とする）における、中世前半の一般的な母屋とされる建物跡は、北側に庇（縁）を持つものである。このことは、本遺跡の性格を考える上での鍵となると考えられる。

　本遺跡の出土遺物は、舶載磁器（青磁・白磁）、国産陶器（常滑窯・渥美窯など）、土師質土器（かわらけ）、鉄器（刀子・紡錘車）、青銅製品、鏡、銭貨、木器（足駄など）、石製品（石鍋・板碑・砥石）がある。これらの遺物は、12世紀後半から13世紀前半に位置づけられるものである。

　注目される遺物としては、第1遺構群のピットから出土した和鏡と、第1遺構群の廃土中から出土した鍬形金具がある。和鏡は、和紙（楮）に包まれた状態で埋設されていた。梅花双鳥図絵の文様が配されている。出土したピットの性格は不明であるが、当地域では唯一の出土例である。また、青銅を素材とし、表面に精緻な銀象嵌を施し、さらに金の皮膜が施された可能性が高い金属製品の一部が出土している。この金属製品は馬と鞍の間に敷かれた障泥に装飾された野杏の一部とされるもので、騎馬を専らとした居住者が想定される。

　以上、本遺跡の発掘調査の成果を概観したのであるが、本遺跡の性格を考えると、建物跡からは、当地域の一般的な集落の建物跡とは異なるものであるのは明らかである。出土遺物に関しても、当地域では類例を見ない出土遺物がある。

　このことから、本遺跡は、ある一定の階層の屋敷跡（武士階層）と考えることが出来る。しか

し、本遺跡を、「鎌倉御家人」の屋敷跡とする見方があるが、近年の調査で明らかになっている、鎌倉御家人の屋敷跡とされる「方形館跡」とは同一視できない。とはいえ、本遺跡は中世前半の遺跡を考える上で、当地域の一般的集落と合わせ、重要な資料であることは間違いない。

本遺跡は、発掘調査による記録保存の後、造成工事により、煙滅している。

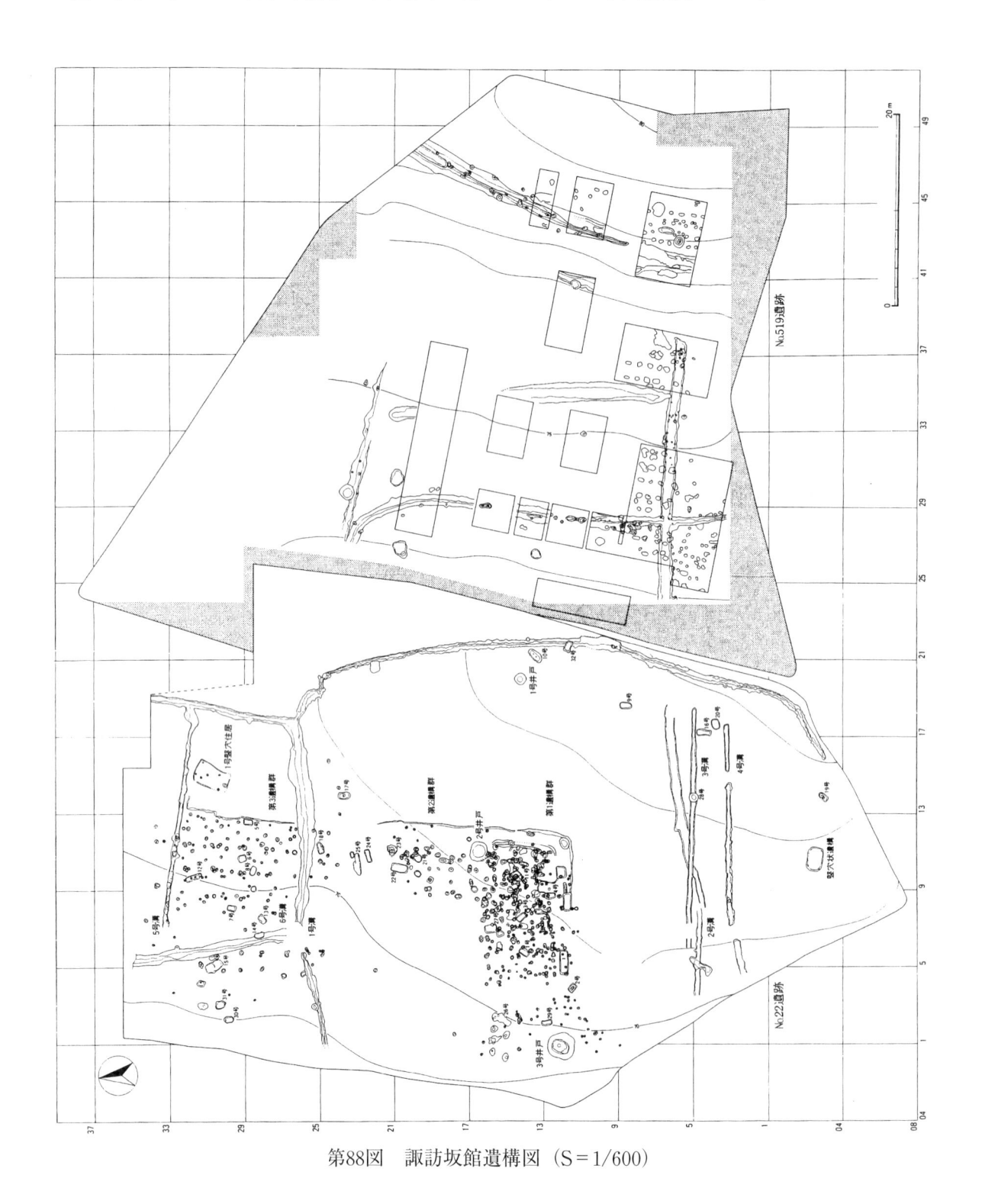

第88図　諏訪坂館遺構図（S＝1/600）

45－9　永島八兵衛屋敷（多摩市鶴牧711－2・722他、同高岸2,046他）　　　地図11

別　　　名　多摩ニュータウンNo.457遺跡
沿革・伝承　『風土記稿』多磨郡之九柚木領落合村の條に「永島八兵衛屋敷跡　字基畝と云所にあり、馬場跡あり、八兵衛は小田原北條家人にて、天正の頃の人なりと云」とある。現在、基畝という地名は残っていない。

また、同條に「神社　白山社　青木葉にあり、村の鎮守なり、社領十石の御朱印をたまはる、棟札に元和四年霜月十日、大旦那小宮山八兵衛助為別當圓能法師（後略）」とある。この永島八兵衛と小宮山八兵衛とは、同一人物ではないかという考え方もあるが、天正年間（1573～1592年）と元和年間（1681～1684年）では年代が違い、この問題については判然としないという。

昭和54年～56年及び同59年に発掘調査が実施されている。

遺構・考察　緩斜面地を削平し、造成された整地面が、大きく上下に二面検出されている。この上下二面の整地面は、段切と溝により区画されており、「方形館」の様相を呈している。

上部整地面は、45×35mの規模を持ち、南西側は急峻な谷に面し、北側は溝により、南東側は段切と溝により区画されている。検出された遺構は、掘立柱建物跡9棟、柱穴列5基、井戸跡2基、地下式横穴3基、道路状遺構1条、溝跡2条、土坑55基などである。

掘立柱建物跡は、斜面のやや上方に、二群を形成するように分布しており、北東側に5棟、南西側に3棟が偏在している。井戸跡2基は、南隅の小規模な半円状の段切に囲まれた範囲に並んで検出された。地下式横穴は、すべて整地面の周縁部に分布し、北側で2基、南東側で1基検出されている。

下部整地面は、80×45mの規模を持ち、南側は急峻な谷に面し、北から北東側は溝により、西側は溝と段切によって区画されている。検出された遺構は、掘立柱建物跡11棟、柱穴列2基、井戸跡3基、地下式横穴10基、道路状遺構1条、溝跡1条、墓壙3基、土坑106基などである。

掘立柱建物跡は、南側に5棟、北側に4棟の大きく二群に別れて分布している。井戸跡は、南側縁辺で2基、北西隅で1基検出されており、それぞれが掘立柱建物跡群と関連するものと推察されている。地下式横穴は整地面の周縁部から検出されており、南側で8基、北東側で2基検出されている。墓壙は、整地面の中央部西寄りで、掘立柱建物跡群とは離れた位置から、3基が近接して発見されている。

掘立柱建物跡には、柱間が6尺・7尺・8尺・9尺の4種類の規模が認められる。この内、柱穴の重複関係から、間尺9尺の建物跡が間尺8尺の建物跡より新しいことが確認されている。

陶磁器は舶載磁器、国産陶器・土器を合せ241点が出土している。舶載磁器は、枢府窯系青白磁皿1点と青磁碗・皿5点、染付碗・皿3点が出土している。国産陶器には瀬戸・美濃系の花瓶1点、灰釉皿、擂鉢36点、常滑窯系の甕29点が認められる。

土師質土器（かわらけ）は、685点が出土している。胎土から3種類、器形・法量から4形式に分類されている。土師質・瓦質土器として、土鍋・火舎なども出土している。その他の遺物としては、石臼・石擂鉢・砥石・板碑などの石製品と、鉄鏃・鉄釘・環状金具などの鉄製品、北宋銭・明銭などの銭貨が出土している。

また、鍛冶関連遺物として、鉄塊系遺物と鉄滓が出土しているが、羽口・金床などは出土していない。鉄滓は、椀形滓と呼ばれるもので、精錬鍛冶によって生成されたものと推定されている。鍛冶作業に関連する遺構は検出されていないため、鋼の選別や加工は、他の地点で行われたと推察されている。

以上が、本遺跡の調査成果の概要であるが、本居館跡は、15世紀～16世紀代の年代が与えられるとされている。

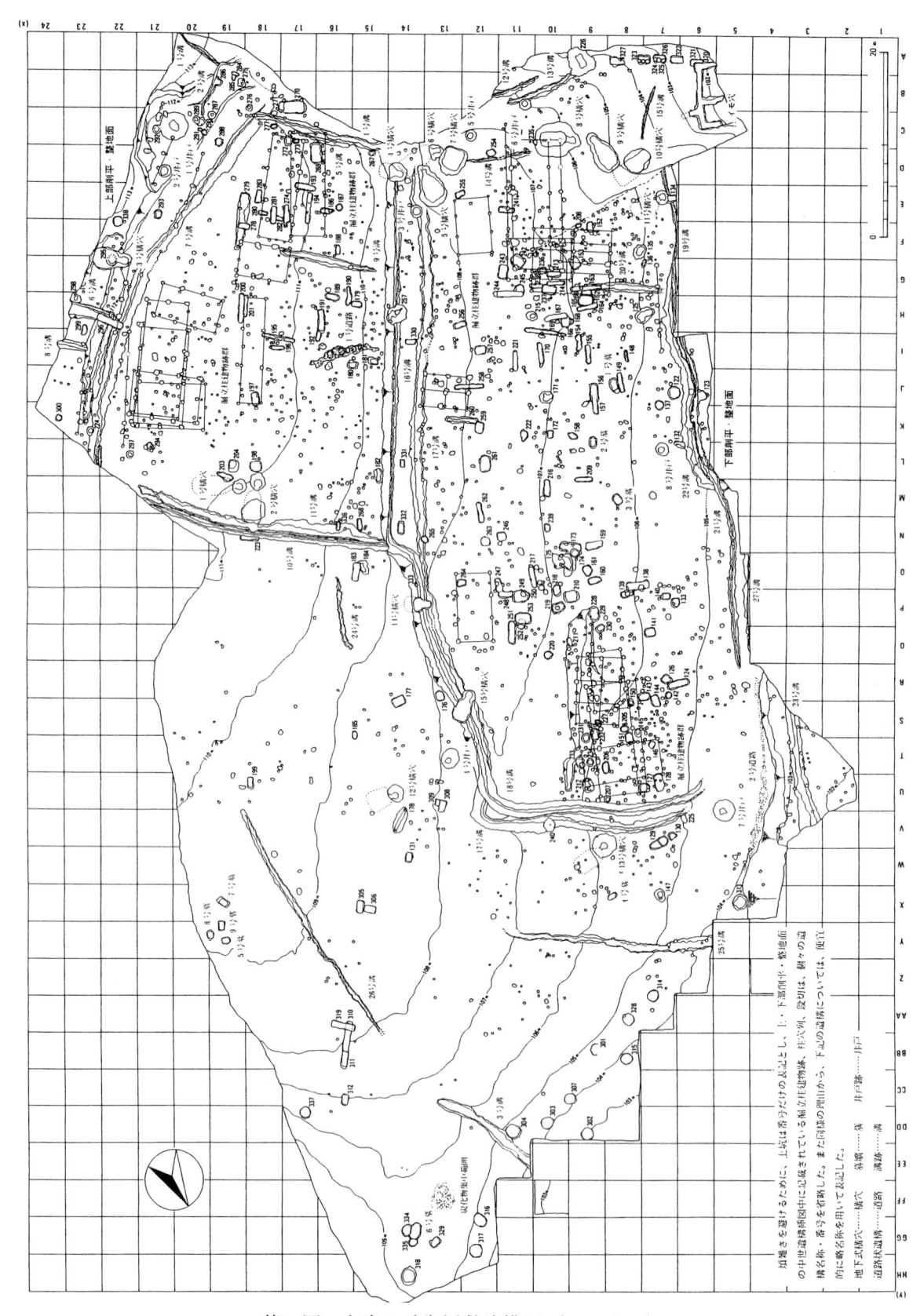

第89図　永島八兵衛屋敷遺構図（S＝1/650）

46-1　大丸城跡（稲城市大丸22号他）　　地図11

別　　　名　多摩ニュータウン№513遺跡
沿革・伝承　『風土記稿』多磨郡之七府中領稲城村の項に、本遺跡を塁跡とし、其の性格を物見台としている。『城郭体系－埼玉・東京』（児玉幸多他　新人物往来社）などでも、本城跡についての記載がなされている。

遺跡調査は、昭和57年・同61年に実施されている。
遺構・考察　本城跡は、多摩川に向って北東方向に伸びた丘陵の突端に位置し、正面には府中国府を望み、東側は小沢城を望むことができる。本城跡の眼下には、多摩川を渡る「是政の関」があったとされ、本城が多摩川の渡河地点の監視・押さえの機能を持っていたとされている。

本城は、尾根の先端部に主郭を配し、南側に帯曲輪・腰曲輪とされる第2郭、第2郭の南西側には、溝で区画された第3郭を配しているが、単郭式の城跡とされている。

主郭は、尾根の先端部が盛り上がりを見せる頂上部に構築されおり、平面形態方形を呈し、長軸24.6m、短軸15.4mを測る。主郭を形成する斜面部は、旧地形を利用しながら、傾斜角40度から56度に削り出して要害としている。この斜面部の下位には、上幅の平均7.5m、底面幅0.3mの薬研状を呈する空壕が廻る。この空壕には、東側と西側に、掘り残しの土橋を設け、主郭への通路としている。主郭の北側縁辺、多摩川・府中国府を望む場所には、1間×2間の掘立柱建物跡が検出されており、物見の施設とされている。また、南側縁辺には、柵列が作られている。

出土遺物は、主郭を中心に、舶載磁器として青磁、国産陶器として瀬戸・美濃窯系の皿・鉢、常滑窯系の甕・こね鉢、備前窯系の擂鉢、土師質土器（かわらけ）などが出土している。年代は、15世紀の初頭から前半とされている。

本城跡は、従前から言われている多摩川の渡河地点などを監視するなどを目的とした「物見の城」としての性格が考えられる。その存続年代は、出土陶磁器から15世紀初頭から前半を中心とした年代が考えられている。

本遺跡は、発掘調査による記録保存の後、造成工事により煙滅しているが、本城跡の以前に営まれていた古代の須恵器瓦窯（大丸窯跡群）の遺構ともに、1/120の模型が製作され、東京都埋蔵文化財センターで展示されている。

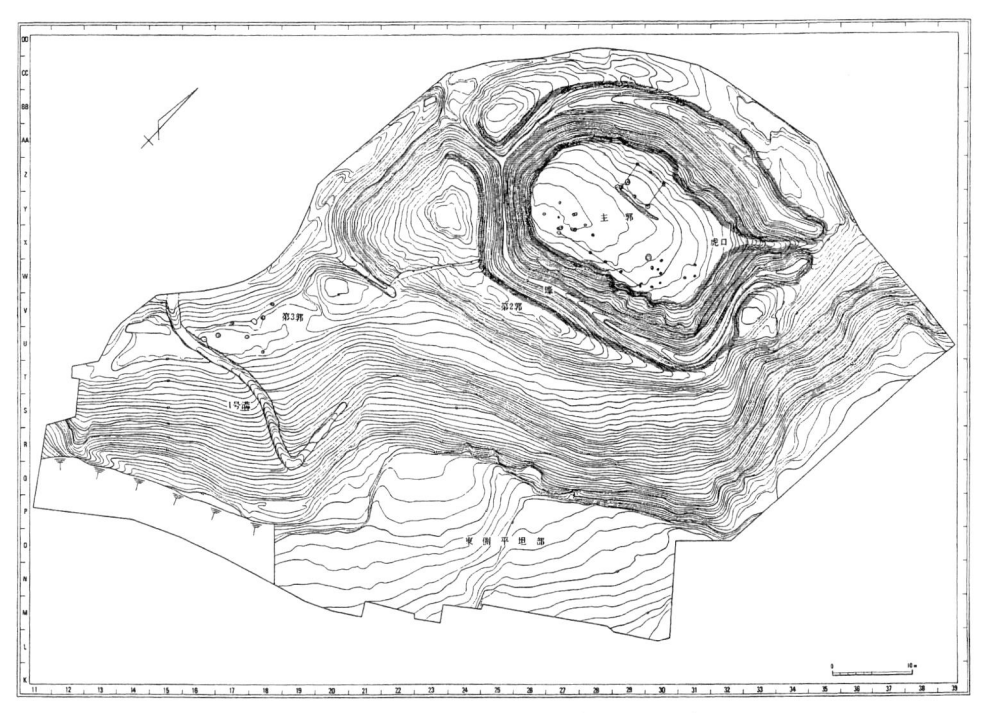

第90図　大丸城跡遺構図（S＝1/900）

46－3　小沢城跡 （稲城市矢野口／神奈川県川崎市多摩区菅仙谷）　　地図9

別　　　名　小沢天神山城、城山

沿革・伝承　『江戸名所図会』は「小沢の城跡」として、「矢口天神の山続き、浅間山の西に並べり」として、以下に『吾妻鏡』を引いて小沢郷が稲毛三郎重成の所領であったことを記している。また長尾景春の乱に際して、景春方の金子掃部助が小沢城に籠城したという『鎌倉大草紙』の記載を引用している。ただし、金子掃部助の小沢城については、神奈川県愛川町所在の小沢城または小沢古城を当てるのが通説である。

『風土記稿』多磨郡之七・府中領矢野口村の条「神社・穴沢天神社」の項に、「村の巽城山の中腹にあり」と説明している。同書橘樹郡之二・稲毛領菅村の条には、「小沢城址」の項があって、菅村側では「小沢峯」と呼ぶが、矢野口村では天神山と呼ぶとしている。来歴については、小沢小太郎の居城というが年代も不明で伝承は曖昧だとし、享禄3年（1530）の小沢原合戦の戦場はこの山麓であろうから、当所にも「城塁」を構えたものであろう、と推測している。また小名として、城ノ腰（小沢峯の麓）、鷹之巣（浅間森の下）、矢栗谷戸（城の南方）などの地名を伝えている。

遺構・考察　小沢城は、複雑に開析された多摩丘陵支脈の一画にあって、北側直下には三沢川が東流して天然の濠をなしている。城内最高所（浅間山）の標高は90.8mで、北麓低地からの比高は60mに近い。山頂から北方へは、多摩川の彼方に府中・調布方面を眺望し、眼下の多摩川原橋付近にはかつて「矢野口の渡し」が存在した。地形的に要害であるばかりでなく、戦略的にも価値のある占地といってよい。

城跡は現在、雑木林や竹林となっているが、山頂には稲城市と神奈川県川崎市の境界が走り、遺構の中心は川崎市側にある。川崎市側の谷戸は「仙石谷」（せんごくやと）と呼ばれ、中世以来の古刹・寿福寺があることで知られている。

小沢城の遺構は、浅間山(s)・天神山(t)と呼ばれるふたつの頂部を結ぶ稜線を中心に展開している。両頂部とその中間の稜線上は、ほとんど自然地形のままで曲輪を形成していない。ただし、三沢川に面した北側の斜面は急峻であるため、稜線は天然の大土塁となっている。この稜線の東西を堀切a・gで区画した、東西約210mの範囲が城域である。

主要な遺構は稜線から南側、すなわち仙石谷に面した緩斜面部分に集中している。「お台場」と呼ばれる長方形の平坦面(1)が主郭で、ここから西側と南側に曲輪群2・3・4が展開する。主郭1の東面は明らかに横堀で、その南端は竪堀となって落ちている。主郭1と浅間山との間の(d)部分も堀切と考えるべきで、本来はc～fまで堀が連続し、主郭を中心とした曲輪群を囲い込んでいた可能性がある。

天神山から南に延びる枝尾根も堀切bで切断し、外側を曲輪5とする。このあたりの造作は主郭1と同様である。曲輪3・4と5の間に挟まれた谷戸部分にも2段の平坦面が広がる(6)。曲輪6の内部は後世農地として利用された形跡があり、どこまで旧状をとどめているかわからないが、現状から判断する限り、もともと削平は不充分であったことがうかがわれる。

城域の西側を画する堀切aは最大幅が15mを超える大規模なもので、南北両斜面を竪堀となって下り、城域を西方の丘陵地から完全に切り離している。この堀切の西に併走して土塁や小さな削平地が存在するが、それより西方には明確な築城遺構は確認できない。『大系』や『大系・神』では堀切の西方に削平地や土塁状の遺構を描いているが、耕作等に伴う後世の造作の可能性が高い。

浅間山の東側は、一旦大きく落ちてから痩せ尾根となり、50mほど東の鞍部(g)を掘り切っている。これより東の稜線上にも人工地形が存在するが、戦時中の防空陣地の跡等である。小沢城は稜線を土塁に見立てて一方の緩斜面側を削り出すことで、平坦面を造り出しており、加工度の低い山頂は見張場として使用されたものであろう。こうした城郭の形態は、軍勢を収容し作戦の起点とする陣城のような運用に適しており、多摩地域では百草城（日野市）が類例として挙げられる。

享禄3年（1530）の小沢原合戦は、河越城から南下して府中に陣を進めた扇谷朝興軍を、北条氏康が打ち破った合戦である。歴史的背景及び地理的な状況から考えて、氏康が小沢城を本営とした可能性は高い。

第91図　小沢城跡縄張図（S＝1/1500）

48−1　網代城跡 (あきる野市網代城山・高尾)　　　地図18

別　　　名　城山

沿革・伝承　網代城は、旧網代村と高尾村の境に位置する。『風土記稿』多磨郡之二十・小宮領網代村の条には、「山川」の項に「城山」として、山頂に四方十間余の平地が、それよりやや下った所に堀があることを記す。城の来歴については「古へ戦争の頃遠見の場所にもなりしや」という地元の伝承を載せるのみで、築城者等については伝えていない。

　一方、同書多磨郡之二十一・小宮領高尾村の条には、「山川」の項に「大平山」とあり、山頂からの眺望が大変優れていることを伝える。また「土人此山を城山と云、其由来は天正の頃北条家の臣青木内記といふもの、二千石を領して此地にありと、是非未考」と記している。「二千石」の話は信を置けないが、青木内記の在城を天正年間としていること、および網代村側では青木氏について何も伝えていないこと等については注意すべきであろう。

遺構・考察　標高330m、比高160mの山城である。南側は、後方の山塊へ尾根続きとなるが、山頂部付近が屹立しているため、実際には半独立山のような地形である。『大系』は、山頂付近は一般人が立ち入れないほどのブッシュであるとしているが、現在はハイキングコースとなって、城跡の説明板も立ち、頂上の東側が伐採されて好展望地となっている。

　遺構は山頂部に位置する楕円形の主郭(1)を中心に展開している。東麓の網代側から主郭に達する尾根には、2段の小削平地を設けその先を大きく削り落としている。この箇所(a)は、本来は堀切であった可能性があり、この北側に短い竪堀bがあって、主郭下への迂回を制限する意図がうかがえる。

　背後の山並みに接続する南の尾根にも2段の小削平地を設けて小さな堀切で遮断している。主郭から北西に向かう稜線には自然地形に従って、削平地と壁が展開する。土塁c付近で道はここで分岐して一方は西へ、もう一方は北へと下る。北にのびる稜線には、やや下ったところに堀切を設け、その先は自然地形となる。

　堀切から約70m進んだ所が頂部となり、ここで稜線が二又に分かれる。北西に進むとまた一頂部に至り、尾根は更に分岐する。最初の頂部から北東に向かう尾根は、途中から両側の著しく削げた痩せ尾根になっているため、この方面からの侵入は難しいと推測される。なお、いずれも頂部は平坦になっており、物見などを置くのに適しているが、明確な築城の痕跡は見いだせない。

　網代城は、全体に土木量が小さく自然地形への依存度が高い山城である。主郭以外に明確に曲輪とすべきものはなく、堀切も小さく稜線に対する遮断の備えとしては弱い。北西側の小削平地が連続する部分も、削り落としや削平を行おうとはしているものの、論理的な防禦意図を読みとることができない。虎口や横矢掛りといった技巧についても、見るべきものはない。

　むしろ注意すべきはその占地で、東麓の網代、北麓の高尾、西麓の留原のいずれも小さな集落であり、城は三つの集落から同程度の距離にある。また、山上からの展望にはすぐれているものの、秋川に沿った街道からはやや奥まった場所にあり、街道を直接管掌ないし制圧するような位置関係にはなっていない。

　上記の点から考えると網代城は、街道の監視と村落の自衛を兼ねて、在地的な武力により構築・運用された山城であった可能性が高い。縄張の素朴さについても、安易に築城年代の古さを示すものと考えるより、構築・運用主体のあり方を背景にした一因も考えられる。伝承の曖昧さについても、こうした経緯に起因するものと思われる。

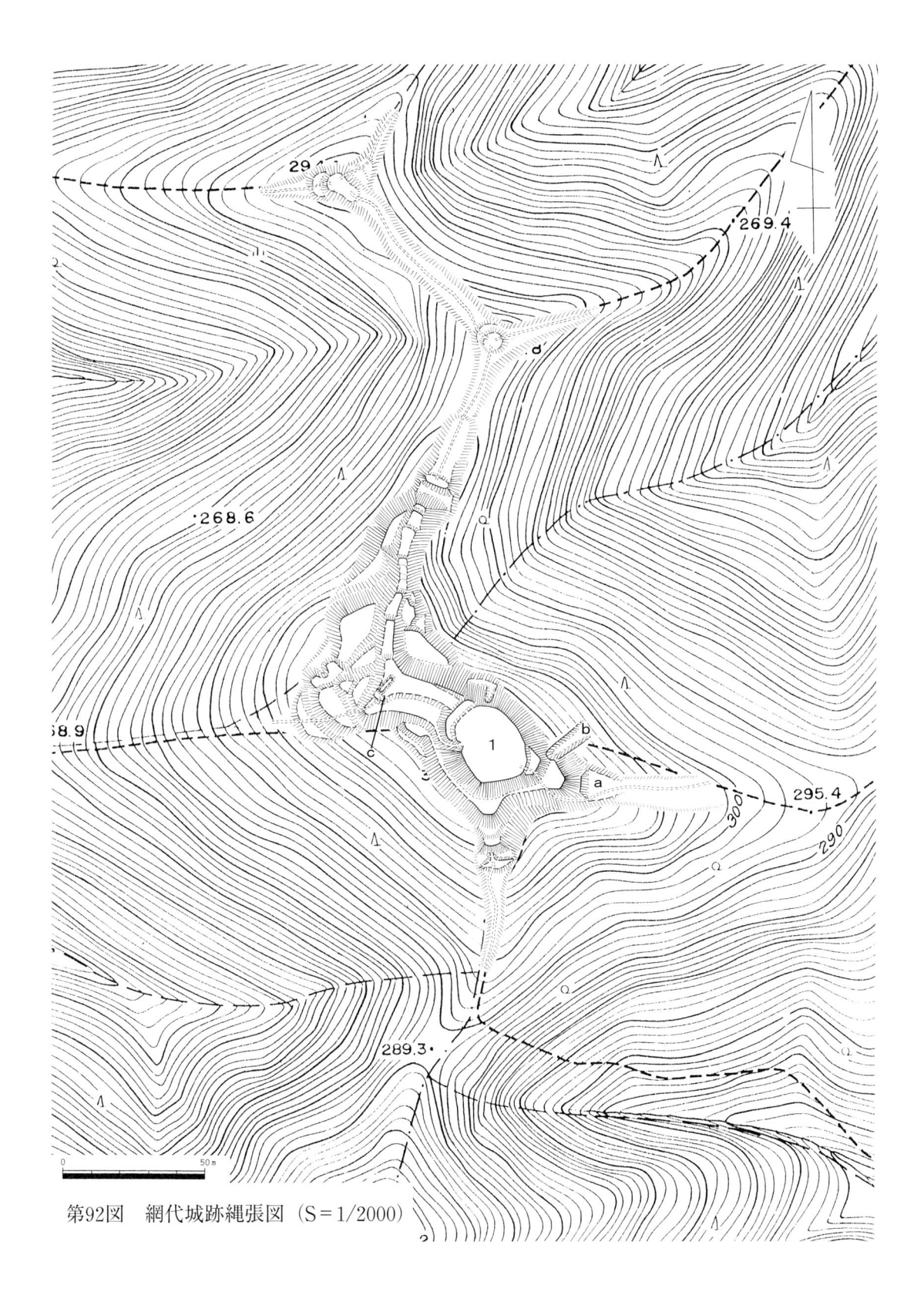

第92図　網代城跡縄張図（S＝1/2000）

第93図　網代城推定復元図（S＝1/2500）

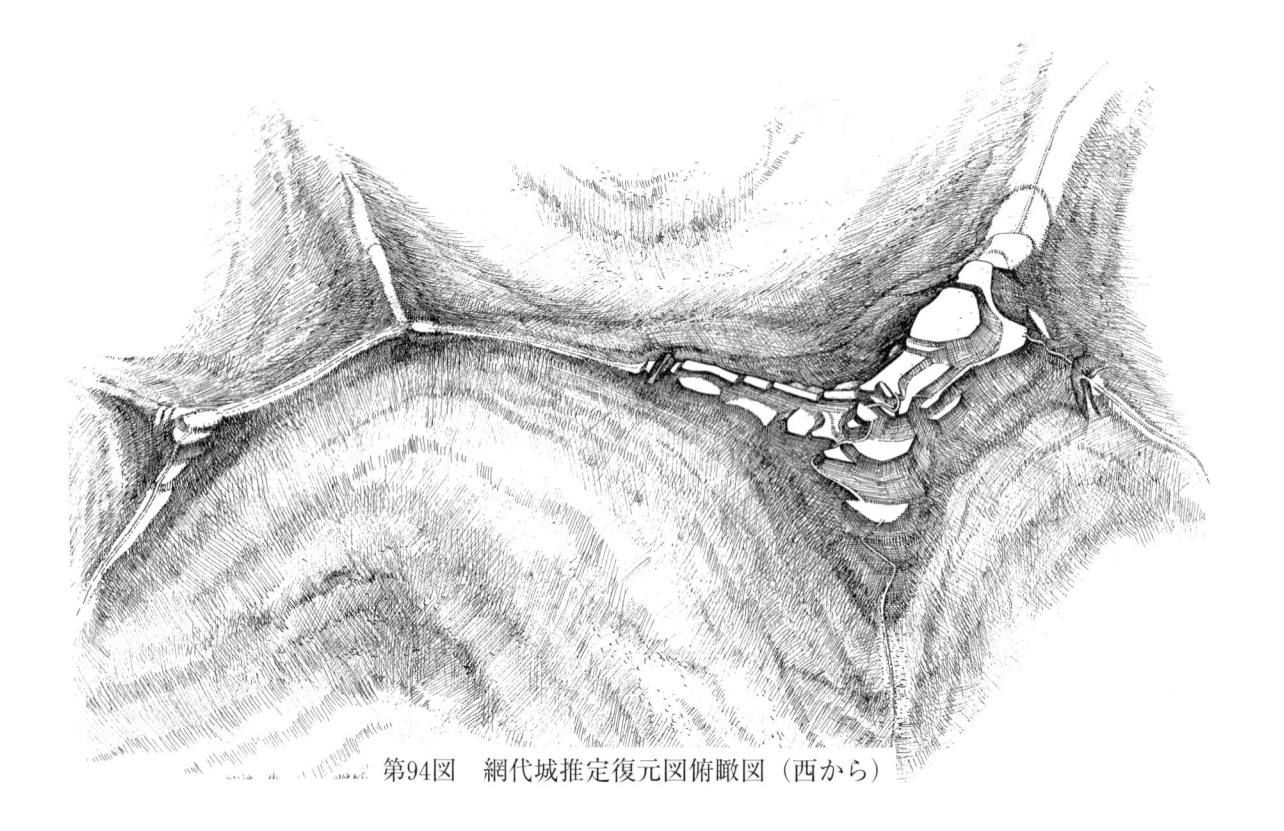

第94図　網代城推定復元図俯瞰図（西から）

48－8　戸倉城跡（あきる野市西戸倉城山）

地図18

別　　名　小宮城、大石定久隠居城

沿革・伝承　『風土記稿』多磨郡之二十二之下・小宮領戸倉村の条には「旧蹟・城蹟」の項があり、城山の地名を伝えている。同書によれば、小宮上野介某の居城と伝承されており、険阻な「最要害の地」であるが、山頂は狭いので「居城の跡とは思はれず」、山麓の光厳寺境内が小宮の居城で、山上には櫓などを置いたものか、と推定している。

　小宮氏は武州南一揆の主要な構成員となった土豪であるが、『風土記稿』同村の三島明神社（戸倉城の北麓）の項には、南一揆宛に発給された応永年間の文書数点が掲載されており、地元では南一揆と小宮氏に関する意識が強く伝承されていたことがうかがわれる。ただし、南一揆を構成した在地小領主が、独力でこのような山城を構築・維持できたかは疑問である。

　一方、「木曽大石氏系図」によれば、大石定久は天文7年（1538）、家督を由井源三（北条氏照）に譲ったのち、戸倉に蟄居したとあり、『大系』では戸倉城を定久の築城としている。ただし、同系図は近世に入っての成立であり、史料としての信憑性を疑問視する意見もある。

遺構・考察　戸倉城は標高434.1mの山城で、北麓・檜原街道からの比高215mを測る。東方の五日市市街地から望むと、ピラミッド型の特徴的な山容が、五日市街道正面に立ちはだかるように聳えている。

　遺構は、最高所に位置する主郭から西にのびる稜線上を中心に展開しているが、もともと岩盤質の地形で山頂付近には露岩が多く、尾根も痩せているため、全体に地形に逆らわず、大きな山体に対しコンパクトにまとまった縄張となっている。

　主郭1は狭小で削平も不充分であるが、東方の五日市～拝島方面を手に取るように望むことができる。主郭の西に設けられた2段の腰曲輪は、後世の神社建設時によって細部が改変されているけれども、主郭への進入路を屈曲させて枡形状の虎口を形成していたらしいことが推察できる。

　腰曲輪の下に広がる曲輪2は城内でもっとも広く、南西に突き出した枝尾根にも3段の小削平地を付属させている。曲輪2から西につづく稜線に対しては、直下に堀切の痕跡がある。その先は次第に痩せ尾根となって曲輪の形成も不充分となるが、鞍部附近に2箇所ほど堀切または通路幅を制限するための竪堀らしいものが存在する。

　戸倉城の遺構中、もっとも堅固な構えを見せるのが西側のピーク周辺である。尾根頂部上の曲輪3はきびしい壁をもって屹立しており、稜線に面する西側は裾を横堀で防護する。南側は急崖に連続し、やや緩やかな北側斜面には竪堀を落として迂回を阻止しており、西方稜線上からの攻撃に備えて、強固な堡塁を形成している。

　城地の中ほどから北にのびる尾根は、山麓からもっとも登って来やすい尾根であるが（現在の登城路もこの尾根伝いに設定されている）、遺構には乏しい。この尾根は220mほど緩やかに下降した後、急激に落ち込むが、その先端部附近には若干の人工地形を認めることができる。ただし、長大な尾根上に明確な堀切や段郭などは形成されていない。曲輪2の北側に竪堀が1本落ちており、尾根付け根附近にも短い竪堀らしいものが2ヶ所あるので、尾根から曲輪2への取りつきを阻止しようという意図は読みとれるが、山麓からもっとも登りやすい尾根に対する防御処理としては弱い。ちなみに、現在の登攀路は北東側から斜めに登ってきて、北尾根の中程に取り付いているが、途中に大きな竪堀が1本ある。

　戸倉城跡の縄張の全容は、最西端にもっとも強固な堡塁を置き、東西の稜線上の攻防を念頭に置いた縄張と評価できる。築城者は敵の攻撃を西方稜線上からと想定しており、山麓からの大規模な攻撃は想定外としているようである。一見、素朴な縄張のように見受けられるけれども、明確な戦術上の意図に基づいて縄張されており、主郭直下には虎口も形成されている。西方からの武田軍の侵入に備えた、後北条氏の築城に係る可能性を指摘したい。

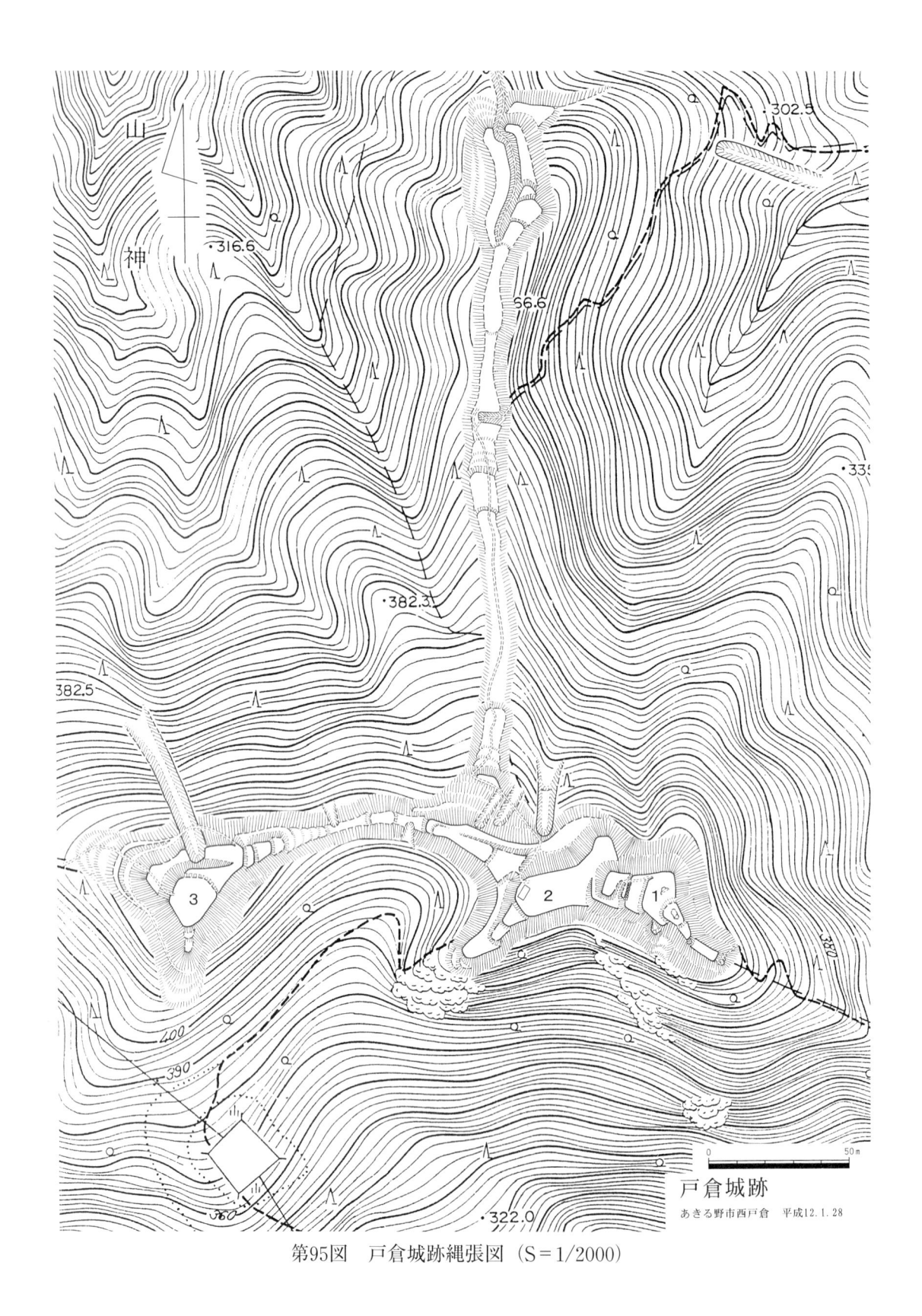

第95図　戸倉城跡縄張図（S＝1/2000）

第96図　戸倉城推定復元図
　　　　(S=1/2500)

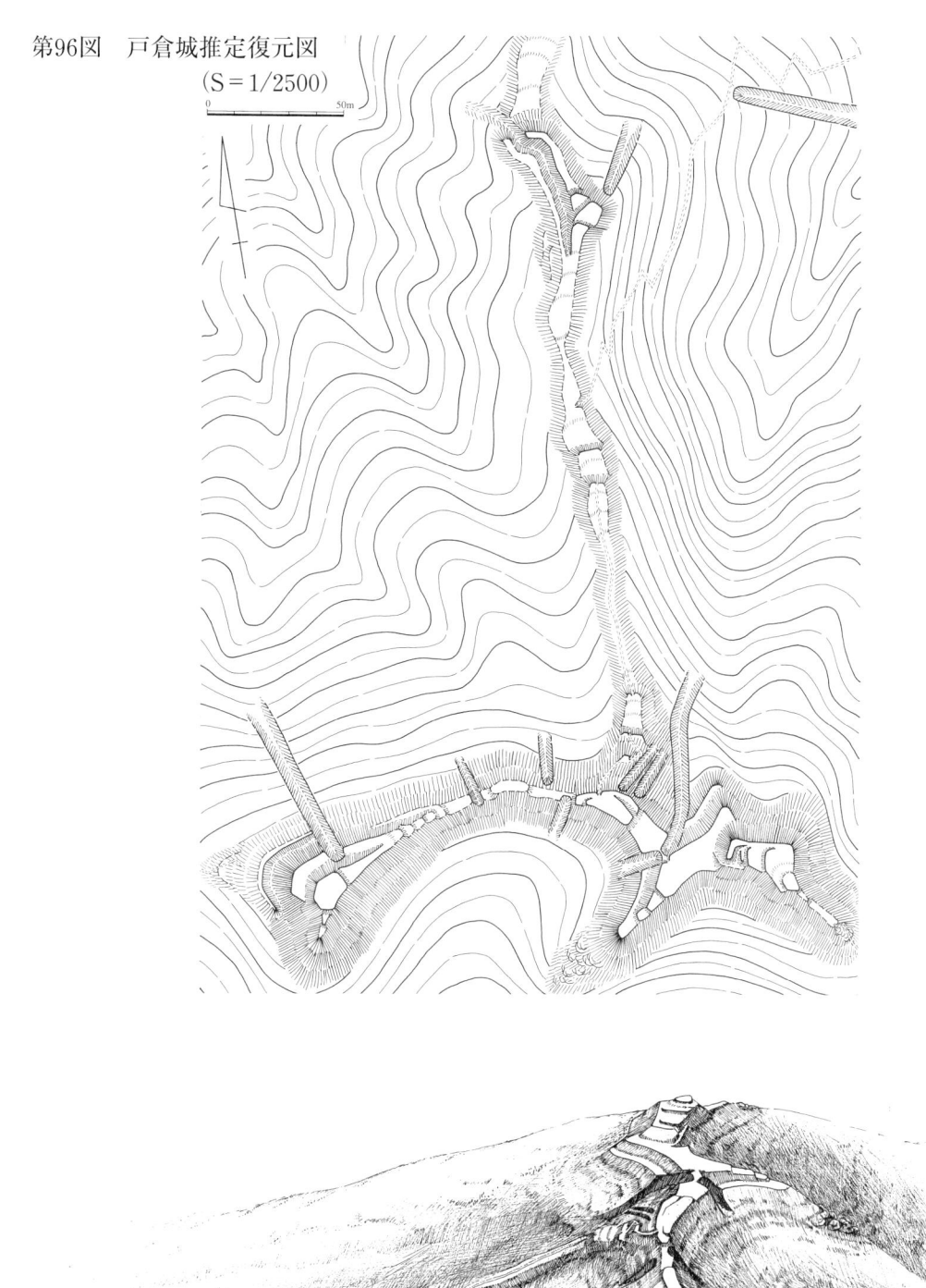

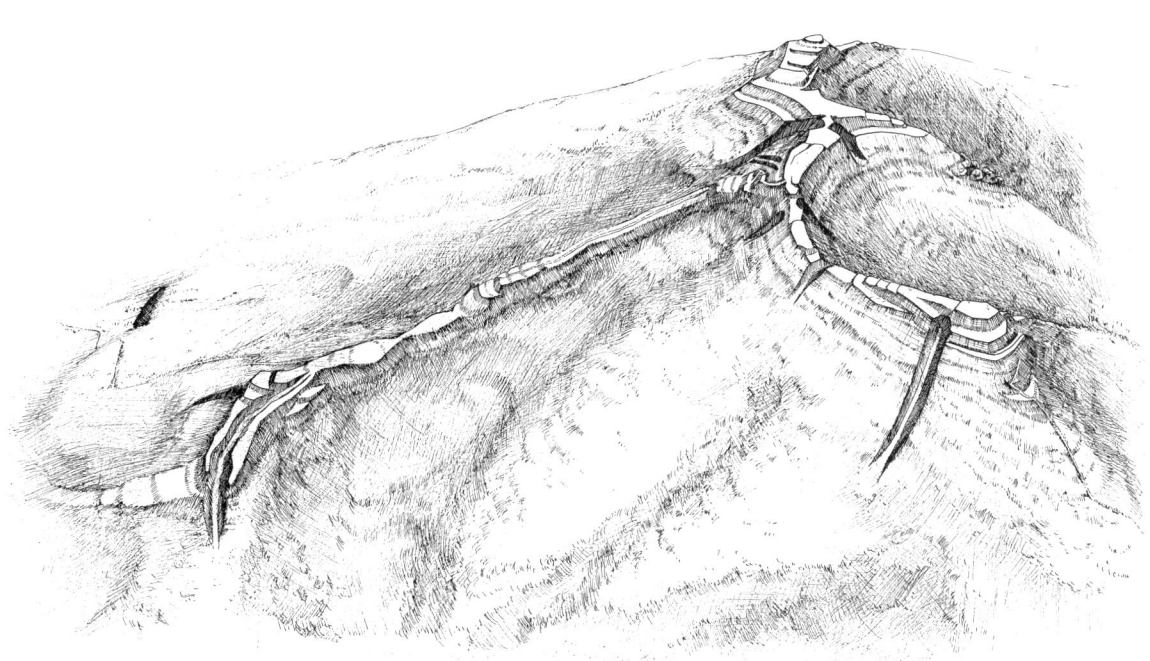

第97図　戸倉城推定復元俯瞰図（北西から）

195

48－9　法林寺館跡（あきる野市小川東1丁目）　地図14

別　　名　法林寺塁

沿革・伝承　一切の記録・伝承を欠いており、来歴は不明である。『風土記稿』多磨郡之十九・小宮領小川村の条には法林寺の項はあるが、城館については何も触れられていない。なお、法林寺の境内は石造物のが数多く認められ、中世の板碑も確認できる。

遺構・考察　法林寺は湾流する秋川に南面した急崖上にあって、河川敷とは10mを超す比高差があり、位置的にも秋川を挟んで高月城と相対する要害の地を占める。

現状遺構としては、法林寺境内の北東側に延長は約100mにわたって高さ2mほどの土塁が残っており、屏風折れの平面形を呈する。かつては土塁外側に幅10mほどの水田があって、堀の面影をとどめていたが、現在は宅地や駐車場となっている。土塁の南東にある墓地は、外側の道路より一段高くなっていて、戦前の地形図からは、屏風折れの地割りが墓地の南東端まで伸びていた様子が看取できる。城域の西限については不明である。土塁の折れについては鬼門除けとする見解もあるが、プランが複雑で形式の範囲を超えており、射線の構成を意識した縄張と評価することが可能である。

当城館跡は、築城主体に関する史料や有力な伝承もないままに、塁壕による囲郭形態から「法林寺館」と呼ばれてきた。しかし、占地や縄張は当城館跡が軍事的施設である可能性を示唆しており、「館」という一方的な見解に首肯できない。

本館跡については、内乱期に秋川の渡河点を意識して構築された城砦ないしは陣城の可能性を考えたい。寺院を陣所や防禦拠点に利用するのが普遍的な現象であることを考えるならば、かかる推定は法林寺の存在とは矛盾しない。

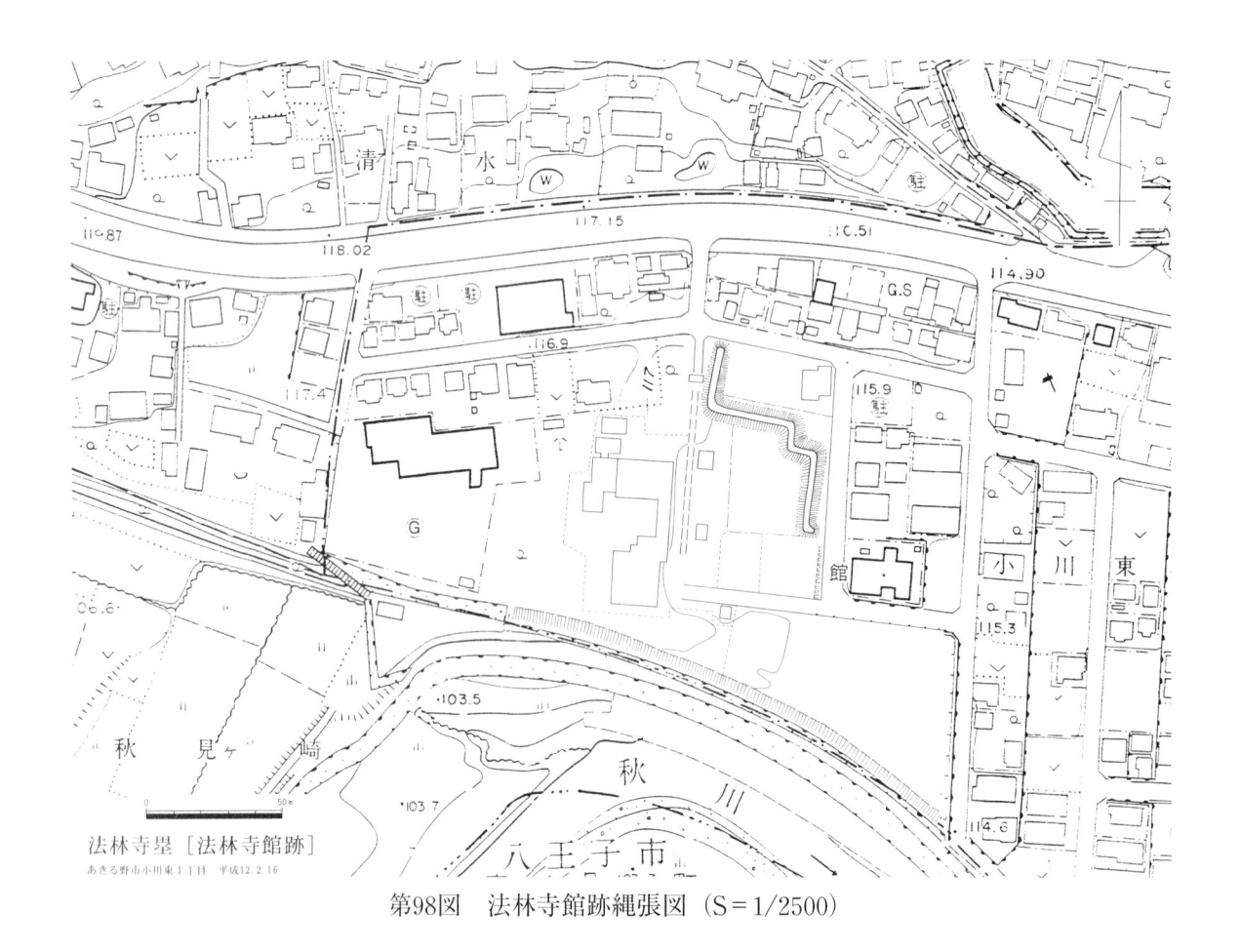

第98図　法林寺館跡縄張図（S＝1/2500）

52－3　檜原城跡（檜原村本宿）

地図18

別　　　名　本宿城

沿革・伝承　『風土記稿』多磨郡之二十三・小宮領本村上組の条には「旧蹟・城蹟」として、村の中央、吉祥寺背後の山上に堀切や平坦地があること、かつては石垣もあったが今は見られないこと等を記している。築城者については、平山伊賀守氏重とその子新左衛門が天正の頃居住したが、天正18年に落城し、平山父子も村内の千足という地で月日に自害した、との伝承を載せ、また周辺諸村の旧家が所蔵する文書等を挙げて、古くから平山氏代々が居城したものと推定している。

『所領役帳』では他国衆に平山長寿と平山善九郎の名がみえ、平山長寿の知行地の中に入西郡小山と並んで「桧原・平山」の地名がある。平山長寿は「関東幕注文」に見える勝沼衆の「平山」と同一人物であるらしく、『所領役帳』でも三田氏に続いて記載されている。ただし、永禄2年（1559）成立の『所領役帳』には、当時大石氏領や三田氏領であった西多摩地域の地名は原則として登場しないので、この「桧原」は当城のある檜原ではなく、『戦国遺文・後北条氏編別巻』の注釈どおり入西郡（現毛呂山町）と理解すべきであろう。

次に、『風土記稿』が挙げる史料についてみると、まず、天正8年（1580）12月6日付の「北条氏照書状写」（『戦・北』2203号）は、氏照の重臣中山家範に宛てた文書であるが、その内容は、平山伊賀守氏重の知行地である小山（前記の入西郡小山）において「狼藉」が生じ、氏重が非常に立腹しているので宥めるように、という内容である。この中に「大切之境目在城之平山」という文言がある。この時期、武田勢がしばしば武甲国境を侵犯し、5月には「才原峠」（西原峠）でも合戦が行われたことが確認できるから（『戦・北』2177号・3889号）、平山氏重の「大切之境目在城」は檜原城と考えて間違いない。

さらに、天正16年正月9日付で多摩郡西戸蔵郷に宛てた「北条氏照朱印状写」（『戦・北』3264号）では、平山右衛門大夫が檜原城を守備していたことを確認できる。この文書の中で氏照は、城の普請とともに、郷内の「為男程之者」を平山右衛門大夫の指揮下で、城の守備に当たらせるよう命じている。また「先年之任吉例、檜原谷為御加勢」という文言が見えることから、民兵を主体とした檜原谷の軍勢によって、敵を撃退した先例があったことがわかる。この「吉例」とは、上述した天正8年前後の武田勢撃退を指している可能性が高い。

平山氏の事跡については、検証を要する部分が多い（35－7平山城の項参照）。天正年間の檜原在城は確認できるけれども、あくまで城主ではなく、武田軍や豊臣軍の侵攻に備えた防衛拠点の城将（守将）として理解するべきであろう。なお、入間郡と境を接する三田領の藤橋城（28－14）にも、平山氏の伝承があることを付記しておく。

遺構・考察　戦国期に甲斐と武蔵とを結んでいた古甲州道は、浅間尾根を通り時坂峠から本宿集落のある谷筋に下る。檜原城は、この街道が谷筋に下る地点を見おろす急峻な山上に築かれており、最高所の標高453.8m、山麓からの比高差は185mに達する。

基本構造は、小規模な曲輪群を尾根上に連鎖させつつ要所を堀切で遮断するという、簡潔な縄張である。後述するように、縄張全体の配置と均衡から考えて、主郭は最高所のaではなく曲輪1が該当しよう。主郭の背後には堀切を入れ、aとの間に数段の曲輪がある。最高所の曲輪aは、背後に3本の堀切を入れて稜線を切断しているが、堀の規模はいずれも小さい。堀切背後の稜線をたどると、次第に岩盤の露出する急斜面となり、通行困難となることから、この方面からの大人数での侵攻は考えにくい。

次に、曲輪1から北に下る尾根上には、数段の曲輪・腰曲輪と堀切・竪堀が連鎖している。曲輪2の直下では、東西両側から竪堀が互い違いに食い込むようになっており、侵入路を制限する工夫を施しているが、曲輪に入る箇所は明確な虎口にはなっていない。壁面を梯子等で昇降したのであろうか、推測の域を出ない。この下にも二重の堀切があり、その先にも東側斜面に竪堀が1条あっ

て、尾根の幅を制限している。これらの竪堀は全体として、曲輪2正面の突破を断念して側面への迂回を試みる敵兵の動きを効果的に阻止する位置にあたる。

　檜原城の遺構でもっとも特徴的なのは、東側の山腹に穿たれた長大な竪堀群であろう。ことに、主郭背後の堀切から続く竪堀は、蛇行しながら斜面を下っており、山道との交差や土砂の流下によって途中の埋没が進んでいるものの、山麓に達している。城山の東側山腹はかなりの急傾斜であるにもかかわらず、長大な竪堀を何本も落としており、築城者が東側斜面への敵兵の迂回を、極度に警戒していたことがわかる。

　以上の縄張の全容から檜原城は、基本的に北麓から尾根づたいに攻め登ってくる敵への対処を念頭に置いていることがわかる。前述した街道の存在を前提とするならば、しごく妥当な縄張といえる。このように考えると、戦況を把握して防戦の指揮をとるのにもっとも適した場所としては、城域中最高所を占めるaより曲輪1がふさわしく、aは後方の稜線に対する警戒を主目的とした施設と考えるべきであろう。

　檜原城は小規模な山城で、縄張も技巧に乏しい。こうした特徴は、一見すると古い時期の山城の形態を示しているようにも思えるが、上掲の史料からは、天正16年以降に後北条氏の勢力下で改修・運用されたことが明らかである。後北条氏に係る同時期の築城、例えば多摩地域であれば滝山城や八王子城といった拠点クラスの城と、規模・技法の両面で檜原城跡とでは著しい違いを見せている点に注意したい。

　また史料から、守備兵力が郷内の民兵を主体とした二線級部隊だったものと推測され、城の構造や守備兵力のあり方からみても、檜原城の防衛力に限界があるのは自明のことである。戦国大名領国においても、戦線の側背で補完的な任務を担う小規模な城は、動員された在地の武力に委ねられており、すべての城郭が均一の技術的水準で構築・運用されるのではないことを端的に示す実例として、檜原城は注目すべき遺構ということができる。

第99図　檜原城跡縄張図（S＝1/2500）

引用・参考文献一覧

【基礎資料】

東京都教育委員会 1996『東京都遺跡地図』

東京都教育委員会 2004『東京都文化財総合目録』

人物往来社 1967『日本城郭全集』第4巻

新人物往来社 1979『日本城郭大系』第5巻（東京編）

新人物往来社 1980『日本城郭大系』第6巻（神奈川編）

新人物往来社 1987『図説中世城郭事典』第1巻

【区市町村史・自治体刊行物】

大田区史編纂委員会 1985『大田区史』

世田谷区教育委員会『世田谷の中世城塞』（文責：三田義春）

北区史編纂委員会 1996『北区史通史編・資料編』

板橋区 1992『図説 板橋区史』

板橋区 1994『板橋区史 資料編2 古代・中世』

板橋区 1995『板橋区史 資料編1 考古』

板橋区 1998『板橋区史 資料編 上巻』

練馬区史編さん協議会 1982『練馬区史・通史編』

葛飾区郷土と天文の博物館 1993『葛西城・中世の暮らしと戦を知る』

八王子市 1976『八王子市史』

立川市 1968『立川市史』上・下巻

三鷹市 1970『三鷹市史』

青梅市史編さん委員会 1995『増補改訂青梅市史』

青梅市教育委員会 1990『資料青梅市の中世城館跡』

調布市史編纂委員会 1996『調布市史』

下村栄安 1957『郷土町田町の歴史』

町田市史編纂委員会 1974『町田市史』

日野市史編さん委員会 1994『日野市史・通史編』

日野市教育委員会 1994『日野市ふるさと博物館紀要』第4号

秋川市史編纂委員会 1983『秋川市史・通史編』

五日市町編さん委員会 1976『五日市町史』

埼玉県 1980『新編埼玉県史・資料編』

岩槻市 1983『岩槻市史・古代中世史料編』

平塚市 1985『平塚市史・資料編 古代・中世』

上越市史編纂委員会 2003『上越市史・別編1 上杉氏文書集』

【地誌】（刊本については、刊行年を省略した）
『新編武蔵風土記稿』（雄山閣『大日本地誌大系』）
『江戸名所図会』（ちくま学芸文庫）
『武蔵名勝図絵』（慶友社）
『皇国地誌』
『御府内備考』（雄山閣）
『新編相模国風土記原稿』（雄山閣『大日本地誌大系』）
『津久井郡勢誌』（津久井郡勢誌復刻増補版編纂委員会編）

【文書・記録・軍記等】（刊本については、刊行年を省略した）
『戦国遺文・後北条氏編』（杉山博・下山治久編）
『小田原衆（北条氏）所領役帳』（佐脇栄智校注『戦国遺文・後北条氏編』別巻）
『新編武州古文書』（萩原龍夫・杉山博編）
『毛利家文書』（『大日本古文書・家わけ』）
『家忠日記』（『増補続史料大成』）
『豊島宮城文書』（豊島区郷土資料館調査報告書第4集）
『吾妻鏡』（『新訂増補国史大系』）
『鎌倉大草紙』（『改訂史籍集覧』／『新編埼玉県史・資料編』）
『松陰私語』（『改訂史籍集覧』）
『鎌倉年代記』（『増補続史料大成』）
『武家年代記』（『増補続史料大成』）
『鎌倉大日記』（『増補続史料大成』／『新編埼玉県史・資料編』）
『関八州古戦録』（『第2期戦国史料叢書』）
『甲陽軍鑑』（『戦国史料叢書』）
『小田原旧記』（「烏山給田史団会郷土研究史料」）
『異本小田原記』（『国史叢書』）
『北条五代記』（万治版『改訂史籍集覧』／寛永版『北条史料集』）
『北条記』（『北条史料集』）
『北条九代記』（『改訂史籍集覧』）
『豆相記』（『新編埼玉県史・資料編』）
『河越記』（『新編埼玉県史・資料編』）
「深谷之記」（『新編埼玉県史・資料編』）
「関東幕注文」（『上越市史・別編1 上杉氏文書集』／『新編埼玉県史・資料編』）
「武州松山書捨」（『新編埼玉県史・資料編』）
『永享記』（『改訂史籍集覧』）
『足利治乱記』（『改訂史籍集覧』）
『関東合戦記』（『続群書類従』）
『喜連川判鑑』（『続群書類従』）
『鎌倉九代後記』（『改訂史籍集覧』）
『鎌倉持氏記』（『室町軍記総覧』）

『相州兵乱記』(『群書類従』)
『持氏滅亡記』(『新編埼玉県史・資料編』)
『永享後記』(『新編埼玉県史・資料編』)
『上杉憲実記』(『新編埼玉県史・資料編』)
『喜連川家料書記』(『新編埼玉県史・資料編』)
『喜連川家文書案』(『新編埼玉県史・資料編』)
「小田原御陣」(『改訂史籍集覧・太閤史料集』)
「太田資武状」(『北区史・資料編』)
「太田道灌状」(『北区史・資料編』)
「上杉定正消息（上杉定正状）」(『北区史・資料編』)
『永正十五年道者日記』(『新編埼玉県史・資料編』)
『長楽寺永禄日記』(『新編埼玉県史・資料編』)
『むさし野記行』(『群書類従』)
『快元僧都記』(『神道大系』)
『北国紀行』(『新編埼玉県史・資料編』)
『宗長手記』(『新編埼玉県史・資料編』)
『東路のつと』(『新編埼玉県史・資料編』)
『東国紀行』(『新編埼玉県史・資料編』)
『梅花無尽蔵』(『新編埼玉県史・資料編』)
「江戸城静勝軒序並江亭記等写」(『新編埼玉県史・資料編』)
「武州江戸歌合」(『新編埼玉県史・資料編』)
「武蔵七党系図」(『続群書類従』)
「桓武平氏諸流系図」(『続群書類従』)
「畠山江戸系図」(『綾瀬市史』)
「喜多見系図」(『武家百家譜』)
「柘植氏・畠山氏・日置氏・江戸氏・小野氏系図」(『系図綜覧』)
「上杉系図」(『続群書類従』)
「太田家記」(『岩槻市史・古代中世史料編』)
「源姓太田系図」(『岩槻市史・古代中世史料編』)
「太田潮田系図」(『岩槻市史・古代中世史料編』)
「北条家系図」(『平塚市史』)

【調査報告書・紀要等】
東京国立近代美術館遺跡調査委員会 1991『竹橋門』
日新建設株式会社・新宿区袋町遺跡調査団 1997『牛込城址』
新宿区筑土八幡町遺跡調査団 1996『筑土八幡町遺跡』
新宿区筑土八幡町遺跡調査団 1998『筑土八幡町遺跡Ⅱ』
世田谷区教育委員会・喜多見陣屋遺跡調査会 1989・92・96『喜多見陣屋遺跡Ⅰ・Ⅱ・Ⅲ』
世田谷区教育委員会 1986『浄真寺文化財総合調査報告』
世田谷区教育委員会 2001『1999年度世田谷区埋蔵文化財調査年報』

世田谷区教育委員会 2003『2001年度世田谷区埋蔵文化財調査年報』
世田谷区教育委員会・下野毛遺跡第6次調査会 1993『下野毛遺跡Ⅲ』
北青山遺跡調査会 1997『北青山遺跡』
中野区教育委員会・中野城山遺跡調査会 1991『中野城山居館跡発掘調査報告書』
東北新幹線赤羽地区遺跡調査会・東日本旅客鉄道株式会社 1992『赤羽台遺跡』
東北新幹線赤羽地区遺跡調査団編 1986『赤羽台・袋低地・舟渡』
板橋区教育委員会 1988『志村城山 東京都板橋区志村における考古学的調査』文化財シリーズ57
板橋区教育委員会 1989『徳丸石川Ⅰ 東京都板橋区徳丸における考古学的調査』文化財シリーズ59
都立赤塚公園遺跡範囲確認調査会 1991『都立赤塚公園内における環壕集落範囲確認調査概要報告』
板橋区四葉遺跡調査会 1991『四葉地区遺跡・平成2年度』
板橋区教育委員会 1992『赤塚城跡遺跡-昭和63年度～平成2年度予備調査報告書-』文化シリーズ69
都立赤塚公園遺跡範囲確認調査会 1992『沖山遺跡』
板橋区教育委員会・堀ノ内遺跡調査会 1996『志村城山遺跡第2・第3地点発掘調査報告書』
板橋区郷土資料館 1997『豊島氏とその時代—中世の板橋と豊島郡』
志村城山遺跡調査会 1999『志村城山遺跡第4地点発掘調査報告書』
板橋区四葉遺跡調査会 2000 『四葉地区遺跡 平成11年度 本文編（中近世・古代・弥生時代編）』
板橋区四葉遺跡調査会 2000 『四葉地区遺跡 平成11年度 図版編1（中近世・古代編）』
板橋区四葉遺跡調査会 2000 『四葉地区遺跡 平成11年度 写真図版編1（中近世・古代編）』
玉川文化財研究所 2001『舟渡遺跡第4地点発掘調査報告書』
石神井町池淵遺跡調査団『練馬区石神井町池淵遺跡調査略報』
榊原松司・青木一美 1956「石神井城跡の第一次調査」『西郊文化15．16輯』西郊文化研究会
青木一美 1958『石神井城跡発掘調査の成果と課題』土の会
石神井町池渕遺跡調査団 1973『練馬区石神井町池渕遺跡調査略報』練馬区教育委員会
石神井町池淵遺跡第二次調査団 1974『練馬区石神井町池淵遺跡第二次調査略報』練馬区教育委員会
池淵遺跡第4次発掘調査団 1989『池淵遺跡—第4次調査—』練馬区遺跡調査会
練馬城址遺跡調査団 1991『練馬城址遺跡調査報告書』株式会社豊島園
練馬区教育委員会 2004『甦る中世城郭・石神井城発掘調査の記録』
学習院大学輔仁会史学部 1961『高月城』
八王子市深沢遺跡および小田野城跡調査会 1981『深沢遺跡・小田野城跡』
八王子市落越遺跡予備調査研究会 1982『落越遺跡予備調査報告書』
八王子市教育委員会 1992『史跡八王子城跡環境整備事業報告書』
立川市遺跡調査会 2000『立川氏館跡Ⅰ』
立川市教育委員会・立川市遺跡調査会 2001『立川氏館跡Ⅱ』
玉川文化財研究所 2002『立川氏館跡Ⅲ』
立川市教育委員会・立川市遺跡調査会 2002『立川氏館跡Ⅳ』
玉川文化財研究所 2003『立川氏館跡Ⅴ』
三鷹市教育委員会・三鷹市遺跡調査会 1997『島屋敷遺跡Ⅰ』
東京都埋蔵文化財センター 1998『島屋敷遺跡』
東京都埋蔵文化財センター 2002『島屋敷-第3次調査-』
三鷹市教育委員会・三鷹市遺跡調査会 2003『島屋敷遺跡Ⅱ』

三鷹市教育委員会・三鷹市遺跡調査会 2004『島屋敷Ⅲ』
学習院大学輔仁会史学部 1967『今井城址』
青梅市教育委員会・青梅市遺跡調査会 1994『平成6年度青梅市埋蔵文化財調査概要』
株式会社新日建物・加藤建設株式会社 2001『東京都青梅市K-5遺跡』
嶋田貞三・加藤建設株式会社 2001『城の腰遺跡第7次発掘調査概要報告』
調布市教育委員会・調布市遺跡調査会 1996『調布市深大寺城山遺跡』
都内遺跡調査会綾部原遺跡調査団 1998『綾部原遺跡』
日野市教育委員会 1999『日野市埋蔵文化財発掘調査輯報ⅩⅠ〜大寺平遺跡』
高幡山金剛寺 2002『高幡山金剛寺重要文化財木造不動明王及二童子像保存修理報告書』所収山内発掘調査報告
株式会社大京・共和開発株式会社 2004『向ノ岡遺跡』
二宮城跡他発掘調査会・秋川市教育委員会 1983『秋川市埋蔵文化財調査報告書第8集・二宮城跡』
東京都埋蔵文化財センター 1987『多摩ニュータウンNo.513遺跡』
東京都埋蔵文化財センター 1987『多摩ニュータウンNo.125遺跡』
東京都埋蔵文化財センター 1996『多摩ニュータウンNo.457遺跡』
東京都埋蔵文化財センター 1996『多摩ニュータウンNo.211・930・931遺跡』
東京都埋蔵文化財センター 1997『多摩ニュータウンNo.287・288・289遺跡』
東京都埋蔵文化財センター 1997『多摩ニュータウンNo.22・519遺跡』
東京都埋蔵文化財センター 1999『多摩ニュータウンNo.107遺跡-中世・近世以降編-』

【研究書等】
荻野三七彦編 1975『関東武士研究叢書4・吉良氏の研究』名著出版
勝守すみ編 1975『関東武士研究叢書6・長尾氏の研究』名著出版
黒田基樹 2004『扇谷上杉氏と太田道灌』岩田書院
黒田基樹 2005『戦国北条一族』新人物往来社
小室栄一 1965『中世城郭の研究』人物往来社
下山治久 1994『八王子城主・北条氏照—氏照文書から見た関東の戦国時代』多摩歴史叢書3
杉山博・栗原仲道編 1975『関東武士研究叢書2・大石氏の研究』名著出版
杉山博編 1975『関東武士研究叢書5・豊嶋氏の研究』名著出版
田中祥彦 1985『多摩丘陵の古城址』有峰書店
多摩地域史研究会 1996『室町・戦国期の多摩—城館・生活・文化』
羽賀祥二 1999『史蹟論』名古屋大学出版会
萩原龍夫編 1975『関東武士研究叢書1・江戸氏の研究』名著出版
藤木久志・黒田基樹編 2004『定本北条氏康』高志書院
前島康彦編 1975『関東武士研究叢書3・太田氏の研究』名著出版
松岡 進 2002『戦国期城館群の景観』校倉書房
峰岸純夫・小林一岳・黒田基樹編 1998『豊島氏とその時代—東京の中世を考える』

【論考等】

青木一美・榊原松司 1956「石神井城跡の第一次調査」『西郊文化』15・16

青木一美 1958「石神井城跡発掘調査の成果と課題」『土』

赤星直忠 1966「川崎市小沢城跡」『川崎市文化財調査集録』2

伊藤敏行・内野正 1991「伝大石信濃守屋敷跡と大石氏」『東京都埋文センター研究論集Ⅸ』

岩間冨文 1992「鎌倉公方と府中」『多摩のあゆみ』66特集・多摩の中世を探る

伊禮正雄 1986「豊島氏と城郭」『生活と文化 2号』豊島区立郷土資料館

大石 学 1990「中近世移行期の多東郡中野郷と小代館堀江家」『近世史研究』4 東京学芸大学近世史研究会

大橋康二・福島宗人 1989「青梅地方の中世城郭」『奥田直栄先生追悼集』学習院大学輔仁会史学部

倉員保海 1990「八王子城の問題点」『多摩のあゆみ』60特集・北条氏照と八王子城

栗原仲道 1992「大石氏の系譜と二宮城」『多摩のあゆみ』66特集・多摩の中世を探る

小西雅徳 1987「徳丸で発見された畝堀について」『板橋区立郷土資料館紀要6』

齋藤慎一 2001「戦国期『由井』の政治的位置」『東京都江戸東京博物館研究報告』6

下山治久 1990「北条氏照と小田原合戦」『多摩のあゆみ』60特集・北条氏照と八王子城

関口和也 1994「地誌からみた城郭研究」『中世城郭研究』8

高沢寿民 1990「『八王子城絵図』について」『多摩のあゆみ』60

土井義夫 1990「大楽寺と八日市場」『多摩のあゆみ』60特集・北条氏照と八王子城

土井義夫 2004「北条氏照の家臣団に関する覚書㈠」『郷土資料館研究紀要・八王子の歴史と文化』16 八王子市郷土資料館

西股総生 1999「後北条氏の築城技術における虎口形質の獲得過程」『織豊城郭』6

西股総生 2000「峠の山城」『中世城郭研究』14

西股総生 2001「中世城郭における遮断線構造」『中世城郭研究』15

西股総生 2002「背後の堀切」『中世城郭研究』16

西股総生 2003「城の外に広がるもの」『中世城郭研究』17

西股総生 2004「横矢の効用」『城館史料学』

橋口定志 1988「中世方形館を巡る諸問題」『歴史評論』454

橋口定志 1991「方形館はいかに成立するのか」『争点日本の歴史』4

羽鳥英一 1990「八王子城の時代・地侍と百姓と人質」『多摩のあゆみ』60

前川實 1990「八王子城合戦私考」『多摩のあゆみ』60特集・北条氏照と八王子城

松岡進 1997「『新編武蔵風土記稿』にみる古城と近世社会」『中世城郭研究』11

松岡進 1999「戦国期・織豊期における築城技術」『中世城郭研究』13

松岡進 2005「東国における平地城館跡研究の深化のために」『中世城郭研究』19

松岡進 2005「戦国初期東国における陣と城館」『戦国史研究』50

森達也 1992「多摩川中流域の低地の開発と中世村落―東京都日野市南広間地遺跡の調査から」『あるく中世』

八巻孝夫 1989「馬出を考える」『中世城郭研究』3

八巻孝夫 1990「後北条氏領国の馬出」『中世城郭研究』4

※本書に掲載されている縄張図・遺構図・俯瞰図等の無断転載を禁じます。

東京都の中世城館
とうきょうと　ちゅうせいじょうかん

2013年8月10日初版初刷発行
2021年7月1日初版2刷発行

編　集	東京都教育委員会
発行者	伊藤光祥
発行所	戎光祥出版株式会社

東京都千代田区麹町1-7　相互半蔵門ビル8F　〒102-0083
電話　03-5275-3361
FAX　03-5275-3365
https://www.ebisukosyo.co.jp/
info@ebisukosyo.co.jp

印　刷	電算印刷株式会社
装　丁	川本　要

Ⓒ東京都教育委員会 2013, Printed in Japan
ISBN978-4-86403-090-8

【戎光祥城郭叢書1】

織田・豊臣城郭の構造と展開 上 中井 均著 ●9460円

礎石建物・瓦・石垣・虎口等に着目して織田・豊臣城郭の構造を論じるとともに、この時期盛んに築造された陣城の実態にも迫る。

【シリーズ・織豊大名の研究9】

蒲生氏郷 谷 哲也編著 ●7700円

生涯・領国支配・城郭・史料・家臣等に関する12本の重要論文から、氏郷の実像と豊臣政権での位置付けに迫る。

第27巻 **今川義元** 大石泰史編著 ●7700円

東海地域を制覇し、"海道一の弓取り"と呼ばれた大大名の素顔とは？生涯やその領国支配、織田氏との抗争の実態を20本におよぶ重要論文から解き明かす。

【シリーズ・中世関東武士の研究】

第28巻 **熊谷直実** 高橋修編著 ●7700円

人物像や、武蔵国熊谷郷に本領を置いていた時期の熊谷氏の動向に関する論文13本を収録。冒頭には研究史や研究の到達点をテーマごとに整理した総論をおさめる。

第29巻 **北条氏直** 黒田基樹編著 ●7700円

軍事・外交・領国支配など多方面から分析した19編の重要論文を集成。**五代当主ついに完結！！**

第30巻 **常陸佐竹氏** 佐々木倫朗編著 ●7700円

研究を深めていくうえで不可欠な重要論考14本を収録。上杉謙信・伊達政宗らと相克を繰り返した佐竹氏の実態解明をめざす。

第31巻 **北条氏照** 浅倉直美編著 ●7700円

生涯・合戦・発給文書・領国支配・家臣団・本拠とした城郭や越後上杉氏との外交など、氏照の特質を解明した25編に及ぶ論文を収録。

【シリーズ・戦国大名の権力と城郭1】

織田信長の城郭 松下 浩編著 ●12100円

信長にかかわる城郭について論じたこれまでに発表された重要論文を再録。研究の現況と収録論文について「解題」を冒頭に付し、今後の研究課題も示す。

【シリーズ・戦国大名の権力と城郭2】

大友宗麟の城郭 小柳和宏編著 ●12100円

大友氏館、臼杵城、高崎城など大友宗麟および大友氏の城郭を取り上げ、軍事体制や城下町政策を分析し、戦国大名大友氏権力と城郭の関係を論じる。新稿3本と再録論文8本を集成する。

狐付きと狐落とし 中村禎里著 ●3080円

不思議かつ魅惑的な動物信仰の実態に迫る。長らく絶版になっていた『狐の日本史 近世・近代篇』（日本エディタースクール出版部、2003年）を改題の上、読みやすさを考慮して数多くのルビを追加して新版として刊行。

絵葉書から分析する近世城郭の建築と空間 髙田徹著 ●7480円

戦災で失われてしまった貴重な建物の姿から、兵営・官公庁・公園など近代における城郭の活用のあり方を照射。江戸城・大坂城・熊本城はじめ64城、計131枚の著者秘蔵の高精細絵葉書を収録。

【旧国中世重要論文集成】

下総国 石渡洋平編著 ●8500円

入手困難かつ重要な論文を再録し、地域的な特徴を明らかにするための一助となる論文集。

【旧国中世重要論文集成】

相模国 真鍋淳哉編著 ●8500円

相模国の中世に関わるこれまでに発表された重要な論文14本を再録。研究の指針を示す解題も収録。

戎光祥出版 〒102-0083 東京都千代田区麹町1-7 相互半蔵門ビル8F TEL03-5275-3361/FAX03-5275-3365
https://www.ebisukosyo.co.jp 当社書籍は全国の書店でお求めいただけます。※表示価格は税込み

図説 鎌倉幕府
田中大喜編著 ●1980円

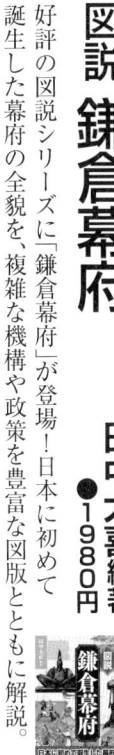

好評の図説シリーズに「鎌倉幕府」が登場！日本に初めて誕生した幕府の全貌を、複雑な機構や政策を豊富な図版とともに解説。

図説 享徳の乱
新視点・新解釈で明かす戦国最大の合戦クロニクル
黒田基樹著 ●1980円

関東戦国史を牽引してきた著者が精微な史料分析で複雑を極めた乱の全貌を初解明。最新研究で復元された系図、乱の緊迫感を伝える「太田道灌状」現代語訳も抄録！

図説 明治政府
日本人が求めた新しい国家体制とは
久保田哲著 ●1980円

政府を構成したそれぞれの機関について機構の変遷や、五箇条の御誓文・地租改正・廃藩置県など明治政府が行った主要な政策約20個についても関連写真を掲載しつつ紹介。明治政府を知るための入門書の決定版。

千葉一族の歴史
全国に広がる系譜・史跡・伝承
鈴木佐編著 ●2530円

全国各地へ広がった謎多き千葉一族について、平安時代から戦国時代に滅亡するまでの歴史、一族の活躍や末裔の足跡、千葉一族の信仰・文化・史跡を詳解する！系図・地図・肖像画・仏像・史跡など関連写真も多数掲載！

【図説日本の城郭シリーズ15】朝倉氏の城郭と合戦
佐伯哲也著 ●3080円

本拠・一乗谷城と支城群をはじめ51城を一挙掲載。一向一揆や織豊政権の城郭とも比較・検討することで、朝倉氏城郭の特徴を明らかにする。

【図説日本の城郭シリーズ16】秀吉の播磨攻めと城郭
金松誠著 ●2860円

秀吉の播磨攻めで攻防の舞台となった城郭39城を収録。文献史学・縄張り・考古学の成果を総合し、新たな見解を提示する。

南北朝武将列伝 南朝編
亀田俊和・生駒孝臣編 ●2970円

新事実満載の416頁！北畠顕家、宗良親王、北条時行、小田治久、春日顕国、千種忠顕、名和長年、懐良親王、南部師行など、計31武将を収録。

南北朝武将列伝 北朝編
亀田俊和・杉山一弥編 ●2970円

最新研究で、武将たちの実像を明らかにする。足利尊氏・高師直・京極道誉・仁木頼章・赤松円心・今川了俊等、全国で活躍した計53武将を収録。

【戎光祥研究叢書18】戦国期関東動乱と大名・国衆
黒田基樹著 ●9900円

戦国期の千葉氏、三浦氏、小田氏の動向など他例がみられない貴重な成果も収録。

【戎光祥研究叢書19】増補改訂 中世東国武士団の研究
野口実著 ●12100円

絶版になっていた名著を、その後の研究成果を記した補註を加えて待望の復刊！

【戎光祥研究叢書20】戦国大名大友氏の権力構造
八木直樹著 ●13200円

権力中枢・領国支配・軍事動向・城下町移転、中央政権（室町幕府）との関係など、大友氏の権力構造の実像を明らかにする。

【戎光祥研究叢書21】中世の寺社焼き討ちと神仏冒瀆
植田誠著 ●9240円

中世社会において、「神仏冒瀆」はなぜなされたのか？神威超克をキーワードに、中世と中世人の関係性、中世人の心性を明らかにする。

戎光祥出版
〒102-0083 東京都千代田区麹町1-7 相互半蔵門ビル8F TEL03-5275-3361/FAX03-5275-3365
https://www.ebisukosyo.co.jp 当社書籍は全国の書店でお求めいただけます。※表示価格は税込み